上市公司财务黑洞研究:理论及案例

翟克华　著

ZHEJIANG UNIVERSITY PRESS
浙江大学出版社

图书在版编目（CIP）数据

上市公司财务黑洞研究：理论及案例／翟克华著.
—杭州：浙江大学出版社，2015.10
　ISBN 978-7-308-14904-4

　Ⅰ．①上… Ⅱ．①翟… Ⅲ．①上市公司－财务管理－
研究－中国 Ⅳ．①F297.246

中国版本图书馆 CIP 数据核字（2015）第 168418 号

上市公司财务黑洞研究：理论及案例

翟克华　著

责任编辑	杜希武
责任校对	王文舟
出版发行	浙江大学出版社
	（杭州市天目山路 148 号　邮政编码 310007）
	（网址：http://www.zjupress.com）
排　　版	杭州好友排版工作室
印　　刷	杭州日报报业集团盛元印务有限公司
开　　本	710mm×1000mm　1/16
印　　张	15.25
字　　数	273 千
版 印 次	2015 年 10 月第 1 版　2015 年 10 月第 1 次印刷
书　　号	ISBN 978-7-308-14904-4
定　　价	49.00 元

内容简介

　　财务黑洞是个既古老又新鲜的话题，虽然这一话题并不令人愉快，但我们必须要面对它。本书针对上市公司财务黑洞这一特定现象，阐述了财务黑洞的基本理论、主要的表现形式和分析指标，用通俗化的语言讲解防范财务黑洞的相关知识，帮助社会公众掌握必要的技术和技能。内容涉及财务黑洞的性质、动机、行为特征、常用舞弊手法和舞弊因子理论和如何从财务信息的载体财务报表入手掌握必要的知识体系、分析异常的财务指标。财务黑洞主要涉及到销售收入和成本费用两方面，本书安排的相关内容着重介绍了企业销售收入的形成及核算，销售收入的舞弊特征及常用舞弊手法，采购、成本费用的控制要求，成本费用的舞弊特征及常用舞弊手法。本书在各章末尾还附有案例分析，供读者进一步探究。

　　本书对上市公司财务黑洞产生的原理、表现形式进行了较为深入的探求，对防范财务黑洞的必要知识和识别方法、技术也做出了阐述，希望能对资本市场的投资者及致力于财务黑洞研究的同仁们有所帮助。

前　言

　　黑洞原本是一物理学用语，指在宇宙空间中存在的一种质量巨大的天体，它产生强大的引力场，以至于任何物质和辐射都无法逃逸，就连传播速度最快的光和电磁波也不例外，都会被黑洞吞噬。本书所讲的财务黑洞，是指公司管理层因重大财务舞弊、财务欺诈行为而形成的陷阱。投资者一旦投资了这样的公司，投入的资金注定要遭受重大损失，甚至是血本无归、有去无回。这种现象与物理学上的黑洞是何其相似。

　　财务黑洞现已演变成一世界性问题，在美国发生了安然公司事件、世界通信公司事件，在欧洲发生了帕玛拉特事件，我国也发生了银广夏陷阱、科龙电器公司事件等多起财务丑闻，造成了严重的社会问题。因此，财务黑洞已经成为公众投资者、政府和监管部门关注的焦点。本书尝试从一个全新的视角阐释财务黑洞的相关理论，帮助社会公众掌握揭秘财务黑洞方面的常识和基本技能。

　　财务黑洞是以吞噬投资者资金、吞噬社会财富为特征的。形成该结果是以公司管理层的重大财务舞弊、财务欺诈行为为行为要件，只有发生重大的财务舞弊、财务欺诈行为才能形成财务黑洞。因此，财务黑洞与财务舞弊、财务欺诈高度关联。

　　本书分为七章，按照财务黑洞的研究理论、主要表现形式及识别方法来安排内容。第一章：导论，介绍本书的研究背景、研究目标及研究方法；第二章：财务黑洞理论，主要介绍财务报表舞弊的性质、动机、行为特征、常用舞弊手法和舞弊因子理论；第三章：财务报表的基本内容，主要介绍财务报表的功能、结构和制约因素。财务报表是财务信息的载体，资本市场的参与者需要掌握一些基本的财务知识；第四章：注册会计师的责任研究，主

前　言

1

要介绍注册会计师制度的发展、作用及相关制度安排；第五章：财务报表常用分析工具，主要介绍财务报表的常用分析方法和常用的财务指标；第六章：销售收入舞弊的识别。销售收入舞弊是形成公司财务黑洞的主要因素，本章着重介绍企业销售收入的形成及核算，销售收入舞弊的特征及常用舞弊手法；第七章：采购及成本费用舞弊识别。公司通过采购及成本费用舞弊是财务黑洞的另一个主要方面，本章重点介绍采购、成本费用的控制要求、舞弊特征及常用舞弊手法。本书在各章末尾还附有案例分析，供读者进一步探究。全书在写作上坚持用通用的语言阐述理论，用实战的心态选取方法，严谨与实用兼顾，辅以案例，尽力做到通俗易懂、语言生动。

尽管在撰写过程中，笔者本着严谨负责的精神对全书进行了反复审阅与校订，但由于本书的写作时间紧，加上笔者水平有限，书中一定还存在着不当甚至错漏之处，恳请读者批评指正！

翟克华

2015 年 3 月 31 日

目　录

第一章

导　论

第一节　研究背景和问题

一、研究背景

前段时间看了莫言(作家,诺贝尔文学奖获得者)在日本举行的东亚文学论坛上的演讲,其中有一段对"黑洞"进行了精彩的论述。莫言讲到"人类的欲望是填不满的黑洞,穷人有穷人的欲望,富人有富人的欲望。渔夫的老婆起初的欲望只是想要一只新木盆,但得到了新木盆后,她马上就要木房子,有了木房子,她要当贵妇人,当了贵妇人,她又要当女皇,当上了女皇,她又要当海上的女霸王,让那条能满足她欲望的金鱼做她的奴仆,这就越过了界限,如同吹肥皂泡,吹得过大,必然爆破"。莫言讲的这些道理同样适用其他行业,它们之间都是相通的。资本无疑是支撑我们这个物质世界的基础,但同时资本又是逐利的,甚至是贪婪的,一些公司的控制者以资本为纽带制造了形形色色的财务黑洞,与这些公司的利益相关者一不小心就会掉进这些巨大的黑洞中。

十年之前,笔者在外资银行工作期间,境外母公司经常举办培训班,其中的一期由哈佛商学院某教授主讲,主讲人的名字已忘记了,但所讲内容我还有些印象,主要是讲资本及资本市场方面的,其中讲的一段话还能记起来,大意是说:现代人们抢钱的方式和过去不一样了,过去人们是用枪抢钱,现代的人是用钱抢钱。现代社会已进入到资本市场高度发达的阶段,财务报表所提供的财务信息无疑是投资者在资本市场提出投资决策最重要的信息来源。人们倚重财务报表,尤其是社会公众投资者,由于受到种种条件限制,既没有时间、精力到上市公司调研，也缺乏其他信息来源，就更加依赖财务报表。

财务报表给公众投资者带来的既有投资成功后的滚滚财富，更不乏投资失败后的资产大量缩水，甚至是血本无归。这不是财务报表的过错，财务报表充其量就是财务信息的载体而已。投资固然有风险，问题是，如果投资是建立在虚假的财务信息基础之上的，这样的投资就注定要失败。1720 年的英国南海公司事件，被称为财务舞弊第一案。英国南海公司（The South Sea Company）破产倒闭，致使数以万计的债权人和股东蒙受数百万英镑的损失，该事件还直接导致了股份公司在英国被禁百年之久，几乎使英国经济陷入停顿。

美国安然公司（Enron Corporation）曾是世界上最大的综合性天然气和电力公司之一，成立于 1932 年，总部设在美国休斯敦。2000 年它总收入高达 1000 亿美元，名列《财富》杂志"美国 500 强"中的第七，它一直是美国乃至世界最大的能源交易商，在其最辉煌的年代，掌控着美国 20% 的电能、天然气交易。安然不仅是天然气、电力行业的巨擘，还是涉足电信、投资、纸业、木材和保险业的大户。2001 年 10 月 16 日，安然公司公布该年度第三季度的财务报告，宣布公司亏损总计达 6.18 亿美元，引起投资者、媒体和管理层的广泛关注。从此，安然公司财务黑洞的面纱被慢慢揭开。2001 年 12 月 2 日，安然公司正式向破产法院申请破产保护，破产清单所列资产达 498 亿美元，成为当时美国历史上最大的破产企业。短短两个月，能源巨擘就轰然倒地。安然公司在其财务黑洞曝光后，遭到了媒体的猛烈抨击，其股票遭到投资者的抛售。2001 年 11 月 30 日，安然股价（最高价 90.75 美元）跌至 0.26 美元，公司市值由峰值时的 800 亿元美元跌至 2 亿美元。2002 年 1 月 15 日，纽约证券交易所正式宣布，由于安然公司股票交易价格在过去 30 个交易日中持续低于 1 美元，决定根据有关规定，将安然公司股票从道·琼斯工业平均指数成分股中除名，并停止安然股票的相关交易，至此，安然大厦完全崩溃。

我国资本市场发展的历史虽然不长，但财务造假的手段和范围一点也不落后，从原野事件、红光实业事件到银广夏事件等，财务报表舞弊达到了几近疯狂的程度。以银广夏事件为例，从 1998 年至 2001 年短短三年的时间就虚增利润 7.7 亿元。2001 年 8 月 3 日，《财经》杂志对外揭开了银广夏财务造假的黑幕，当日的股票收盘价是 30.78 元，到 10 月 8 日仅仅 65 天时间，股价就跌至 2.13 元，投资者共损失了 68 亿元。

大量出现的财务黑洞动摇了资本市场的基石，严重损害了国家和社会公众投资者的利益，迫使人们对它进行多方面研究，以弄清财务黑洞的动机、原理，并建立相应的防范体系。

黑洞原本是一物理学用语，指在宇宙空间中存在的一种质量巨大的天体，它产生强大的引力场，以至于任何物质和辐射都无法逃逸，就连传播速度最快的光和电磁波也不例外，都会被黑洞吞噬。本书所讲的财务黑洞，是指公司管理层因重大财务舞弊、财务欺诈行为而形成的陷阱。投资者一旦投资了这样的公司，投入的资金注定要遭受重大损失，甚至是血本无归、有去无回。这种现象与物理学上的黑洞是何其相似。

财务黑洞是以吞噬投资者资金、吞噬社会财富为特征。形成该结果以公司管理层的重大财务舞弊、财务欺诈行为为行为要件，只有发生重大的财务舞弊、财务欺诈行为才能形成财务黑洞。因此，财务黑洞与财务舞弊、财务欺诈高度关联。

二、问题提出

我国的国民经济和资本市场一直处于高速发展的状态，经济总量达到了相当大的规模。国内生产总值（GDP）于 2010 年首次超过日本，如今远远把第三名日本甩在后面。我国 2014 年度国内生产总值（GDP）为 636463 亿元，折合 10.36 万亿美元。资本市场方面，我国建立了主板、中小板、创业板等多层次的证券交易市场。据中国上市公司市值管理研究中心发布的《2014 年 A 股市值年度报告》显示，2014 年 A 股市场出现转折性巨变，截至 2014 年末，中国资本市场的 2592 家上市公司的 A 股市值总规模首次突破 35 万亿元，达到 37.11 万亿元，书写了 A 股市场有史以来的最高纪录。2014 年中国国内生产总值（GDP）为 63.65 万亿元，以 37.11 万亿元的 A 股股票市值计算，2014 年年末中国的证券化率为 58.3%。

根据中国证券登记结算股份有限公司的数据，截至 2015 年 3 月底，A 股账户开户达 1.99 亿户。由于在上海证券交易所、深圳证券交易所开户的投资者数量大约各占一半，也就是说我国股民数量已接近 1 亿，以 2014 年末我国内地总人口 13.68 亿计算，A 股投资者占全国总人口的 7.27%。实际上 1 亿股民可能代表了 1 亿个家庭，按我国目前比较典型的家庭结构——三口之家计算，与股票投资密切相关的人数有 3 亿，占全国总人口的比例高达 21.8%。

资本的逐利性及人性的缺陷注定使财务黑洞有了产生的基础，我国的资本市场还不太完善，比境外市场发生财务黑洞的可能性会更高，其危害也更严重。这些财务黑洞是怎么发生的？有什么共同的特征，使用了什么手法？对公司治理有什么要求？本书试图寻找发生在财务黑洞背后的深层原因及对我国资本市场的启示。

第二节　研究目标及内容

一、研究目标

资本市场是社会经济资源配置的重要场所,资本投资的效率决定着这种资源配置的功能发挥,而财务黑洞则是影响资本市场投资者投资决策的重要风险因素。自资本市场形成以来,财务黑洞就如影随形,不曾间断,且有愈发严重之势。上市公司的财务黑洞沉重地打击了投资者和社会公众对资本市场的信心,有时还会造成严重的社会问题。中小投资者是资本市场中的弱势群体,财务黑洞无疑对中小投资者造成的伤害更大。本书一方面试图研究财务黑洞的表现特征,使得投资者能够依据这些表现特征对财务黑洞进行识别和判断,从而远离这类公司,避免陷入黑洞遭受资金损失;更重要的一个方面,本书还要揭示上市公司形成财务黑洞的原理及其运作方式,政府部门、投资公众、社会舆论等形成合力,完善法律法规和公司的治理结构。有效减少直至根除这种危害。

二、研究内容

根据选定的研究目标,本书按照财务黑洞理论、其主要表现形式及识别方法来安排内容。财务黑洞理论部分主要阐述财务黑洞的性质、舞弊者动机、行为特征、常用舞弊手法和舞弊因子理论。财务报表是财务信息的载体,资本市场的参与者需要掌握一些基本的财务知识。考虑到财务报表使用者所具备的财务知识有较大差异,而这些基础知识是资本市场参与者掌握识别方法、辨别舞弊行为的基本前提,因此本书安排了财务报表的基本内容,主要介绍财务报表的功能、结构和制约因素。注册会计师的责任研究部分,主要介绍注册会计师制度的发展、作用及相关制度和安排。财务报表常用分析工具部分,主要介绍财务报表的常用分析方法和常用的财务指标。从国内外发生的这些财务黑洞案例来看,舞弊的对象主要涉及销售收入和成本费用,本书安排的相关内容着重介绍了企业销售收入的形成及核算、销售收入舞弊的特征及常用舞弊手法。公司通过采购及成本费用舞弊是产生财务黑洞的另一个主要原因,这部分重点分析采购、成本费用的控制要求、成本费用的舞弊特征及常用舞弊手法。本书在各章末尾还附有案例分析,供读者进行进一步探究。

第三节　研究方法和路线

一、研究方法

研究方法是在研究中揭示事物内在规律所使用的工具和手段,根据所涉及研究对象的特点,本书主要使用了以下研究方法:

（一）文献分析

为掌握国内外学术界与实务界对财务黑洞问题研究的最新成果,笔者广泛收集并查阅了相关文献资料,通过对各类研究的梳理,获得了本研究所需要的理论、方法及素材。在文献分析中,主要运用了社会心理学、经济社会学、利益相关者理论、博弈理论、公司治理理论等方面的理论方法,参阅了杨和茂与王霞编著的《走出黑洞:舞弊防范与识别之道》、扎比霍拉哈. 瑞扎伊著《财务报表舞弊预防与发现》（朱国泓译）、理查德. 奥利弗著《什么是公司欺瞒?》（魏聘译）、Romney, M. B., W. S. Albrecht and D. J. Cherrington, "Auditors and The Detection of Fraud"、Albrecht, W. Steve and Marshall B. Romney, "Red-Flagging Management Fraud: A Validation"、Bologna, G. Jack, Robert J. Lindquist, and Joseph T. Wells "The Accountant's Handbook of Fraud and Commercial Crime"、吴琳芳著《中国上市公司会计信息披露研究》、黎仁华著《资本市场中舞弊行为的审计策略》以及史蒂文·阿尔伯雷齐特在中国会计教授会送交的会议论文《会计师与舞弊》等文献。

（二）案例研究

案例研究是一种经验性的研究。自 20 世纪 80 年代以来,不乏管理大师通过案例研究方法总结出了许多著名的现代管理理论,例如 Prahalade 等在对日本电气公司（NEC）与美国通用电报电话公司（GTE）进行详细的比较研究的基础上,提出的"企业核心能力";Kaplan 等通过对美国 100 多家企业几年来实践的总结,提出的"平衡计分卡";Hammer 等用十年时间对数十家美国公司进行观察后,提出的"业务流程再造"等。这些无一不说明案例研究方法是一种科学有效的、广泛使用的,并有利于构建新理论的研究方法。中国社会科学院工业经济研究所的余菁认为"企业管理学为案例研究这样一种经验性、贴近现实的研究方法,提供了发展和繁荣的沃土"、"在被研究的现象本身难以从其背景中抽象、分离出来的研究情境中,案例研究是一种行之有效的研究方法。它可以获得其他研究手段所不能获得的数据、经验知识,并以此为基础来分析不同变量之间的逻辑关系,进而检验和发展已有的理论体系。案例研究不仅可以用于分析受多种因素影响的复杂现象,它还可以满足那些开创性的研究要求,尤其是以构建新理论或精炼已有理论中的特定概念为目的的研究的需要"。本书在第三、四、五、六、七章中均采用了案例分析法,借助案例所反映的关键事件及相关情况,经过内容分析来验证或修改原始的研究构想。

二、技术路线

财务黑洞在国内国外,在近代现代都有发生。这些财务黑洞都有一些相同的基本特征,这些特征也是后人识别财务黑洞所依赖的。财务黑洞是人为因素造成的,与人有关的行为必须弄清楚其动机,与此相关的还有舞弊的手法和手段。财务黑洞为什么会发生? 在什么条件下会发生? W. Steve Albrecht 以及 G. Jack Bologna 等一些美国学者提出的"舞弊因子理论"对这个问题有比较圆满的解释。外表识别、原理透视、防范远离是研究的主线。本书的研究技术路线图可用图 1-1 表示。

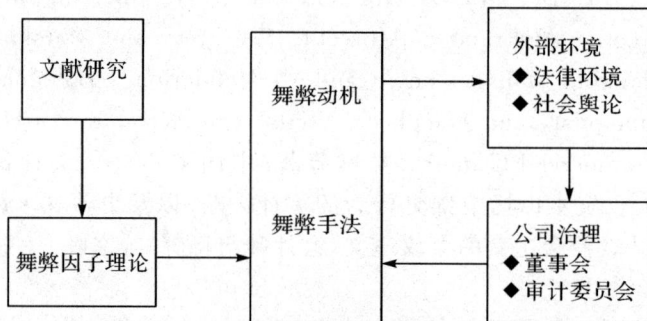

图 1-1　研究技术路线图

第二章

财务黑洞理论

本章主要介绍财务报表舞弊的定义、性质、动机、行为特征、常用的舞弊手法及以舞弊三角理论为代表的几种舞弊理论,对财务报表舞弊预警信号的判断和识别。在案例分析部分收录了英国南海公司财务舞弊案和意大利帕玛拉特财务黑洞案例。

第一节　财务黑洞概述

黑洞原本是一物理学用语,指在宇宙空间中存在的一种质量巨大的天体,它产生强大的引力场,以至于任何物质和辐射都无法逃逸,就连传播速度最快的光和电磁波也不例外,都会被黑洞吞噬。本书所讲的财务黑洞,是指公司管理层因重大财务舞弊、财务欺诈行为而形成的陷阱。投资者一旦投资了这样的公司,投入的资金注定要遭受重大损失,甚至是血本无归、有去无回。这种现象与物理学上的黑洞是何其相似。

财务黑洞以吞噬投资者资金、吞噬社会财富为特征。形成该结果是以公司管理层的重大财务舞弊、财务欺诈行为为行为要件,只有发生重大的财务舞弊、财务欺诈行为才能形成财务黑洞。因此,财务黑洞与财务舞弊、财务欺诈高度关联。

非法夺取他人财物的手段通常有两种:武力与欺骗。前者称之为抢劫,后者称之为舞弊。由于抢劫通常比舞弊更暴力,所以也更引起人们的注意,但事实上,舞弊所造成的损失在数目上却远远大过抢劫。

一、舞弊的概念

所谓舞弊,是指一方向另一方对重要事实做出的虚假陈述,其目的在于欺骗或诱导对方产生错误的判断和行为，动机是从中获取不当或非法利益。根据惯例，一项舞弊行为必须满足下列五个条件：虚假陈述，必须有虚假陈述或不充分揭示；重要事实，该事实对于诱导他人行动必须是重要的；主观故意，必须有欺骗的目的或已知陈述是虚假的；有理由的信赖，虚假陈述必须是受害一方信赖的重要因素；损害或损失，欺骗行为必须对舞弊受害者造成了损害或损失。在会计文献中，舞弊也被广泛认为是"白领犯罪"、"腐败"、"侵吞财产"和"不合规行为"。

有关舞弊的定义有很多种，法律界、审计职业界以及社会公众对舞弊都有不同的认识。《布莱克法律辞典》对舞弊定义为：是一种通称，包括所有人为方法，个人借以通过虚假建议或隐瞒事实侵占他人利益，涉及迷惑他人、恶作剧、欺诈、隐瞒及其他欺骗他人的所有非正当手段。

美国最高法院将舞弊定义为满足下述三个条件的罪：

(1)对重大事项的虚假陈述；

(2)犯案人知道真相，并有意让受害人相信虚假陈述；

(3)受害人相信了虚假陈述并引起损失。

我国《现代汉语词典》中对舞弊的定义是："用欺骗的方式做违法乱纪的事情。"这主要是从法律角度出发进行定义的。从法律角度来看，舞弊包括了诸多犯罪行为，如挪用、盗窃、诈骗、行贿受贿、逃税漏税等。

舞弊在审计职业界的定义，其外延要比法律角度小。如美国注册会计师协会(the American Institute of Certified Public Accountants，简称 AICPA)于 2002 年 10 月颁布的《审计准则公告第 99 号——财务报表审计中对舞弊的关注》(SAS No. 99)对舞弊的定义是："舞弊是一个范围很广的法律概念，审计人员不必对一个公司是否存在舞弊做出法律意义上的决定，而应关注是否存在使公司财务报表产生重大错报的舞弊行为。舞弊和错误的区别就在于前者是故意的，后者是无意的。也就是说，对于审计人员负责审计的报表而言，舞弊是指使会计报表产生不实反映的故意行为。"

国际内部审计师协会(Institute of Internal Auditors，简称 IIA)在 1993 年发布的《内部审计实务标准》中指出："舞弊包含一系列故意的非法欺骗行为，这种行为是由一个组织外部或内部的人来进行的。"

我国 2006 年颁布的《中国注册会计师审计准则第 1141 号——财务报表审计中对舞弊的考虑》中对舞弊的定义是："舞弊是指被审计单位的管理层、治理层、员工或第三方使用欺骗手段获取不当或非法利益的故意行为。舞弊是一个宽泛的法律概念，但本准则并不要求审计人员对舞弊是否已经发生做出法律上的判定,只要求关注导致财务报表发生重大错报的舞弊。"

综上所述,可以认为,舞弊是一个非常宽泛的法律概念,它是一个类属名词,包括人们能够设想到的所有通过虚报以牟取利益的方法。由于舞弊具有多种形式,因此无法对舞弊进行绝对化的定义,只能将其统称为非诚信的行为。

二、舞弊与错误的区别

错误在财务会计中也称为差错,通常是指当事人在计算、整理、制证、填单、登账、制表、保管及其相关业务处理中,由于客观原因与非主观故意所造成的差错。例如,在评估某些客户的应收账款回收可能性时过度乐观,导致应收账款的坏账准备估计可能偏低;公司仓库存货可能遭窃但未及时发现;接近年度终了时,因疏忽未对供应商的某些发票加以处理,导致进货及应付账款短列;属于未来期间的收益可能被提前确认;错误认定设备的修理支出为资本性支出,导致固定资产及净利同时高估等,这些情况都可能导致财务报表出现差错。

错误和舞弊往往具有相似的表现:与会计原则相悖;提供错误的数据;不正确的会计估计,造成会计信息歪曲失真等。但错误和舞弊是两种性质根本不同的行为。

舞弊与错误有以下实质性区别:(1)性质不同。错误属于非故意的过失行为,舞弊则属于由主观原因造成的违法违纪行为。(2)目的不同。错误不以实现错误结果为目的,舞弊是以获得非法利益等为目的。(3)表现形式不同。错误表现形式一般较为明显,通常不会被隐瞒或巧妙设计;舞弊表现形式则较为隐蔽,因行为者为达特定目的,必将使用一切方法掩饰其犯罪意图并隐匿事实,使其难以被发现。此外,作弊者还可能会利用他人不小心犯下的错误来实施舞弊行为。

错误与舞弊的区分有时容易,有时就极为困难。例如:销售发票由经办人员无意地误载为错误,开立虚构的销售发票则为舞弊;对应收账款坏账准备计提不足,可能系误判客户的偿债能力,亦可能为蓄意企图虚增利润。

欺诈也是在商业活动中经常用到的一个词语,舞弊与欺诈存在着很多相似之处,但同时两者也存在差别。欺诈更多的是一个法律术语,民法一般认为,欺诈是指当事人一方故意歪曲或编造虚假事实,使表意人陷入错误,违背真实意思而作的意思表示。构成欺诈有三个要件:(1)须有隐瞒真相、制造假象的欺诈行为;(2)欺诈行为与表意人陷入错误意思表示有因果关系;(3)须有欺诈故意。

舞弊与欺诈的相似之处主要有：从动因分析，两者都有不良动机或企图，都是为了获取不当或非法利益，在属性上均系故意的行为；在结构上，两者都具有侵害性与排他性，它们的存在或发生会损害其他组织或组织中其他成员的利益，且都有相关记录的有意歪曲和具体资产的非法占有，两者在性质上均有重要的侵权行为。

舞弊与欺诈不同之处包括：就范围与时限而言，舞弊往往限定于特定组织内部及财务会计报告时期，而欺诈有时还超过特定组织范围并且不受会计资料呈报时间限制；从审计角度来看，舞弊是指公司或企业故意错报、漏报财务报告的行为，即进行欺诈性的财务报告以及员工对公司资产的侵占行为，欺诈除包括客户内部有关人员的舞弊行为外，还包括保险索赔欺诈、合同欺诈、价格欺诈、信用卡欺诈、虚假性广告、内幕交易、土地及不动产诈骗等发生在公司或企业外部的以坑害他人（包括公司和企业）为目的的非法行为。因而，欺诈往往比舞弊范围更大。在日常生活中，有时舞弊和欺诈不作明确区分，两者混用。

三、舞弊的种类

舞弊依舞弊发生的方式及舞弊从事者的身份不同而有不同的分类：

（一）依舞弊发生的方式区分

舞弊依其发生的方式可区分为财务报表舞弊及挪用资产舞弊。财务报表舞弊系指故意对财务信息的不实表达，例如对编制财务报表的会计记录或凭证文件进行操纵、伪造或更改，对财务报表的交易事项或其他重要信息的误报或忽略，与数量、分类、提供方式或披露方式有关的会计原则的故意误用；挪用资产舞弊系指运用诈术（如伪造文件）以侵占所持他人之财物（刑法上所谓侵占，即本无权利，但却实施权利者的一切行为，像现销不记入账册而窃取所收现金）。这类行为可以通过伪造凭证或编制错误的记录来完成，行为人大多是公司的雇员，但是管理当局也可能进行此类舞弊，如设立"小金库"等。

舞弊之形态虽可依其发生方式而区分为财务报表舞弊及挪用资产舞弊两大类，但应注意的是，一件弊案可以是挪用资产舞弊，而不是财务报表舞弊（如下述之情况一）；可以是财务报表舞弊，而不是挪用资产舞弊（如下述之情况二）；但也可以既是挪用资产舞弊，又是财务报表舞弊（如下述之情况三），亦即此两大舞弊形态可能是同时存在于一个个案中。

情况一：当企业成员偷窃企业资产，而企业照实认列窃盗损失时，则仅为挪用资产舞弊。在此情形下,企业资产虽然因企业成员之偷窃行为而有所减损,但是企业的财务报表已照实认列窃盗损失或其他损失,资产负债表也已照实认列资产之减少。换言之,财务报表已恰当表达企业成员偷窃所造成的影响,故财务报表舞弊并未发生。

情况二:当企业将一项已不具经济价值的过时存货,按其取得时的历史成本在资产负债表列示时,则仅为财务报表舞弊。在此情形下,该企业之损益表并未适时反映因存货跌价而造成之损失,资产负债表亦错误地高估存货资产的价值。但是,存货实际上仍存放在该企业仓库中,并未被任何人窃取或侵占,因此挪用资产舞弊并未发生。

情况三:当如情况一所述企业成员已实际偷窃企业资产,而企业又隐藏事实,未在财务报表上适时地反映该项资产的减少及损失时,则挪用资产舞弊及财务报表舞弊同时发生。

财务报表舞弊和挪用资产舞弊的主要区别在于:前者通常是管理当局欺骗财务报告使用者,而后者通常是雇员欺骗管理当局。

(二)依舞弊从事者的身份区分

依舞弊从事者的身份不同,可以区分为管理者舞弊与员工舞弊。管理者舞弊一词中的"管理"(Management)泛指各中上管理阶层,将管理者舞弊定义为管理阶层蓄意地粉饰财务报表或是挪用公司资产,以达到获取不法利益的目的。而管理阶层舞弊的舞弊者通常均于事前精心设计,事后极力设法隐瞒。因此,舞弊者的管理层次愈高,舞弊的有效识别就愈加困难。管理层舞弊是管理层蓄谋的舞弊行为,它主要通过发布带有误导性或严重歪曲事实的财务报告来欺骗投资者、债权人、政府及社会公众等外部利益团体。

员工舞弊是指公司的非管理层凭借靠近生产一线,容易接近资产的"优势",利用职务之便或管理上的缺陷,非法获取公司资产或其他个人利益的行为。员工舞弊通常是靠伪造单据、越权处理、与他人共谋或串谋等方式进行,一般都与其职务密切相关。内部控制缺陷和敏感物质控制不严是这类舞弊发生的常见环境条件。这一类舞弊是公司组织中常见的舞弊行为,可能包括占用办公用品等非重大舞弊,也包括挪用公司巨额资产进行非法活动等危及公司生存的重大舞弊,例如英国老牌的巴林银行就是因为这类舞弊而倒闭的。

管理层舞弊往往是集体行为,比雇员舞弊更为隐蔽,而且经常可以逃过检查,直到公司遭到了不可挽回的损失才可能被发现。管理层舞弊有三个典型的特征:管理层的舞弊常不受内部控制结构约束;舞弊经常以财务报告为手段,制造公司健康和繁荣的假象;如果涉及资产的非法侵吞,舞弊往往被复杂业务交易的糊涂账所掩盖,而且经常牵涉相关联的第三方。

从内部控制的观点来看,内部控制制度是管理阶层的一种工具,控制制度能否发挥效用,决定于管理阶层的意愿。当管理阶层蓄意舞弊以粉饰财务报表或挪用公司资产时,其将逾越现行内部控制制度,而使内部控制失去应有功能。因此,内部控制制度对于预防管理层舞弊的作用不大。当员工串通舞弊时,将会刻意回避单位的内部控制,内部控制的效用会大打折扣。员工舞弊,一般均可由内部控制制度加以有效防范。

美国特许舞弊审查师学会(ACFE)将舞弊分为三类:(1)腐败(如收受回扣、以权谋私等);(2)挪用资产(如贪污现金、盗窃存货等实物资产等);(3)虚假财务报表。

根据 ACFE 在 2002 年 10 月发布的调研报告,在 1997 年至 2002 年上半年的 663 个舞弊案件中,挪用资产、腐败和财务报表舞弊所占的比例分别为85.7%、12.8%和5.1%(汇总比例之所以超过100%,是因为一些案件涉及多种舞弊类型),但这三种舞弊给公司所造成的平均损失分别为 80000 美元、530000 美元和 4250000 美元。可见,相对于其他两种舞弊而言,财务报表舞弊具有发生概率低、危害大的特点。

四、财务报表舞弊

财务报表舞弊系指故意对财务信息进行不实的表达,造成财务报表不能公允地反映公司的财务状况、经营成果和现金流量,通过失实的财务报表欺骗使用者,骗取资本市场的认可,试图影响投资者的决策,是管理当局欺骗投资者、债权人的一种重要舞弊类型。主要包括:对编制财务报表的会计记录或凭证文件进行操纵、伪造或更改;对财务报表的交易事项或其他重要信息的误报或忽略;与数量、分类、提供方式或披露方式有关的会计原则的故意误用。这类舞弊应是管理当局的群体性舞弊行为,其危害性最为严重。

实施财务报表舞弊是要达到使公司财务信息反应的情况比真实情况更好的效果。美国国家合格舞弊检查员协会(National Association of Certified Fraud Examiner,简称 NACFE)列举出部分财务报表舞弊的原因:为使公司股票更吸引投资人购买;为增加每股盈余并加付股利;为取得更有利的融资,或在现存融资中获得更有利的条件;为达到公司的目标;为制造公司营运绩效以获取红利。

美国不实财务报告国家委员会(National Commission on Fraudulent Financial Reporting,亦称为 Treadway 委员会)指出,如果下列两种情形同时

存在,则财务报表舞弊风险将大幅升高:公司管理当局有发布不实财务报表的压力;公司管理当局认为有从事舞弊而不会被查出的机会。

第二节　财务舞弊的动机

动机是指为了达到一定的目的,并为达到这一目的而理性的选择行为的方向、步骤及使用的工具和手段。经济性动机是财务报表舞弊产生的最常见的一种动机。我国上市公司财务舞弊主要动机有:

一、融资(圈钱)

资金与企业,犹如血液与人体,赢利的公司为扩充设备,需要更多的资金;亏本的公司为了营运周转,更需要资金。资金不足,导致周转不灵,因而可能倒闭。企业为了达到借款或增加资本的目的,可能虚报其财务报表,以便欺骗资金提供者,促使投资者提供资金。

(一)初次发行阶段

根据有关证券法规的规定,发行和上市股票的公司必须具有三年连续盈利。于是公司为了能上市,就进行财务包装。如红光实业在股票发行上市的申报材料中,将1996年实际亏损1.03亿元,虚报为盈利5400万元。

(二)配股阶段

根据有关法规的规定,上市公司配股,要求在其申请配股的前三个年度的净资产收益率平均在10%以上;属于能源、原材料、基础设施类的公司可以略低,但也不得低于9%;上述指标计算期间内任何一年的净资产收益率不得低于6%。因此,上市公司就会千方百计地进行财务包装以期获得配股权利。

(三)增发新股

增资发行条件固然比配股的条件低,但它也要符合《公司法》的规定,即公司在增发新股的前三年连续盈利。定价由承销商与发生公司协商。上市公司为了圈得更多的钱,自然有可能对其财务进行包装。

二、二级市场炒作(操纵价格)

企业股票如果上市,为维持股价或为使股票价格能达到预期的波动,常利用不实的财务报表,以达到目的。股票价格预期的波动也可能是蓄意地使股价作暂时性的下跌,以便操纵者得以廉价购进股票,以取得更大的控制权或待价而沽。"中科系惨剧"中的中科创业,就是为配合二级市场庄家炒作而包装利润。

三、避免处罚

我国上市公司财务报表舞弊另外一个目的是避免戴帽("ST""PT")以及退市。如果已戴帽了,"ST"不想沦为"PT","PT"不想最后退市,这些戴帽公司一般都表现出强烈的扭亏为盈的欲望以达到摘帽的目的。

第三节　财务舞弊的行为特征

财务报表舞弊的基本特征主要有三个方面:(1)舞弊的行为人有不良动机和目的;(2)事先要经过预谋策划,事后要设法掩盖罪行;(3)舞弊形态呈多样化、复杂化、隐蔽化,并且其危害性很大。

舞弊过程一般包括三个步骤,即舞弊行为本身、舞弊利益的转化、舞弊行为的掩盖过程。这三个步骤中,在行使舞弊行为时就希望抓住舞弊者是较困难的,而舞弊利益的转化也由于在企业的外部秘密进行而不容易被发现。因此,通常只能通过对舞弊蛛丝马迹的敏感嗅觉,以及追踪舞弊者在会计记录上掩盖舞弊行为的线索来识别舞弊。

Treadway 委员会曾对 1977 至 1986 年的财务报表舞弊案件进行了系统的研究。COSO 委员会继续了这项研究工作,对 1987 年 1 月至 1997 年 12 月共 11 年间美国证券交易管理委员会（SEC）"会计审计监管系列文告"（AAER）披露的舞弊案件进行了研究。该研究主要集中于发生财务报表舞弊的公司的以下行为特征:涉案公司性质;控制环境性质;舞弊性质;外部审计师相关问题;涉案公司和人员后果等。

一、公司背景的行为特征

据上述机构研究表明,涉及财务报表舞弊的公司具有以下背景特征:(1)中小公司是财务报表舞弊的高发群体。尽管研究样本公司的总资产、总收入和所有者权益合计分别达到 5.33 亿美元、2.33 亿美元和 0.86 亿美元,但样本公司的总资产、总收入和所有者权益的中值数只为 1570 万美元、1300 万美元和 507 万美元;占样本数量 75％的公司这三项指标的合计数为 7300 万美元、5300 万美元和 1700 万美元。(2)掩饰盈利下降或隐藏利润的财务报表舞弊行为都存在,且概率相当。样本显示,在财务报表舞弊行为发生前,利润呈上升势头的公司占 49％,而呈下降趋势的公司占 43％。(3)非主板上市公司的财务报表舞弊现象更加普遍。样本研究表明,涉及财务报表舞弊的公司中,近 78％是纳斯达克(NASDAQ)等非主板上市公司,而在纽约证券交易所上市的仅为 15％,在美国证券交易所上市的为 7％。(4)计算机软件和硬件(15％)、其他制造业(15％)、财务服务业(14％)和医疗健康业(11％)为财务报表舞弊的高发行业。

二、内部控制环境的行为特征

对控制环境的研究表明:(1)大多数的财务报表舞弊行为都有高管人员参与。83％的财务报表舞弊牵涉到首席执行官(CEO)和首席财务官(CFO)。按照参与程度统计,CEO 是最主要的财务报表舞弊者(72％),其次是 CFO(43％)、主计长(21％)、其他副总经理(18％)、非执行董事(11％)、首席运营官(COO)(7％)。(2)审计委员会的实质效果并不明显。尽管在发生财务报表舞弊的公司中 75％设置了审计委员会,且其中近 70％的审计委员会中没有内部董事,具备了形式上的独立性,但审计委员会年均集会次数仅为 1.8 次,只有 44％的审计委员会一年集会 2 次或 2 次以上。审计委员会成员中具有财务或会计背景的仅为 35％,审计委员会发挥内部审计监督功能的仅为 19％。(3)董事会的内部性较强且管理经验明显不足。在发生财务报表舞弊行为的公司中,60％的董事会被内部或灰色董事所把持,董事和管理人员共拥有了三分之一的股权。近 40％的董事会成员没有在其他公司董事会任职的经历,对高管人员的监管经验明显不足。(4)样本公司中高管人员之间的相互牵制作用不明显。董事会主席为非执行董事的仅为 16％,同时兼任 CEO 的却占 66％,公司创立者就是现任 CEO 或前任 CEO 的为 45％。超过 20％的公司中存在着不相容职务未有效分离,如同一人兼任 CEO 和 CFO。高管人员和董事之间存在亲属关系非常普遍,比例近 40％。(5)高管人员承认进行财务报表舞弊的最主要动机是避免体现亏损或获取其他财务支持,为谋取内幕交易利益或者吸引更多的资金而提高股票价格,掩盖资产被个人占用,为了获得上市资格或者为了不被摘牌。(6)一些公司中还存在着其他值得关注的情况,如高管人员或董事曾经或正面临法律指控,在舞弊被曝光前至少有一名高管人员或董事辞职,CFO 曾是外部审计师且直接跳槽到被审计单位。

三、舞弊性质的行为特征

对舞弊性质的研究表明：财务报表舞弊一般涉及多个会计期间。研究样本表明，舞弊丑闻曝光前，财务报表舞弊行为已经平均持续了 23.7 个月，且在此期间舞弊行为基本上没有中断过。最常见的财务报表舞弊手法是不恰当地确认收入、高估资产、低估负债和费用。50％的公司的收入确认存在问题（其中记录虚假收入的占 26％，提前确认收入的占 24％），并相应地高估了资产。资产高估表现为价值高估、记录虚假资产或记录未曾拥有的资产，以及违反规定将费用项目资本化。经常出现错报的资产项目是应收账款、存货、固定资产、应收票据、现金、投资、无形资产。

四、外部审计的行为特征

COSO 委员会研究表明，财务报表舞弊公司的外部审计具有以下主要特点：(1)在舞弊发生之前的最后一期财务报表的审计中，有 55％的公司为标准无保留审计意见。即使财务报表舞弊公司被发表了非标准无保留意见，也不是因为财务舞弊的缘故，而主要是因为持续经营问题、诉讼或其他不确定性(24％)；会计原则变更、会计师事务所变更(17％)，范围受限等其他原因(4％)。注册会计师发现财务舞弊的概率不大。(2)在所有研究样本中，56％的公司舞弊期间的财务报表是由八大会计师事务所(后来为四大)审计，其余 44％为非八大(后来为四大)审计。在 29％的财务报表舞弊案中，注册会计师被认定应承担责任，其中绝大多数是非八(后来为六)大会计师事务所的人员。(3)在最后一期"干净"的财务报表到舞弊被曝光前的财务报表期间，超过 25％的公司变更了会计师事务所，多数变更发生在财务报表舞弊期间，且这种变更多发生在非八(后来为四大)会计师事务所之间。

五、舞弊后果

在丑闻曝光后，有 36％的舞弊公司破产或被政府接管；21％的舞弊公司被证券交易所摘牌；15％的公司变卖了大部分资产，被迫与其他公司合并或更换了控股股东；24％的舞弊公司在丑闻曝光后被股东或债权人起诉，其中 61％的公司支付了赔偿金或和解费，总额达到 3.48 亿美元；71％的公司高管人员被 SEC 要求支付罚款或赔偿金，总额共计 1.93 亿美元。财务报表舞弊公司的高管人员在丑闻曝光后，往往被要求辞职或被停职。其中，CEO 或总经理为 37％，CFO 或主计长为 23％，COO 或其他高级管理人员占 16％。

26％的高级管理人员被禁止在上市公司中继续任职,15％的高级管理人员还面临着刑事诉讼。所有发生财务报表舞弊的公司在丑闻曝光后,股票价格都显著下降,平均降幅高达58％。

第四节　常用的舞弊手法揭秘

财务报表舞弊均经过精心的筹划,从大的层面分析,涉及会计要素的确认、计量及会计信息的披露。具体来讲,常见的舞弊手法可归纳为以下三大类:

一、操纵、伪造或篡改会计记录或相关凭证

(一)开立虚假销货发票,以增加销货并虚增应收账款债权

(二)挪用或窃取他人印章,以伪造事实尚未经授权的文件

(三)利用假验收报告,虚列存货以隐瞒存货短少的事实

(四)利用复杂的投资交易,使资金在不同的账户之间划转,以盗用公司资金

二、不实的声明或蓄意隐藏及遗漏某些事件、交易、其他重要资讯

(一)未将一起对公司可能产生重大不利影响的未决诉讼案件或补税案件充分揭露于财务报表中

(二)隐藏欲从外部借款的合约,以隐藏公司的负债

(三)未充分揭露与关联方的交易

三、蓄意误用会计原则或利用不合理的会计制度

(一)使用不合理的存货计价或评价制度,以增加存货价值,从而降低销货成本,增加营业收益

(二)利用少提折旧、收益支出转资本支出及利息资本化等方式,将账上固定资产灌水

(三)费用递延,例如:应当确认的研发费用、广告费用、试车失败费用等予以递延

(四)错误利用会计期间或会计原则,致使提前或延后确认销货金额

(五)将重大的营业外收益不适当地分类至正常营业项下,以制造营运正常良好的假象

根据美国 Treadway 委员会对粉饰的财务报表所做的研究,结果显示:有87％的财务报表涉及财务披露事项操纵,常用的技巧包括:不当确认收益(47％)、蓄意高估资产(38％)及不当地将当期费用予以递延(15％)。亦即许多舞弊事件是可以借由深入了解及分析财务报告和相关资料而发现的。

美国证管会法规执行组主任裴利依据其经验所归纳的十种常见粉饰财务报表方法如下所述:

(一) 提前确认销货收入

(二) 将营业租赁列为销货收入

(三) 虚列存货

(四) 会计期间划分(cut off)不适当

(五) 不当使用后进先出法计算存货

(六) 使用虚假的年底交易事项以增加收益

(七) 未将资产冲销或确认损失

(八) 对于不一致的会计处理方法未加以揭露

(九) 将费用加以资本化或不适当地加以递延

(十) 将不寻常的利得包括在营业收益项下

第五节　舞弊因子理论

关于企业财务报表舞弊行为的成因,理论界有多种观点,比较有代表性的是从舞弊产生的条件入手提出的舞弊风险因子学说,如舞弊三角理论、GONE理论和冰山理论等。

最早讨论舞弊因子学说的,是被美国学术界称为"现代内部审计之父"的劳伦斯·B.索耶(Lawrence B. Sawyer)先生。早在 20 世纪 50 年代时,他就提出,舞弊的产生是由三个方面的因素构成的,即"一个人想要贪污雇主资金必须有三个条件:异常需要(实际的或想象的)、机会和合乎情理"。他进一步解释说:"管理部门虽然不能影响雇员追求他们的需要,但充分的控制能消除或减少贪污的机会。的确,雇员之所以要打破一个有全面控制的系统来达到贪污的目的,其欲望必然是极端强烈的。在资金很容易被挪用的地方,雇员很容易为其挪用资金找出理由来。"劳伦斯虽然没有对舞弊理论进一步展开,但还是比较具有逻辑地解释了舞弊产生的一些必要条件。即当一个人对财物有强烈欲望时,他就会千方百计地去寻找谋取财物的机会,甚至不管这种机会对他来说是非法还是合法。而一旦找到机会非法获取财物后,他总要寻找理由或方法来掩盖它,使这一事实不被人们所发现。劳伦斯的三因子学说,为后来的舞弊学理论的发展奠定了基础。

国际内部审计师协会下属的内部审计研究基金会通过大量的调查工作发现,舞弊的发生取决于两个因素:一为承受某些压力(财务压力、经济压力等);二为舞弊的机会,特别是组织的内部控制存在严重缺陷。

一、舞弊三角理论

美国注册舞弊审核师协会创始人、曾任美国会计学会会长的 W. 史蒂文·阿尔伯雷齐特(W. Steve Albrecht)进一步发展了舞弊理论,于 1995 年较系统地提出了舞弊三角理论。他认为,舞弊三角形的三个顶点是舞弊压力、舞弊机会和自我理性,即舞弊的产生需要满足压力、机会和自我理性三个条件,就像燃烧必须同时具备热度、燃料、氧气一样,缺一不可。但这三个因素不是同等重要的,只要其中一个足够强烈,即使其他两个因素较弱也会诱发舞弊。

舞弊的第一要素——舞弊压力。压力是企业舞弊者的行为动机,是直接的利益驱动。这里舞弊者的压力指经济压力,是指期望生活水平与实际收入之间的差距,差距越大压力越大,也包括因经济困难而产生的舞弊动机,如意外财产损失、高额负债、应急需要、满足贪婪以及虚荣等。例如:公司经理为了实现财务目标以保住自己的工作并获取奖金,或为了支持股票价格也可能在做财务报告时虚报事实。

舞弊的第二要素——舞弊机会。机会是指舞弊者既可实施舞弊行为,又能掩盖起来不被发现,或者能够逃避惩罚的条件。机会要素的存在,使得舞弊动机的实现成为可能。它的形成原因主要有六种:(1)缺乏内部控制;(2)信息不对称;(3)会计和审计制度不健全;(4)缺乏惩罚措施;(5)工作质量不易辨认;(6)无能力察觉舞弊行为。

舞弊的第三要素——自我理性。自我理性就是正直感,是个人的道德价值判断。舞弊者在面临压力、获得机会后,还必须找到某个理由,使得舞弊行为与其道德观念、行为准则相吻合,而无论这一借口是否真正合理。在最近的调查中,受调查者认为,理性因素比机会等因素更能显示管理阶层行使舞弊的可能性,这说明了舞弊跟理性因素的紧密联系程度。许多人之所以没有舞弊,不是因为他们没有面临巨大的个人财务压力或没有无比有利的机会,而是因为他们有很强的自我理性。如果个人的道德观很强,他也就不容易对舞弊的行为想出合理化的理由。企业舞弊者常用的理由主要有:(1)这只是暂时的,运作一改善就会停止；(2)我也是被迫的，无可奈何；(3)我只是暂时借用这笔资金，肯定会还的；(4)这是公司欠我的；(5)没有人会因此而受到损害；(6)我会通过其他方面予以更多的回报；(7)某些东西，如荣誉或正直等是可以牺牲的，等等。

W. Steve Albrecht 是 Brigham Young University 的会计学教授，同时也是会计学和信息系统学院的院长。他在 Brigham Young University 获得会计学学士学位，在 University of Wisconsinat Madiaon 获得会计学工商管理硕士和博士学位。Albrecht 博士还是注册公共会计师、注册内部审计师和注册欺诈检察官。他于 1977 年来到 Brigham Young University，在其职业生涯早期，他作为见习会计师在 Deloitte&Touche 工作过。Albrecht 博士接受过大量的奖励和荣誉，荣获过 Brigham Young University 管理学教师奖、Brigham Young University 的杰出研究奖；在犹他州百年庆祝活动中，被选为为犹他州做出突出贡献和带来特殊荣耀的 131 个犹他州人之一。他曾经担任美国会计学会的会长、会计项目团的成员、注册欺诈检查团的理事。Albrecht 博士做了大量关于白领犯罪和商业欺诈的研究。

舞弊三角理论有广泛的用途，美国最新的反舞弊准则（SAS No.99）提醒注册会计师应该关注舞弊产生的这三个主要条件。我国 2006 年颁布的《中国注册会计师》独立审计准则第 1141 号——财务报表审计中对舞弊的考虑》也使用该理论分析了这三个舞弊风险因素。表 2-1 列示了与舞弊财务报表有关的舞弊风险因素、相关细节及具体示例。

表 2-1 与舞弊财务报表有关的舞弊风险因素、相关细节及具体示例

舞弊发生的因素	舞弊风险因素细类	舞弊风险因素具体示例
动机或压力	财务稳定性或盈利能力受到不利经济环境、行业状况或被审计单位运营状况的威胁	市场需求大幅下降，所处行业的经营失败比例增多
		难以应对技术变革、产品过时、利率或汇率调整等市场环境变化
		竞争激烈或市场饱和，主营业务利润率不断下降
		新颁布的行业相关法律法规、会计准则、监管规则对被审计单位的经营活动、投资活动或筹资活动可能产生重大影响
		与同行业的其他企业相比，增长过快或盈利能力过高
		经营活动难以产生足够的现金净流入，或经营活动的现金流量连续为负数
		严重或持续亏损使被审计单位可能破产、丧失抵押品赎回权或遭恶意收购

舞弊发生的因素	舞弊风险因素细类	舞弊风险因素具体示例
动机或压力	管理层为满足外部预期或要求而承受过度的压力	政府部门、股东、重要债权人、投资分析师或其他利益相关者对盈利能力或增长趋势存在预期(特别是不切实际或激进的预期)
		管理层在媒体等公开场合提供的信息过于乐观
		需要大量举债或吸收股权融资才能满足研究开发或其他资本性支出的需求,以保持竞争力
		盈利能力或财务状况必须满足上市交易、偿债要求或债务协议规定的其他要求,否则可能导致退市、特别处理、清偿债务等后果
		如报告不良的盈利能力或财务状况可能会对正在进行的重大交易(如企业合并或重组)产生不利影响
		管理层或治理层拥有相当数量的公司股票或债券
	管理层或治理层的个人经济利益受到被审计单位财务业绩或状况的影响	管理层或治理层的报酬中有相当一部分(如奖金、股票期权)取决于被审计单位能否实现特定的(往往是激进的)指标要求(如股价、经营成果、财务状况或现金流量)
	管理层或业务人员受到更高职级管理层或治理层对财务或经营指标过高要求的压力	治理层为管理层设定了过高的销售业绩或利润指标
机会	被审计单位所从事业务或所处行业的性质提供了对财务信息做出虚假报告的机会	从事大量超出正常经营过程的交易(可能体现为关联方交易或更隐蔽的关系和交易),或是从事大量交易的对方未经审计或由其他会计师事务所审计
		从事重大、异常或高度复杂的交易(特别是临近期末)
		从事大量跨国、跨境交易
		利用中介从事交易(往往难以判断此类交易是否具有正当的商业理由)
		在免税区或税收优惠地区设置重要的银行账户或组成部分(往往难以判断此类业务或交易是否具有正当的商业理由)

续表

舞弊发生的因素	舞弊风险因素细类	舞弊风险因素具体示例
机会	被审计单位所从事业务或所处行业的性质提供了对财务信息做出虚假报告的机会	资产、负债、收入或费用需要做出重大估计，涉及主观判断或不确定性，且难以印证
		从事科技含量高、研发周期长或市场风险大的经营业务
		在所处行业中具有重要地位，从而有能力胁迫供应商或客户与其从事不公允或不适当的交易
		大量采用分销渠道、销售折扣及退货等交易方式
	组织结构复杂或不稳定	难以确定被审计单位的最终控制人
		组织结构复杂，存在异常的法人组织形式或管理职级关系
		高层管理人员、法律顾问或治理层频繁变更
	对管理层的监督失效	管理层由一人或少数人（如控股股东代表，也可能是股东以外的经理人）掌控，缺乏共同决策或制衡措施
		治理层未对财务报告过程和内部控制实施有效监督
	内部控制存在缺陷	对控制的监督不充分
		会计人员、内部审计人员或信息技术人员变动频繁，或是胜任能力不足
		会计信息系统存在重大缺陷
借口（合理化解释）	管理层态度不端或缺乏诚信	管理层对企业价值或道德标准的沟通、贯彻执行不足，或传递了不适当的价值观或道德标准
		管理层过分强调保持或提高公司股票价格或盈利水平
		管理层倾向于利用重要性水平的概念对模棱两可的或不适当的会计处理做出合理化解释
		管理层存在通过不恰当方法降低盈利水平的逃税倾向
		非财务主管的管理层过度干涉会计政策的选择或重大会计估计的做出
		公司、管理层或治理层存在违反证券或其他方面法律法规的不良记录，或是因涉嫌舞弊或违反法律法规而遭起诉
		管理层惯于向外界承诺实现不合理的预期

舞弊发生的因素	舞弊风险因素细类	舞弊风险因素具体示例
借口（合理化解释）	管理层态度不端或缺乏诚信	管理层没有及时纠正已发现的内部控制重大缺陷
		高级管理人员缺乏锐意进取的士气
		混淆个人业务与公司业务
	管理层与注册会计师的关系异常或紧张	在会计、审计或信息披露问题上经常与注册会计师发生意见分歧
		对注册会计师提出不合理的需求，如对外勤审计工作的完成或审计报告的出具提出不合理的时间限制
		对注册会计师进行限制，使其难以接触某些人员（包括治理层）或信息
		试图影响会计师事务所对参与审计业务的专业人员的选派

二、"GONE"舞弊因子理论

"GONE"理论是 G. Jack Bologna, Robert J. Lindquist 和 Jiseoph T. Wells 在 1993 年提出的财务舞弊四因素论。这是在美国一度流传最广，也是最有意思的一个企业会计舞弊与反会计舞弊的著名理论。该理论认为，企业会计舞弊由 G、O、N、E 等四个因子组成，它们之间相互作用，密不可分，没有哪一个因子比其他因子更重要，它们共同决定了企业舞弊风险的程度，只有当此四类的因素结合在一起时，则舞弊的发生机会将会最大。GONE 由四个英语单词的开头字母组成，其中：G 为 Greed，指贪婪；O 为 Opportunity，指机会；N 为 Need，指需要；E 为 Exposure，指暴露。上述四个因子实质上表明了舞弊产生的四个条件，即舞弊者有贪婪之心且又十分需要钱财、自尊时，只要有机会，并认为事后不会被发现，他就一定会进行舞弊，导致"You can consider your money gone"（被欺骗者的钱、物、权益等离他而去）。"GONE"理论从字面我们就可以看出它所表达的意思。这四个因素结合在一起互相作用，决定了舞弊风险的水平。下面详细分析这四个因子的具体内容及它们与会计舞弊的关系。

舞弊者（包括个人和管理当局）进行财务舞弊是出于一系列复杂、多样的理由，最普遍和最基本的理由是"需要"。例如：成都红光实业有限公司伪造了

3年的盈利财务报告,非法上市筹集了2亿元资金,其主要目的是为了逃离其日益恶化的财务危机。此外,舞弊者还有其他需要。如弥补现金短缺甚至吸毒或赌博的需要。根据行为科学的观点,需要实际上构成了行为的动机,因此"需要"因子也被称为"动机"因子。动机是会计行为产生的关键,正当的会计行为动机产生适当的会计行为,而不良的行为动机则容易在外界刺激下产生不正当的会计行为,即会计舞弊。"机会"因子同潜在舞弊者在企业中掌握的一定权力有关,管理当局本身拥有的相对信息优势及管理会计工作的权限,倘若它的行为得不到应有的监督和制约,那么,它就有机会通过非法会计操作从而获取利益。"暴露"因子包括两部分内容:(1)舞弊行为被发现和披露的可能性;(2)对舞弊者的惩罚性质及程度。舞弊具有欺骗性和隐瞒性,发现和揭露这种行为的可能性大小就会影响舞弊者做出是否实施会计舞弊行为的判断。惩罚的性质与程度也会关系到行为实施前的判断,从而给潜在的舞弊者以足够的威慑力。"贪婪"因子已超越其本义,被赋予了更广阔的含义:道德水平低下。道德对舞弊个人而言是一种心理因素,在行为产生与实现过程中其对行为主体作用是无所不在的。它表现为一种个体价值判断。对符合自身价值判断的行为就推动其实施,对不符合自身价值判断的行为就予以否定放弃。舞弊者通常有不良的道德意识或在道德意识方面不良的价值判断占了上风或个体已为违背良好的道德规范找到合理的借口,在这样的不良道德观作用下,会计舞弊成为一种符合其价值判断的行为。

三、舞弊冰山理论

舞弊冰山理论,又叫二因素论,由美国的G.杰克·波罗格纳(G. Jack Bologna)和加拿大的罗伯特·J.林德奎斯特(Lindquist Robert J.)提出。该理论把各种导致舞弊行为的因素分成两大类,并比喻为海平面上的一座冰山。露出海平面的只是冰山的一角,是人人都看得见的客观存在的部分,属于舞弊的结构部分,包含的内容是组织内部管理方面的问题;潜藏在海平面以下的部分,是更为主观化、个性化的内容,包括行为人的态度、感情、价值观念、满意度、鼓励等等,属于舞弊的行为部分,这些行为更容易被刻意掩饰起来,因而也更危险。

冰山理论说明,一个公司是否可能发生会计舞弊,不仅取决于其内部控制制度的健全和严密,更重要的是取决于该公司是否存在财务压力,是否有潜在的败德可能性。该理论强调,在舞弊风险因素中,个性化的行为因素更为危险,必须多加注意。

第六节　财务报表舞弊预警信号

在现代，人们设置账簿，记录经济业务普遍使用的是复式记账法。复式记账法是一种比较科学的记账方法，大约起源于13世纪意大利地中海沿岸工商业和银行业发达的威尼斯、佛罗伦萨等城市，到15世纪该方法的理论和方法已比较完备，在世界各国一直沿用至今，长盛不衰，主要在于它固有的平衡机制和对经济交易和事项来踪去迹无与伦比的解释能力。这种独特的簿记方法，有助于人们发现财务舞弊的征兆。此外，会计舞弊的大量实践证明，人类固有的局限和属性，如喜欢显耀的心理、追求享乐的冲动和不可避免的疏忽大意，会使大多数舞弊留下蛛丝马迹。这些征兆和蛛丝马迹在会计记录和财务报表上的异常表现，就是舞弊学上的所谓预警信号（Warning Signs）或称"红旗"标志（Red Flags），关注预警信号是发现和防范会计舞弊的捷径之一。舞弊过程一般包括三个步骤：即行为本身、舞弊获得利益的转化、舞弊行为的掩盖。其中，舞弊者暗中实施舞弊行为是很难被当场抓住的，而舞弊利益的转化也由于是在企业外部秘密进行而不易被发现。因此，通常只能凭借对舞弊行为蛛丝马迹的敏感嗅觉，以及追踪舞弊者在会计记录上掩盖舞弊行为的线索来侦察舞弊。

一、舞弊预警信号的类型

按照Albrecht教授的观点（Albrecht，2004），舞弊的预警信号可分为6类：(1)会计异常。这类的预警信号主要包括：原始凭证不合常规（如凭证缺失、银行调节表出现呆滞项目、过多空白、收款人或客户名称或地址太普通、应收账款拖欠增加、调节项目增多、凭证篡改、付款雷同、支票二次背书、凭证号码顺序不合逻辑、凭证上字迹可疑、以凭证复印件取代原件）；会计分录存在瑕疵（如缺乏原始凭证支撑、对应收应付款、收入和费用进行未加解释的调整、会计分录借贷不平衡、会计分录由异常人员编制、临近会计期末编制的异常会计分录）；日记账不准确（如日记账不平衡、客户或供应商的个别账户合计数与控制账户不相钩稽）。(2)内部控制缺陷。这类的预警信号主要包括：缺乏职责划分；缺乏实物资产保护措施；缺乏独立核查；缺乏适当的文件和记录保管；逾越内部控制；会计系统薄弱。(3)分析性异常。这类的预警信号主要包括：未加解释的存货短缺或调整；存货规格存在背离或废品日增；采购过度；借项或贷项通知繁多；账户余额大幅增减；资产实物数量异常；现金出现短缺或盈余；不合理的费用或报销；应注销的资产项目未及时确认且金额巨大；财务报表关系诡异（如收入增加存货减少、收入增加应收账款减少、收入增加现金流量减少、存货增加应付账款减少、在产量增加的情况下单位产品成本不降反增、产量增加废品下降、存货增加仓储成本下降）。（4）奢侈生活方式。本类的预警信号主要包括：生活方式与收入水平不相称；豪华的生活方式引人注目（如购买豪宅、名车和名贵珠宝服饰、参加豪华旅游、豪赌等）；生活作风绯闻不断。必须指出，这类预警信号对于识别腐败（Corruption）和挪用资产（Appropriation of assets）这两种舞弊比较相关，但对于财务报表舞弊的识别能力较低。（5）异常行为。这类预警信号主要包括：失眠、酗酒、吸毒；易怒、猜疑、神经高度紧张；失去生活乐趣，在朋友、同事和家人面前表露出内疚之情；防御心理增强或动辄与人争执；对审计人员的询问过于敏感或富有挑衅性；过分热衷于推卸责任或寻找替罪羊。（6）暗示与投诉。这是指公司内外部知情人以匿名或明示的方式，向公司管理当局、注册会计师或政府监管部门提供的有关舞弊检举线索。2002 年 10 月，美国特许舞弊审查师学会（ACFE）公布的一份调研报告显示，在 1997 年至 2002 年上半年期间的 603 个重大舞弊案例中，只有 26.9% 是通过内外部审计发现的，而通过各种举报发现的比例却高达 46.1%（其中雇员举报 26.3%、客户举报 8.6%、匿名举报 6.2%、卖方举报 5.1%）。可见，关注"有心人"发出的暗示与投诉预警信号，也是发现舞弊的重要途径。

二、财务报表舞弊的一般预警信号

与一般舞弊（如行贿受贿和挪用资产等）相比，财务报表舞弊具有以下显著的特点：公司高管当局往往牵涉其中；上下串通、内外勾结等群体舞弊司空见惯；通常以维护公司的利益为幌子（至少不像受贿和挪用资产那样赤裸裸地公然损害公司利益）；造成损害更具有破坏性。根据上述特点，Albrecht 教授提出，财务报表舞弊一般预警信号可以从管理层面、关系层面、组织结构和行业层面以及财务结果和经营层面加以识别。而 AICPA 于 2002 年 10 月颁布的 SAS No.99，则以 Albrecht 教授提出的"舞弊三角论"为基础，从动机（压力）、机会和态度（辩解理由）等角度提供了评估舞弊概率的风险要素。这些所谓的风险要素，实际上就是财务报表舞弊的预警信号，只不过叫法较为中性。综合 Albrecht，舞弊风险预警信号的研究以及 SAS No.99 对风险要素的论述，财务报表舞弊的一般预警信号可归纳为以下四类：

（一）管理层面的预警信号。发现以下管理层面的预警信号时，表明公司可能存在着财务报表舞弊;高级管理人员有舞弊或其他违反法律法规的不良记录;高级管理层或董事会频繁改组;高级管理人员或董事会成员离职率居高不下;关键高级管理人员的个人财富与公司的经营业绩和股价表现联系过于密切;高级管理人员处于盈利预期或其他财务预期的高压下;高级管理人员对不切实际的财务目标做出承诺;高级管理人员的报酬主要以财务业绩为基础(如奖金、股票期权和销售佣金);高级管理人员的决策受制于债务契约,且违规成本高昂;高级管理人员过分热衷于维护或提升股票价格;高级管理人员过分热衷于税务筹划;重大决策由极少数关键人物(如公司创始人)所左右,且逾越决策程序的独裁现象司空见惯;高级管理层对于倡导正直诚信的文化氛围缺乏兴趣;高级管理人员经常向下属经营班子下达激进的财务目标或过于严厉的支出预算;高级管理层过多地介入专业性很强的会计政策选择,会计估计和会计判断;高级管理层频繁接受媒体的采访宣传且对沽名钓誉的活动乐此不疲。

(二)关系层面的预警信号。通过观察公司在处理与金融机构、关联公司、注册会计师、律师、投资者和监管机构的关系时是否存在异常情况,也可以对公司是否进行财务报表舞弊做出判断。这些关系层面的预警信号主要包括:贷款或其他债务契约的限制对公司的经营或财务决策构成重大问题;银企关系异常(如与异地的金融机构关系过于密切、开设的银行账户众多);高级管理人员或董事会成员与主办银行的高层关系过于密切;频繁更换为之服务的金融机构;缺乏正当的商业理由,将主要银行账户、子公司或经营业务设置在避税天堂;向金融机构借入高风险的贷款并以关键资产作抵押;经营模式缺乏独立性,原材料采购和产品销售主要通过关联公司进行;经常在会计期末发生数额巨大的关联交易;当期的收入或利润主要来自于罕见的重大关联交易;关联交易明显缺乏正当的商业理由;对关联方的应收或应付款居高不下;公司与其聘请的会计师事务所关系高度紧张或关系过于密切;频繁更换会计师事务所或拒绝更换信誉不佳的会计师事务所;高级管理人员在审计时间或审计范围等问题向注册会计师提出不合理的要求;高级管理人员对注册会计师审计过程中需要询问的人员或需要获取的信息施加了正式或非正式限制;经常变更为之服务的律师事务所或法律顾问;频繁卷入诉讼官司;高级管理层与股东之间的关系紧张;频繁发行或增发新股、债权,导致投资者抱怨或抵制;高级管理层与投资银行或证券分析师关系过于密切或紧张;高级管理层与证券监管机构关系紧张;高级管理人员或董事会成员在财务报告和信息披露方面受到证券监管机构的处罚或批评;与税务机关税务纠纷不断。

（三）组织结构和行业层面的预警信号。组织结构和行业层面的主要预警信号包括：组织机构过于复杂；主要子公司或分支机构地域分布广泛，且缺乏有效的沟通和控制；缺乏内部审计机构或人员配备严重不足；董事会成员主要由内部执行董事或"灰色董事"组成；董事会的作用过于被动，受制于高级管理层；未设立审计委员会，或审计委员会缺乏独立性和专业胜任能力；信息系统薄弱或 IT 人员配备不足；所在行业处于成熟或衰退阶段；所在行业竞争加剧，经营失败与日俱增；所在行业技术进步迅猛，产品和技术具有很高的陈旧风险；在行业一片萧条时，公司的经营业绩一枝独秀；遭受巨额经营损失，面临破产、被敌意收购或其他严重后果；所在行业对资产、负债、收入和成本的确认高度依赖于主观的估计和判断。

（四）财务结果和经营层面的预警信号。财务结果和经营层面的主要预警信号包括：报表项目余额和金额变动幅度异常惊人；收入和费用比例严重失调；报表项目的余额或金额源于一笔或少数几笔重大交易；会计期末发生"形式重于实质"的重大交易且对当期经营业绩产生重大影响；经营业绩与财务分析师的预测惊人接近；在连年报告净利润的同时，经营活动产生的现金流量持续入不敷出；高度依赖于持续不断的再融资（包括股票和债务融资）才得以持续经营；对外报告的资产、负债、收入和费用主要建立在高度主观的估计和判断基础之上，且财务状况和经营业绩很可能随着估计和判断基础的变化而严重恶化；对外报告的盈利能力以远高于竞争对手的速度迅猛增长；主要成本费用率大大低于其竞争对手；财务报表附注晦涩难懂；财务报表被注册会计师发表"不干净"意见；连续多年依靠非经营性收益才得以保持盈利记录；经营业绩与其所处的行业地位不相称；经营成功与否所高度倚重的产品或服务面临着市场竞争、技术进步、消费偏好或替代品的严峻挑战；财务杠杆高，处于违反债务契约的边缘；对外报告的经营业绩与内部预算或计划总是保持高度一致，罕有例外情况发生；因经营业绩不佳导致股票交易持续低迷，面临着被交易所终止交易的风险。

三、财务报表舞弊的具体预警信号

从会计角度看，财务报表舞弊主要表现为销售收入舞弊、销售成本舞弊、负债和费用舞弊、资产舞弊和披露舞弊等形式。

（一）销售收入舞弊的预警信号。销售收入舞弊的常见预警信号主要包括：分析性复核表明对外报告的收入太高、销售退回和销售折扣过低、坏账准备的计提明显不足；在对外报告的收入中，已收回现金的比例明显偏低；应收账款的增幅明显高于收入的增幅;在经营规模不断扩大的情况下,存货呈急剧下降趋势;当期确认的应收账款坏账准备占过去几年销售收入的比重明显偏高;本期发生的退货占前期销售收入的比重明显偏高;销售收入与经营活动产生的现金流入呈背离趋势;与收入相关的交易没有完整和及时地加以记录,或者在交易金额、会计期间和分类方面记录明显不当;记录的收入缺乏凭证支持或销售交易未获恰当授权;最后时刻的收入调整极大地改善了当期的经营业绩;销售交易循环中的关键凭证"丢失";未能提供收入的原始凭证,或以复印件代替原件的现象屡见不鲜;未能对银行存款往来调节表或其他调节表上的重大差异项目做出合理解释;销售收入和现金日记账存在明显的差异;与收入相关的记录(如应收款记录)与询证证据(如函证回函)存在异常差异;高级管理层逾越销售交易循环的内部控制;新客户、异常客户或大客户未遵循惯常的客户审批程序;高级管理层或相关雇员对收入或收入异常现象的解释前后矛盾、含混不清或难以置信;存在着禁止注册会计师接触相关设施、雇员、记录、客户、供应商等有助于获取收入证据的行为;高级管理层在收入确认上对注册会计师施加了过分的时间压力;对注册会计师要求提供的收入相关信息拖延搪塞;高级管理层对注册会计师就收入提出的质询做出行为失常的举动(如勃然大怒、威胁利诱等);接到客户、雇员、竞争对手关于收入失实的暗示或投诉。

(二)销售成本舞弊的预警信号。销售成本舞弊的常见预警信号主要包括:分析性复核表明对外报告的销售成本太低后降幅太大、购买退回和购货折扣太高;分析性复核表明期末存货余额太高或增幅太大;与存货和销售成本相关的交易没有完整和及时地加以记录,或者在交易金额、会计期间和分类方面记录明显不当;记录的存货和销售成本缺乏凭证支持或与之相关的交易未获恰当授权;期末的存货和销售成本调整对当期的经营成果产生重大影响;存货和销售成本的关键凭证"丢失";未能提供存货和销售成本的原始凭证,或只能提供复印件;与销售成本有关的会计记录(如购货、销售、现金支付日记账)明显不相钩稽;存货和销售成本的会计记录与佐证证据(如存货实物盘存记录)存在异常差异;存货盘点数与存货记录数存在系统性差异;存货收入报告与存货实收数存在差异;采购订单、采购发票、存货收入报告和存货记录之间存在着不一致现象;存货供应商没有出现在经过批准的卖主清单上;存货丢失或盘亏数量巨大;采购订单或发票号码被复制;供应商的身份难以通过信用调查机构或其他渠道予以证实;高级管理层逾越与存货和销售成本循环的内部控制;新的或异常的供货商未遵循正常的审批程序;存货实物盘点制度薄弱;高级管理层或相关雇员对存货和销售成本的解释前后矛盾、含混不清或难以置信;存在着禁止注册会计师接触相关设施、雇员、记录、客户、供应商等有助于获取存货和销售成本证据的行为；高级管理层对注册会计师解决复杂的存货和销售成本问题施加不合理的时间压力；对注册会计师要求提供的存货和销售成本相关信息拖延搪塞；高级管理层对注册会计师就收入提出的质询做出行为失常的举动；接到知情者关于存货和销售成本不实的暗示或举报。

（三）负债和费用舞弊的预警信号。负债和费用舞弊的常见预警信号主要包括：期后事项分析表明，在下一会计期间支付的金额属于资产负债表日业已存在的负债，但未加以记录；存货盘点数超过存货会计记录数；仓库进出记录表明期末有验收入库的存货，但采购部门未能提供采购发票；供货商发货声明上载明的金额未体现在会计记录中；采购金额、数量和条件与询证函之间存在着重大差异，且未能调节一致；截止期测试发现大量存货被归属于错误会计期间；未能提供雇员薪酬个人所得税代扣证明；有贷款但没有相应的利息支出，或有利息支出但未发现贷款；有租赁办公场所，但没有相应的租金支出；在会计期末编制增加了销售收入、减少了预收货款的重分类分录；收入会计记录与客户函证存在重大差异；产品担保支出大大超过担保负债；客户的回函表明公司与客户签订了回购协议；将保证金记录为收入；董事会已批准的贷款在会计记录中未得到反映；银行回函上载明的贷款没有在会计记录中反映；有租金支出，但没有租赁负债；银行对账单上出现巨额贷项；董事会会议记录讨论的或有负债没有反映在会计记录中；向外聘律师支付了大额费用，但未确认任何或有负债；律师函表明公司可能卷入重大法律诉讼；监管部门的公函表明公司可能存在重大违法违规行为，但公司既未确认或有负债，也未有附注披露；公司设立了众多的特殊目的实体，且资金往来频繁；公司与关联方的资金往来频繁，委托付款或委托收款现象突出；在收购兼并过程中未预提重组负债和重组费用；以前期间计提的重组负债在本期被用于冲减经营费用；对注册会计师要求提供的重要负债和费用相关信息拖延搪塞；高级管理层对注册会计师就重要负债和费用提出的质疑做出行为失常的举动；接到知情者对重要负债和费用不实的暗示或举报。

（四）资产舞弊的预警信号。资产舞弊的常见预警信号主要包括：缺乏正当理由对固定资产进行评估并将评估增减值调整入账；频繁进行非货币性资产置换；重大资产剥离；在某个会计期间计提了巨额的资产减值准备；注销的资产价值大大超过以前年度计提的减值准备；固定资产、在建工程和无形资产中包含了研究开发费用或广告促销费用；固定资产和在建工程当期增加额与经过批准的资本支出预算存在重大差异，且未能合理解释；将亏损子公司排除在合并报表之外且缺乏正当理由;采用成本法反映亏损的被投资单位;经常将长期投资转让给关联方或与关联方置换;频繁与关联方发生经常性资产的买卖行为;固定资产和无形资产的折旧或摊销政策显失稳健;未能提供重要固定资产和土地资源有效的产权凭证;重大资产的购置或处置未经恰当的授权批准程序;未建立有效的固定资产盘点制度;高级管理层或相关雇员对重大资产的解释前后矛盾、含混不清或难以置信;存在着禁止注册会计师接触相关设施、雇员、记录、供应商等有助于获取重大资产证据的行为;高级管理层对注册会计师解决复杂的资产计价问题施加不合理的时间压力;对注册会计师要求提供的重要资产相关信息拖延搪塞;高级管理层对注册会计师就重要资产提出的质询做出行为失常的举动;接到知情者对重要资产不实的暗示或举报。

(五)财务信息披露舞弊的预警信号。财务信息披露舞弊的常见预警信号主要包括:因信息披露原因受到证券监管部门或证券交易所的处罚或警告;披露程度历来只达到监管部门的最低要求,鲜有额外的自愿性披露;会计政策披露晦涩难懂;对收购兼并、或有事项等重大事项的披露过于简明扼要;对重大经营和非经营损失的解释有避重就轻之嫌;财务信息的披露与经营活动的总结相互矛盾;财务信息的披露与公司的对外宣传或新闻媒体的相关报道存在严重不一致现象;财务信息披露与董事会会议记录存在重大差异。

四、财务报表舞弊的关键识别指标

除了利用上述各种预警信号判断公司是否存在着财务报表舞弊外,还可利用一些关键性财务指标识别公司是否存在着盈余操作嫌疑。1999 年,美国印地安纳大学的比奈什教授在《财务分析杂志》上发表了一篇题为"盈余操作之侦查"的文章,提出了以下财务指标可用于判别公司是否进行盈余操作。

(一)应收账款周转指数(Day's Sales in Receivable Index)。该指标的计算公式为:应收账款周转天数指数=本期应收账款周转天数÷上期应收账款周转天数。

比奈什教授的研究表明,盈余操作公司与非盈余操作公司的应收账款周转指数存在着显著差别。非盈余操作公司的应收账款周转指数的平均值为1.031,而盈余操作公司的平均值为 1.465,两者相差 42%。ACFE 的创始人兼主席 Joseph T. Wells 先生利用这一指标分析了 ZZZZ Best 公司的舞弊案,结果发现该公司 1986 年(舞弊最严重的年度)应收账款周转指数高达177622,主要原因是该公司 1985 年的应收账款为零,但在 1986 年的应收账款却增至近 70 万美元。事后分析表明,这 70 万美元纯属子虚乌有。

（二）毛利率指数（Cross Margin Index）。该指标的计算公式为：毛利率指数＝本期毛利率÷上期毛利率。

比奈什教授的研究表明，盈余操作公司与非盈余操作公司的毛利率指数存在着显著差别。非盈余操作公司的毛利率指数的平均值为1.014，而盈余操作公司的平均值为1.193，两者相差18%。

Wells先生利用该指数分析了ZZZZ Best公司的舞弊案，结果发现该公司这一指数（0.9278）并未存在异常情况。Wells先生进而指出，如果公司通过高估销售收入和低估销售成本进行盈余操作，则其毛利率指数将明显高于非盈余操作公司的平均值。因此，毛利率指数对财务舞弊的预测能力较低。但是，当毛利率指数低于1时（及本期毛利率出现下降），表明公司进行舞弊的风险较高。

（三）资产质量指数（Asset Quality Index）。该指标的计算公式为：资产质量指数＝本期资产质量÷上期资产质量。

其中，资产质量＝1－（流动资产＋固定资产净值）÷资产总额。

资产质量指数越大，表明公司将经营费用资本化的风险越高。比奈什教授的研究表明，盈余操作公司与非盈余操作公司的资产质量指数存在着显著差别。非盈余操作公司的资产质量指数平均值为1.039，而盈余操作公司的平均值为1.254，两者相差21%。

Wells先生计算了ZZZZ Best公司1986年的资产质量指数，结果发现该指数高达2.043，比非盈余操作公司高出97%。

（四）销售增长指数（Sales Growth Index）。该指标的计算公式为：销售增长指数＝本期销售收入÷上期销售收入。

比奈什教授的研究表明，盈余操作公司与非盈余操作公司的销售增长指数存在着显著差别。非盈余操作公司的销售增长指数平均值为1.134，而盈余操作公司的平均值为1.607，两者相差42%。

Wells先生的分析显示，ZZZZ Best公司1986年的销售增长指数高达3.905，这无疑是个明显的预警信号。

（五）应计总额占资产指数（Total Accruals to Total Assets Index）。该指标的计算公式为：应计总额占资产指数＝（营运资本变动额－现金变动额－应付税款变动额－折旧和摊销）÷资产总额。

该指标主要用于分析公司高级管理层是否利用应计项目的自由裁量权进行盈余操作。比奈什教授的研究表明，盈余操作公司与非盈余操作公司的应计总额资产指数存在着显著差别，非盈余操作公司的应计总额占总资产指数平均绝对值为 0.8,而盈余操作公司的平均绝对值为 0.031,两者相差76.9%。Wells 先生分析表明,ZZZZ Best 公司的这一指标值高达 0.064,约等于非盈余操作公司的 4 倍。

识别财务报表舞弊,除了使用以上介绍的预警信号,在资产负债表及利润表的报表项目上也隐藏着舞弊预警信号,表 2-2 列示了部分报表项目的预警信号:

表 2-2　会计科目隐藏的舞弊预警信号汇总表

会计科目	预警信号
现金	现金大幅减少
	部分现金使用受到限制
应收账款	巨额过期的应收款项
	应收款项与营业收入的变化比例有显著不一致情形
	应收账款周转率越来越慢
	主要为关联企业的应收账款
	业务过分依赖大客户
存货	突然改变其存货计价方法
	存货与营业收入的变化比例有显著不一致情形
	存货周转率越来越慢
	对存货的估价不合理或估价政策有大幅变化
投资	过于频繁的长短期投资买卖
	未适当认列投资损失
	以显著不相当的对价买卖长期投资
	与关联企业的股权买卖情形过于频繁
固定资产	折旧摊销方法的改变
	不适当的使用年限
	固定资产的大幅增加或冲销
	固定资产的变化与产量的增减有显著相当的情形
	不适当地将维护与修缮费用或利息资本化
无形资产	无形资产占总资产的比例过高
	无形资产的取得成本不合理
	不适当的摊销年限
负债	负债占该公司总资产的比例过高或有重大变化
	高估或低估售后服务保证等预计负债
营业收入及毛利	营业收入成长及毛利率的变化呈现异常或与产业整体变化不符
	第四季度的营业收入有大幅增加的趋势
	产生了大额非属于主要营业项目的营业收入

续表

会计科目	预警信号
费用	费用的增减与营业收入的增减变化不相当
	与过去财报相比,某些费用科目产生异常的变化
	将应资本化的开办费、研发费用、广告费等费用在当期一次认列为费用
营业外收支	产生重大金额的营业外收支

通过下列分析的方法也可以发现这些常见的财务报表舞弊,包括:

(1) 了解该企业所处之产业前景及发展,并与该企业之成长情形及财务报表上之营业收入趋势作一比较分析,以确认该企业成长是否与该产业相当及营业收入的真实性;

(2) 逐季了解该企业的营运情形并与其营运目标及过去营运状况相比较,以确认该企业有无年底作账之现象,有无沉重之营运目标达成压力及本年度营运有无异常之波动;

(3) 注意该企业是否有重大之发展策略,例如转投资之变化,至海外筹资或上市消息,以确认该企业有无须美化报表之动机;

(4) 逐项比较财务报告上相关主要科目之其关联变动性及合理性,以确认有无科目遭到虚列或粉饰,及科目分类之合理性;

(5) 比较该企业最近几期及其他同业采行之会计政策,以了解是否有重大的会计政策变动或采用不合理的会计政策;

(6) 审视各科目之明细表细项及变化,以确认其分类之合理性;

(7) 分析并比较该企业之重大财务比率,以确认其合理性且无重大异常变化;

(8) 注意该企业之会计师更换情形及会计师查核报告意见,以确认财务报告之可靠性;

(9) 注意财务报表中涉及估计及评价之科目有无重大变化,以确认需经营者判断之项目是否合理;

(10) 注意该企业之现金流量表有无异常之项目,并注意股东权益表有无前期损益调整项目;

(11) 注意该企业与关系人交易往来,资金贷与及背书保证情形,以确认该企业是否利用关系人交易操纵损益或不当挪用企业资源。

此外,美国审计准则公告第 82 号(SAS No. 82)列举了一些与管理当局舞弊有关的典型风险因子,当存在这些风险因子时,说明公司出现财务报告舞弊的可能性大大增加:

（1）不切合实际的、过于激进的盈利目标，以及基于这些盈利目标的管理当局奖金计划；

（2）管理当局过分感兴趣于，通过运用非常激进的会计手段来维持公司股价或者盈利趋势；

（3）管理当局给公司经营人员设定过分激进的财务目标和期望；

（4）虽然实现盈利以及盈利的增长，公司经营当中却不能创造充足的现金流量；

（5）资产、负债，收入或者费用的确认涉及非常主观的职业判断，例如金融工具的可靠性；

（6）重大的关联交易。

我国的研究者通过大量的统计研究（陈信元、杜滨等2001），也总结出了极有可能采取会计造假的公司的特征：

（1）前两年连续亏损，今年经营业绩没有得到根本改善的公司（为了避免被 ST 处理）；

（2）前两年平均净资产报酬率达到10％，今年公司行业不景气的公司（为了争取配股的资格）；

（3）资本运作和关联交易频繁的上市公司；

（4）业绩和股价波动厉害的上市公司；

（5）全行业亏损或行业过度竞争的上市公司。

对财务报告舞弊颇有经验的美国 Coopers & Lybrand 会计师事务所，总结出 12 面红旗，当出现这些红旗的时候，就需要格外关注公司管理当局是否存在财务报告舞弊的可能，例如：

（1）现金短缺、负的现金流量、营运资金及/或信用短缺，影响营运周转；

（2）融资能力（包括借款及增资）减低，营业扩充的资金来源只能依赖盈余；

（3）成本增长超过收入或遭受低价进口品的竞争；

（4）发展中或竞争产业对新资金的大量需求；

（5）对单一或少数产品、顾客或交易的依赖；

（6）夕阳工业或濒临倒闭的产业；

（7）因经济或其他情况导致的产能过剩；

（8）现有借款合约对流动比率、额外借款及偿还时间的规定缺乏弹性；

（9）迫切需要维持有利的盈余记录以维持股价；

（10）主管有不法前科记录；

（11）存货大量增加超过销售所需，尤其是高科技产业的产品过时的严重风险；

（12）盈余品质逐渐恶化，例如折旧由年数总和法改为直线法而欠缺正当理由。

案例分析 1：财务黑洞第一案——英国南海公司事件

英国南海公司事件是如此著名，以至于在事件发生 200 多年后的今天，人们仍以多种方式进行研究。财务舞弊古已有之，没有人能够说清楚世界上第一家财务舞弊公司的详细情况，南海公司也不可能是第一家涉案的公司，但著说南海公司事件是第一个产生巨大影响的财务舞弊案例并无太多异议。

在 18 世纪初，随着大英帝国殖民主义的扩张，海外贸易有了很大的发展。英国政府通过发行中奖债券，并用发行债券所募集到的资金，于 1710 年创立了南海股份公司。该公司以发展南大西洋贸易为目的，获得了专卖非洲黑奴给西班牙、美洲的 30 年垄断权，其中公司最大的特权是可以自由地从事海外贸易活动。南海公司虽然经过近 10 年的惨淡经营，其业绩依然平平，除了无休止地向南美洲贩运黑奴之外，几乎没干过一件能够盈利的事情。为了挽救公司不让公司破产，公司董事会决定采用欺骗的手法，以虚假的会计信息诱骗投资人增加投资和吸收新的投资人。当时英国的国家债务总额也已经累积到了 3100 万英镑，为了迅速筹集还债资金，不堪重负的英国政府做出了一个大胆的决定，把南海公司的股票卖给公众。1719 年，英国政府允许中奖债券总额的 70%，即约 1000 万英镑，可与南海公司股票进行转换。该年底，一方面，当时英国政府扫除了殖民地贸易的障碍，另一方面，为了取信于投资者和社会民众，在政府的默许下，南海公司管理层为南海公司编造了一个又一个美妙的故事。南海公司的老板哈里·耶尔和他的合作伙伴是制造"新闻"的好手，他们不断给媒体透露各种各样的消息，而这些消息几乎全部对南海公司有利。哈里·耶尔向媒体透露，南海公司在墨西哥和秘鲁发现了巨大的金银矿藏，这好像数不尽的金银就要源源不断运回英国；随后，他们又说，西班牙马上就要放弃智利、秘鲁沿海的 4 个港口；英国很快就要和西班牙签订协议，利用这些港口进行贸易；墨西哥已经同意用全部金矿来交换英国的羊毛和棉花；南海公司包租的船只可以不受数量限制。他们通过当时的报纸大量散布各种所谓的好消息，称南海公司在年底将有大量利润可实现，并煞有其事地预计，在 1720

年的圣诞节,公司可能要按面值的 60% 支付股利。

在 1720 年 3 月,英国国会刚刚开始辩论是否给予南海公司经营国债的法案,流言就在伦敦街头巷尾广为传播,包括英国的上议院和下议院很快就要通过南海公司的国债偿付计划等等。南海公司的股票价格逐步上升,从每股 120 英镑开始,渐渐增加到每股 200 英镑。英国国会在 3 月 21 日通过了这项法案,南海公司的股票趁势一跃,翻了一番,超过了 400 英镑。4 月初,在人们的疑惑中南海公司的股票价格略有下降。但新的好消息又传播开来,南海公司股票很快就恢复了增长的势头,股价飙升到每股 900 英镑。为了取得现金,融通债务,南海公司于 1720 年 4 月 14 日和 4 月 29 日分两次向公众提供股票预约认购。第一次发行 22500 股,每股的股价为 300 英镑,认购者需要立即支付股价 1/5 的现金。第二次发行 15 000 股,每股的股价为 400 英镑,认购者需要立即支付股价 1/10 的现金。这两个举动给南海公司的股票投机打开了大门。人们期待着南海股票再度出现飞涨的奇迹,纷纷抢购。南海公司很容易地从这两次认购中筹集到了一大笔资金。它的第一笔支出就是向贵族、议员和政府官员兑现大约 200 万英镑已经许诺了的贿赂。

在 4 月下旬,南海公司承诺所有持有国债的人都可以把尚未兑换的国债年金转换为南海公司的股票。为了确定需要转换的股票数目,债券持有者可以在 4 月 28 日至 5 月 19 日向南海公司预约。当时,对于持有英国国债的人来说,与其按照国债的面值领取固定的年金,还不如转换成南海公司价格不断飞涨的股票。结果,有 52% 的短期年金和 64% 的长期年金被转换成了南海公司的股票。在南海泡沫膨胀过程中,英国国会议员和政府大员们和南海公司相互勾结,狼狈为奸。达官显贵们从南海公司获得大量贷款来购买其股票。在第一次股票发行中有 128 位议员购买了南海公司的股票,在第二次发行中有 190 位议员,在第三次发行中有 352 位议员卷进了股票交易。有 58 位贵族在第一次发行时购买了南海公司股票,有 73 位参与了第二次股票发行,这个数字在第三次股票发行时增加到 119 位。议员持有的股份总额为 110 万英镑,贵族持有的股份总额为 54.8 万英镑。政府高官、议员和贵族们的积极参与和大肆地鼓吹给南海公司股票披上了一层迷彩衣,促使南海公司的股票价格再次上扬,突破了 700 英镑。

南海公司在 1720 年 6 月 17 日进行了第三次股票的现金认购,共发行了 50000 股,每股价格 1000 英镑,认购者需要立即支付 1/10 的现金。其余部分可以每半年付一次,分 9 次付清。股民们再度蜂拥而上,股市空前活跃。投机活动把南海公司股票价格越炒越高,到了 1720 年 7 月,股票价格已高达 1050

英镑。此时，南海公司老板哈里·耶尔又想出了新主意：以数倍于面额的价格，发行可分期付款的新股。同时，南海公司将获取的现金，转贷给购买股票的公众。

随着南海股价的扶摇直上，南海泡沫急剧膨胀，一场投机浪潮席卷全国。从事各种职业的人，包括军人和家庭妇女，甚至物理学家艾萨克·牛顿也卷入了这股漩涡中。人们认为南海公司简直就是一部造钱的机器，他们失去了平时应有的理智和质疑，不断地投资。美国经济学家加尔布雷斯在其《大恐慌》一书中这样描绘当时人们购买股票的情形："政治家忘记了政治，律师放弃了官司，医生丢弃了病人，店主关闭了铺子，教父离开了圣坛，甚至连高贵的夫人也忘了高傲和虚荣。"

以南海公司为"榜样"，众多民间企业也纷纷发行股票，进行投机活动。据记载，短时间内发行股票的公司已超过 170 家。对股票着魔的英国民众此时已不问这些企业的经营范围、状况和前景如何，只管买入。南海公司感到股票发行市场如果扩容太快，会导致南海股价下跌，为争夺有限的资源，于是以各种手段游说国会，力图禁止民间企业组织股份公司。英国政府也认为这些民间公司的泛滥会危及英国的金融安全。1720 年 6 月，在财政大臣罗勃特·沃波尔倡导下，国会通过《取缔投机行为和诈骗团体法》，即著名的《泡沫法案》（Bubble Act）。法案规定，在没有议会法案或国王特许状给予的法律权利场合，禁止以公司名义行事、发行可转让股票或转让任何种类的股份，严惩非法的证券交易。

8 月 18 日，《泡沫法案》正式执行。这个法案打击了那些泡沫公司，许多公司被解散。持有这些公司股票的股民们不得不抛售手中的股票，几乎没有人愿意在这个关头接收这些股票。垃圾股票价格剧烈下跌，对一些公司的怀疑也逐渐扩展到南海公司身上，拖累了南海公司的股票价格，知道南海公司内幕消息的公司董事会成员、国会议员和政府官员，他们也许可以被称为最早的内幕交易者卖掉了所持的股票，内幕人士与国会议员、政府官员的大举抛售使公众开始清醒过来，从而引发了南海泡沫的破灭。

从 1720 年 7 月起，南海股价一落千丈，12 月仅为 124 英镑，与最高点相比跌幅高达 88％。几个月内，伦敦证券市场笼罩在一片恐慌之中，成千上万的股民倾家荡产。在这场灾难中，物理学家艾萨克·牛顿的损失超过了 2 万英镑，事后他惊叹："我能计算出天体的运行轨迹，却难以预料到人们如此疯狂。"政府逮捕了哈里·耶尔等人，另有一些董事自杀。"南海泡沫"事件使许多地主、商人失去了资产。此后较长一段时间，民众对参股新兴股份公司闻之色变,对股票交易心存疑虑。

1720 年名噪一时的"南海公司"倒闭的消息传来,犹如晴天霹雳,惊呆了正陶醉在黄金美梦中的债权人和投资者,政府对南海公司资产进行清理,发现其实际资本已所剩无几。当这些"利害关系者"证实了数百万英镑的损失将由自己承担的时候,他们一致向英国议会发出了严惩欺诈者,并赔偿损失的呼声。迫于舆论的压力,1720 年 9 月,英国议会组织了一个由 13 人参加的特别委员会,对"南海泡沫"事件进行秘密查证。在调查过程中,特别委员会发现该公司的会计记录严重失实,明显存在蓄意篡改数据的舞弊行为,于是特邀了一位名叫查尔斯·斯奈尔(Charles Snell)的资深会计师,对南海公司的分公司"索布里奇商社"的会计账目进行检查。查尔斯·斯奈尔作为伦敦市彻斯特·莱恩学校的习字和会计教师,商业审计实践经验丰富,理论基础扎实,在伦敦地区享有盛誉。

查尔斯·斯奈尔通过对南海公司账目的查询、审核,于 1721 年提交了一份名为《伦敦市彻斯特·莱恩学校的书法大师兼会计师对索布里奇商社的会计账簿进行检查的意见》。在该份报告中,查尔斯指出了南海公司存在财务舞弊行为、会计记录严重不实等问题,但没有对该公司为何编制这种虚假的会计记录表明自己的看法。世界上绝大多数的审计理论工作者都认为,查尔斯·斯奈尔是世界上第一位民间审计人员,他所撰写的查账报告,是世界上第一份民间审计报告。而英国南海公司的舞弊案例,也被列为世界上第一起比较正式的民间审计案例。

议会根据这份查账报告,将南海公司董事之一的雅各希·布伦特以及他的合伙人的不动产全部予以没收。其中一位叫乔治·卡斯韦尔的爵士,被关进了著名的伦敦塔监狱。

同时英国政府颁布的《泡沫法案》对股份公司的成立进行了严格的限制,只有取得国王的御批,才能得到公司的营业执照。事实上,股份公司的形式基本上名存实亡。

南海公司事件使英国经济几乎停顿了数十年。南海公司泡沫的破灭让神圣的政府信用也随之破灭了,英国没人再敢问津股票。此后 100 年间,英国没有发行过一张股票,从而为英国股市的历史留下一段耐人寻味的空白。英国伦敦中央银行历史博物馆,记载着英国金融市场发展的主要过程,曾为英国乃至于整个世界所震惊的南海事件,在这里被完整地记录了下来。直到 1828年,英国政府在充分认识到股份有限公司利弊的基础上,通过设立民间审计的方式,将股份公司中因所有权与经营权分离所产生的不足予以制约,才完善了这一现代化的企业制度。据此，英国政府撤销了《泡沫法案》，重新恢复了股份公司这一现代企业制度的形式。

案例分析2：帕玛拉特财务黑洞解析

一、帕玛拉特事件描述

（一）公司背景

帕玛拉特集团（Parmalat Finanziaria SPA）成立于1961年4月15日，创始人为卡里斯托·坦济（Calisto Tanzi），总部位于帕尔马附近的科莱奇奥（Colecchio），是意大利第八大企业集团，全球最大的乳品制造商之一，主要生产并销售牛奶、酸奶酪、果汁、冰淇淋、蔬菜以及烘烤食品等。截至2002年底，在30多个国家设有10多个加工厂和子公司，年销售收入76亿欧元。

卡里斯托·坦济（Calisto Tanzi）于1938年1月17日出生在意大利南方帕尔马附近的一个小镇，父亲经营一个熟肉和番茄酱生产公司。1959年父亲去世，21岁的卡里斯托从大学退学，接手经营父亲留下的小公司。一次瑞典的旅行中，卡里斯托发现经过高温消毒的牛奶无须冷冻可保存较长时间，于是萌发了从事牛奶行业的念头。回到意大利后卡里斯托注册成立了帕玛拉特公司（意大利语中意为"来自帕尔马城的牛奶"），引进瑞典牛奶高温消毒技术，打开了国内市场。

70年代意大利的牛奶销售专营权被打破。随后，意大利各地方政府将当地的奶牛场私有化，坦济收购了许多地方性的奶牛场，将帕玛拉特由一家地方性的公司转变为一家大公司。1987年，帕玛拉特公司在米兰证券交易所首次上市，不过公司控制权仍为坦济家族牢牢掌握。后来，公司快速扩张，成长为世界最大、最知名的乳品制造商之一。帕玛拉特不仅是全球最大的乳品商，而且更善于品牌塑造，尤其善于利用体育赛事扩大公司知名度。如对赛车手提供赞助，要求其使用印有帕玛拉特标志的比赛头盔；直接控制意大利甲级劲旅帕尔马足球俱乐部和两支摩托车赛队，同时还是巴西帕尔梅拉斯、巴拉圭佩那罗尔队等9支世界知名球队的赞助商。帕玛拉特牛奶也因此获得了"冠军牛奶"的美誉。

（二）公司舞弊事件回顾

2003年年初，帕玛拉特公司的财务危机就渐露端倪。2003年2月，一宗价值 3 亿欧元的债务合同导致其股票价格大幅度下跌,最后该项合同被迫撤销。3 月,财务总监法乌斯托·托纳(Fausto Tonna)辞职。4 月,标准普尔对帕玛拉特发出了信誉级别降级警告。5 月,意大利金融市场监管机构要求帕玛拉特保证在年底之前减少公司负债。11 月 11 日,帕玛拉特的主审计师德勤会计师事务所对其 2003 财年上半年的中报发表了"拒绝表示意见"的审计报告,报告提出两个问题。第一,其子公司邦雷特财务公司(Bonlat Finance Corp)的流动资产中,有一项价值 4.965 亿欧元的投资,投资对象为在开曼群岛(Cayman Islands)注册的艾皮丘罗姆(Epicurum)基金公司,审计师无法取得能够验证该项投资价值的详细资料,也无法获取有关该基金公司经营者及规模的信息。第二,帕玛拉特确认了一项 1.35 亿美元的投资利得(相当于公司上半年的全部利润),且没有列在非常项目中。该收益来自与艾皮丘罗姆基金公司之间进行的货币互换交易,审计师认为确认该收益违反了国际会计准则(IAS)。随后,意大利金融市场监管当局要求帕玛拉特详细说明对外投资的情况以及下一年度的债务偿还计划。因为公司发行了 24 种总额超过 50 亿欧元的债券,其中价值 4 亿欧元的在 2004 年底之前到期。标准普尔也表示密切关注,并警告可能调低对帕玛拉特的债券评级,而此前其评级是 BBB,处于投资等级的边缘。帕玛拉特表示将在 15 天内出售对艾皮丘罗姆的投资,同时宣称公司有足够的现金偿还到期债务。11 月 14 日,帕玛拉特公布了第三季度的季报,负债升至 60 亿欧元,流动资金 42 亿欧元,营业收入提高了 8%,税前利润下降了 13%。11 月 27 日,公司宣布已经以 5.9 亿欧元的价格售出了对艾皮丘罗姆的投资。事后证明,这完全是捏造的虚假信息。12 月 8 日,公司有 15 亿欧元的债券到期。尽管第三季度的季报显示公司有 42 亿欧元的流动资金,但公司没有按期偿付债券,而是表示将利用 5 天的宽限期。随后,帕玛拉特债券遭到大量抛售。9 日,帕玛拉特宣布无法收回在艾皮丘罗姆的投资,并聘请 69 岁的公司重组专家恩里克·邦迪(Enrico Bondi)为特别顾问,帮助公司进行重组。10 日,几天前刚刚临危受命接任帕玛拉特财务总监的德尔索达托(Luciano Del Soldato)宣布辞职,同时标准普尔正式调低其债券等级至垃圾债券。15 日,卡里斯托·坦济宣布辞职并退出董事会,邦迪接任董事长兼 CEO,宣布将对主要品牌进行重组。同日,德意志银行表示已经出售其在帕玛拉特乳品公司所持有的 5% 股份。19 日,美洲银行(Bank of America)宣布,帕玛拉特集团一家分公司在该银行账户上的款项并不存在(即帕玛拉特公司所称,截至 2002 年 12 月 31 日其子公司邦雷特财务公司在美洲银行有一笔 39.5 亿欧元的流动资金)。同日,意大利金融市场监管机构称,该机构已要求美国证券交易委员会(SEC)协助调查帕玛拉特涉嫌欺诈一案。

标准普尔亦进一步调低帕玛拉特公司债券的信用评级,由垃圾等级下调为违约等级(D级)。帕玛拉特股票当天停牌,22日复牌后跌至0.11欧元;其债券价格继续下跌,在19日早盘交易中,2008年到期的欧元债券价格仅为面值的33%～35%。12月20日,意大利总理贝卢斯科尼宣布政府将援助帕玛拉特公司,声称"帕玛拉特公司是意大利国家财富的一部分,政府不会坐视不管",表示将尽快介入挽救公司产业和就业岗位。21日,英国《金融时报》报道,帕玛拉特公司的财务漏洞远比它19日公布的大得多,估计超过70亿欧元。22日,卡里斯托和其他近20位公司管理人员开始接受意大利法院的刑事调查,包括前任财务总监托纳、法拉里斯和德尔索达托等。

据路透社报道,法拉里斯和德尔索达托承认提供了虚假信息,但宣称是受了卡里斯托和托纳的指使。托纳承认参与伪造了绝大多数的公司账目,掩盖公司进行的若干投资并粉饰亏损,但同时表示他仅仅是听从高层的指令。23日,据意大利的报纸报道,调查人员认定帕玛拉特伪造了给美洲银行的文件。24日,帕玛拉特正式向意大利工业部和帕尔马检察官办公室申请破产保护。同一天,意大利法院下令搜查了卡里斯托位于帕尔马附近的住所。27日,意大利帕尔马地方破产法院批准了帕玛拉特公司提出的破产保护申请。当天,根据帕尔马市司法机关的指令,意大利米兰警方拘留了刚刚从厄瓜多尔回国的卡里斯托。28日,卡里斯托在米兰圣维托莱监狱接受了意大利检察官长达六个半小时的问询。随后,帕玛拉特的一位律师和公司前任主审计师均富会计师行的两名雇员被列为调查对象。次日,对卡里斯托的临时拘留转为正式拘捕。29日,SEC宣布起诉帕玛拉特,指控其涉嫌金融欺诈。SEC称,帕玛拉特公司通过包括卡里斯托及其儿子斯蒂法诺·坦济(Stefano Tanzi)在内的董事和高层管理人员,向美国投资者出售了近15亿美元的票据和债券。而在其财务报表中,则大量虚增公司资产、少报大量负债,如2002年审计后的财务报告中,资产被扩大了至少39.5亿欧元(以目前的汇率计算约49亿美元),2003年向美国投资者谎称使用"多余现金流"回购了价值29亿欧元的公司债券(约36亿美元)。同日,卡里斯托承认曾把5亿欧元(合625亿美元)的资金从帕玛拉特转移到由自己家族控制的其他公司,即他女儿经营的帕尔马旅游公司(Parmatour)。他还供认,帕玛拉特公司的账上存在80亿欧元(约合100亿美元)的漏洞。至于资金的最终去向,调查人员尚未查清。30日,法院驳回了卡里斯托要求出狱在家接受盘问的请求,并提审了坦济家族的其他成员,包括其儿子、兄弟和侄子。31日,大利警方又拘捕了8名涉案嫌疑人,包括卡里斯托的原任律师詹保罗·齐尼,帕尔玛地方检察官指控他编造复杂的金融工具,用于非法目的。均富的意大利审计师洛伦佐·彭卡和毛里齐奥·卞齐也被捕。检察官指控他们遗漏了对两家离岸的加勒比公司(Curcustle 和 Zilpa,总部位于荷兰属安德列斯群岛)违规行为的披露,并伪造了邦雷特财务公司的审计报告。同日,SEC 的调查员抵达意大利,协同进行调查工作。意大利当局亦扩大了失踪钱款的搜寻范围,正式要求美国、意大利和南美部分国家的相关银行予以配合。2004 年 1 月 3 日,意大利司法部门证实,美国和意大利司法当局已经开始联合调查帕玛拉特在美国证券市场的运作情况。SEC 透露,曾经帮助帕玛拉特销售公司债券的美洲银行等也在接受调查,纽约警方还搜查了律师齐尼在纽约的寓所和办公室。

帕玛拉特事件引发了大量的民事诉讼。2004 年 1 月 5 日,因率先起诉安然公司而闻名遐迩的米尔伯格律师事务所代表南阿拉斯加木工退休基金在纽约向法院提起诉讼、被告名单包括帕玛拉特及其高管人员、花旗银行和均富会计师事务所。6 日,美国一家退休基金公司向纽约南区地方法院提起诉讼,指控帕玛拉特前董事长、前财务总监及该公司财务、会计和法律顾问合谋欺骗投资者。该基金公司宣布将代表帕玛拉特证券持有者进行诉讼的还有斯奇夫林律师事务所、考利律师事务所、查尔斯皮文律师事务所等。帕玛拉特波及的范围还在扩大。为其担任审计师的美国均富会计师事务所和德勤已经卷入其中,检察部门正对两家机构在意大利的办事处进行调查,意大利警方搜查了两家会计师事务所在米兰的办事处。大批金融机构也因为违规向帕玛拉特提供贷款或帮助其发行债券而受到牵连,包括德意志银行、花旗银行、美洲银行等。美国的保险商也蒙受了巨大损失,根据穆迪投资服务公司提供的资料,截至 2002 年底,美国人寿保险商总计持有与帕玛拉特证券相关的 16 亿美元投资组合。可以预料,还会有更多的诉讼发生。

(三)舞弊动机与手法

从已公开的资料看,帕玛拉特舞弊的动机是掩盖公司财务困境和挪用上市公司资金。根据托纳的证词,公司财务困境始于 1990 年代初期面向美国和拉丁美洲市场的大规模扩张。由于这些地区的消费者对该公司推崇的健康牛奶缺乏兴趣,耗资巨大的扩张并没有带来预期水平的销售额,而巴西和阿根廷等国发生的经济金融危机也加剧了帕玛拉特的财务窘境。从那时起,帕玛拉特开始靠大量举债维持运转,但是主业经营状况没有获得实质改善,债务偿还日益困难。为了不让投资者发现其财务困境,以便能够继续融资,帕玛拉特进行了大量的会计舞弊。另外,坦济家族从上市公司挪用了大量资金,转移至家族控制的其他企业。

帕玛拉特采用的舞弊手法并不高明,主要有:(1)利用复杂的财务架构和衍生金融交易工具粉饰公司资产的流动性。从1990年代初开始,帕玛拉特开始在一些监管松散的地区大量设立离岸子公司,然后利用这些子公司转移资金、虚构利润。和安然一样,帕玛拉特利用其复杂海外架构进行了大量精心设计的债券和金融衍生品交易,从而大大提高了其财务报表的复杂程度,使投资者难以理解其真实的财务状况。一年以前,美林公司的分析师就建议投资者卖出帕玛拉特的股票,因为他们看不出这种复杂财务手段的必要性。现已查明,这些子公司的财务账目几乎一直就不真实。其中最具代表性的就是位于这次丑闻中心的邦雷特财务公司,该公司自1999年成立以来,一直使用虚假账户,利用与艾皮丘罗姆基金的金融交易在利润表内确认了1.35亿美元的投资利得,而且直接虚构了在美洲银行的巨额存款和对艾皮丘罗姆的巨额投资。此外,还利用艾皮丘罗姆基金转移公司资产。(2)虚构交易,增加销售收入。如报表显示,曾向一家古巴贸易公司销售了30万吨奶粉,实现销售收入6.2亿美元。现已查明,这家古巴公司只是每月从帕玛拉特在南美洲的子公司进口600~700吨奶粉,价值仅70~80万美元。(3)直接虚构资产。如帕玛拉特声称在美洲银行拥有近40亿欧元的存款,后被证明是通过伪造银行资信文件而虚构银行存款。根据托纳的证词,在艾皮丘罗姆基金近5欧元的投资,现在估计只能收回不足100万欧元。(4)虚减负债。如帕玛拉特在2003年公告称动用自有现金回购了约36亿美元的债券,事后证明是虚构的。

二、帕玛拉特财务黑洞解析

帕玛拉特从1990年代初期开始面向美国和拉丁美洲市场进行了大规模的投资,然而投资并没有获得预期的回报,公司遭遇了严重的财务困境,为在资本市场继续融资掩盖这种财务困境,公司管理层使用了一系列财务舞弊手法,为投资者设置了一个巨大的财务黑洞,到2003年事发败露,持续时间达十年之久,从公司内部治理到外部监管等各方面都有需要总结完善的地方。

(一)家族企业内部治理的缺陷

1. 股东大会形式化。股东大会是公司的最高权力机构,然而在帕玛拉特,股东大会并未如相关法律所设定的是最高权力机关,而基本上是行礼如仪或充当橡皮图章。这与帕玛拉特的股权结构有关。公司创立之初,股权集中于坦济家族,即使随着公司的成长演进,在上市之后,一部分股权由新股东持有,由于新股东多为个人散户,并未影响坦济家族对公司的控制,因仍持有

51%的股份。加上在意大利没有形成尊重小股东权利的文化,小股东的利益受到漠视。根据意大利公司法,小股东除非持有公司5%的股份,否则他们不能起诉公司。这样,个人股东缺乏足够的意愿和组织能力,对公司的家族控制者卡里斯托的经营活动进行监督。散户股东只是依循华尔街规则出售持股或搭便车于家族控制者的努力,通常不会出席股东大会执行股东的职权。如果说股东大会未能发挥法定功能,尚不足构成公司治理机制上的致命缺陷,那么,帕玛拉特的家族控制却衍生了一个致命的治理问题,即控制性股东是否致力于公司的良性和长远经营,是否以维护所有股东的共同利益为目标。"如果股权集中到能够克服所有权与控制权分离问题的程度,则公众持股公司存在的优越性将被抹杀,持股大户对股票市场的操纵以及其他伤害分散股东的可能性也会由此产生"(林毅夫等,1997)。帕玛拉特证实了这种可能性。在过去的5年中,帕玛拉特公司一再举债,已经披露的信息表明,帕玛拉特利用发行债券所筹集的资金购买其他公司股份,制造出企业规模不断扩大的神话,以此隐瞒债务,虚构业务增长的概念推动其股票上涨。然后,再以从股市上筹集的资金回购本公司发行的债券,继续其循环式的金融投机活动。账面显示,近几年内该公司对外股票投资逐年增加:1998年为18亿欧元,1999年22亿欧元,2000年27亿欧元,2001年29亿欧元,2002年33亿欧元,2003年头9个月又高达33亿欧元,扩张速度之快极其少见。

2. 董事会与管理当局重叠化。帕玛拉特是意大利典型的家族企业。由于股权集中于坦济家族,加上意大利传统的家长领导观,董事会长期由坦济家族控制,董事长和总裁(CEO)由卡里斯托一人兼任。米兰博科尼大学经济学教授弗朗西斯科·贾瓦齐指出,在帕玛拉特董事会中,没有任何人是真正独立于坦济家族的,如果有一两名外部董事,这样的丑闻就可能不会发生。公司虽也有各级经理人员的设置与聘任,但权利的核心仍掌握在家族成员手中。如坦济的儿子斯蒂法诺在公司中担任市场总监,女儿弗兰切斯卡则经营着家族的旅游公司,他的兄弟、侄子也都在公司中担任要职。董事会及管理层受家族控制的结果,造成了严重的公司治理问题。第一,董事会功能未能发挥,经营风险由多数小股东承担。在帕玛拉特公司,大股东与董事会和管理当局已经混同,虽名为上市公司,实与独资无异。独资公司的经营成败由独资者自己承担,对于家族控制的上市公司,其经营风险却为大多数的个人及其他股东所承受。虽然理论上股东持股愈高,愈有积极动力参与及监督公司的经营以提升个人的财富,但一旦超越了所有权与控制权分离的界限,就会利用上市公司丰厚的资源追逐家族股东利益,最后牺牲个人散户和其他股东。典型的例子是,据《华尔街日报》报道，卡里斯托利用帕玛拉特注册在荷属安德列斯群岛的两家分公司(Curcustle 和 Zilpa)转移资金。首先由卡里斯托指定专人制造虚假证明文件证明帕玛拉特对这两家公司负债，然后帕玛拉特将资金注入这两家公司，最后这两家公司依据伪造的合同将"债务"支付给坦济家族控制的公司。第二，违法违规无法有效防范。依照良好的公司内部治理机制，董事会对上市公司是否遵行公司法、证券法或其他法令，负有监督责任。在帕玛拉特，董事会功能微弱，公司法令遵循机制几近丧失。如公司公然违反会计原则规定，大肆隐瞒公司债务高估资产。普华永道于 2004 年 1 月 26 日公布的最新审计报告显示，截至 2003 年 9 月 30 日，帕玛拉特的负债额达 143 亿欧元(约合 179 亿美元)，几乎是公司原先报表数的 8 倍(此前的报表数为 18.18 亿欧元)。该份审计报告还指出，帕玛拉特的金融资产规模很小，几乎可以"忽略不计"，而非 2003 年 9 月底宣布的 40 亿余欧元。公司内部对法令遵循的情况无法有效执行查核与防范，则仅靠证券主管机构的有限检查，无法事前揭发公司的重大舞弊及违法犯罪行为，一旦暴露重大违法与舞弊，则公司已飘摇欲坠，股价狂跌，投资人已受到重大损害，这便是帕玛拉特的现状。

　　3. 内部控制虚位化。内部控制由公司管理当局负责建立，以提升营运效果与效率，强化公司财务报告的可靠性及落实公司对各项法令的遵循(CO-SO,1992；刘宗柳，陈汉文，2000)。作为内部控制关键环节的内部审计则是在董事会的支持下，对管理当局执行内部控制的有效性进行复核并提出改善建议。内部控制及内部审计的有效实施，犹如使火车在既定的轨道上奔驰，避免人为的出轨意外。在帕玛拉特，公司为家族所控制，董事会与管理当局混同，监督与被监督不分明。公司内部尽管有了书面的内部控制和内审制度，然而只是表面文件，并未正式将其视为公司管理所必须并予以确实遵循。内部审计的风险因素主要是内部控制制度的品质、管理者的能力与管理者的正直程度(苏德淑，1999)，内部控制及内部审计的有效性及品质与公司管理者息息相关，而在管理者缺少制衡和监督的情形下，管理当局保持自律自重无疑非常困难。在帕玛拉特内部，财务控制人员不但没有履行控制之责，反而成了管理当局造假的帮手。如内部审计人员波契向检察官承认伪造了美洲银行对近 40 亿美元虚假账目的确认函。波契首先从公司的旧文件中剪下来一个美洲银行的徽记，用扫描仪扫描进电脑后打印出来，然后在传真机里传真了多次，以便使假造的确认函显得更加真实可信一些。至于文件上美国银行职员阿涅斯·贝尔格蕾(Agnes Belgrave)的签名，则是波契从公司的一堆旧信件中找出来再扫描进去的。从帕玛拉特大肆伪造会计文件，随意转移资金和为了融资或树立良好的信用形象而虚构资产隐瞒负债进行报表欺诈的一系列行为中,即可看出其内部控制及内部审计形同虚设。

(二)家族企业外部治理的缺失

1. 注册会计师审计存在漏洞。在帕玛拉特舞弊丑闻中,受牵连的会计师事务所有:现任主审计师德勤、前任主审计师、现在仍担任 19 家子公司审计师的均富,后者还一直担任邦雷特财务公司的审计师。在审计中,均富没有严格遵循审计准则规定的审计程序,致使出现重大疏漏,甚至涉嫌参与财务造假。均富否认替帕玛拉特隐瞒财务漏洞,通过设在罗马的事务所声明:"对于帕玛拉特事件,我们既不是主谋也不是帮凶……我们从未计划或协作参与任何旨在隐瞒帕玛拉特公司真实管理或财务状况的审计和税务行为",并自称也是丑闻的受害者。然而,在审计邦雷特财务公司时,未发现近 40 亿欧元的存款是伪造的,而这只要严格执行最简单的函证程序即可发现,显然均富已经不能用过失来解释其审计行为了。从事后的调查来看,均富很有可能参与造假,其在意大利的两名高级雇员已经被拘捕。对于德勤,由于率先对帕玛拉特的 2003年中报发出公开质疑,而且在审计帕玛拉特设于卢森堡的子公司(Parmalat Soparfi)中,连续对其 1999 年、2000 年、2001 年三年的年报出具了保留意见的审计报告,所以其面临的压力要小一些。但是,德勤在对帕玛拉特的审计中也存在严重问题。最明显的是,德勤没有对 40 亿欧元的存款进行复核或直接函证。根据审计准则,主审计师有责任对由其他会计师审计的重大事项进行复核,从职业判断的角度看,40 亿欧元显然属于重大事项。现行的主审计师制度本身亦存在问题。主审计师往往对副审计师过多地依赖,同时又难以对其审计工作进行监督。以德勤和均富为例,在 1999 年,均富审计了帕玛拉特总资产的 22%,到了 2002 年,这一比例上升到了 49%(这也是均富所能审计的上限,因为作为主审计师,德勤必须审计 51%以上的总资产),但是德勤却未能同时有效监督均富的审计质量。欧盟委员会负责单一市场的委员(Frits Bolkestein)通过其发言人表示,这就像是"左手不知道右手在做什么",并表示将推动修改审计监管条例,要求所有审计师对整体合并报表负完全责任。

帕玛拉特丑闻再次引发了关于审计师应该负有限责任还是无限责任的争论。如果注册会计师对审计失败负无限责任,则会更加谨慎,类似虚构巨额银行存款的舞弊将很难不被发现。但是,会计师事务所认为,如果对审计失败负无限责任,审计职业承担的风险将无法控制,因此将拒绝审计大公司,最终导致审计市场的萎缩。

2. 银行业存在弊端。许多知名银行,包括美林银行、摩根银行和花旗银行、意大利最大的银行联合银行以及意大利资本银行都同帕玛拉特有业务往来。这些银行通常直接向帕玛拉特提供借款，同时设法影响投资者和评级机构的判断，促使投资者更多地购买该公司的债券。帕玛拉特丑闻揭露后，社会各界对金融部门提出了强烈的质疑，认为它们显然缺乏对帕玛拉特的有效监控。如在过去的 5 年中，帕玛拉特公司的账面显示有大量现金，却还要一再大量举债？在如此可疑的情况下，机构投资者为何还继续买入帕玛拉特的股票和债券？银行为何还继续给予贷款并安排那些令人生疑的衍生品交易？很多银行都持有帕玛拉特的债券，作为机构投资者，它们有能力对帕玛拉特施加影响，但实际上却无所作为。银行至少在两方面应该受到指责。一是银行对其客户的监管几乎完全缺失，使得帕玛拉特的财务人员得以肆意妄为。其次，包括花旗银行、JP 摩根和德意志银行在内的全球性银行，为帕玛拉特的衍生品投机交易提供了便利以赚取高额的手续费，而不考虑对客户的股东利益负责。如帕玛拉特曾与花旗集团进行过一笔价值 1.17 亿欧元的结构融资交易，但没有以债务的形式加以记录，德意志银行则涉嫌在不恰当的时间减持了帕玛拉特的股票。

3. 政府监管不力。对于历时十多年金额达百亿美元的财务舞弊行为，政府居然不知情，这折射出意大利政府监管不力的现象。意大利传媒曾经指出，帕玛拉特丑闻发生的原因之一是，意大利政府最近修改法律，将造假账的刑事罪名降低为行政错误。尽管这种观点有些牵强，贝卢斯科尼总理也予以坚决否认，并声称新法律不适用于上市公司。但是，在意大利不争的事实是，政府部门与各大家族企业有着千丝万缕的联系。现任总理贝卢斯科尼本人就是该国最大的财阀之一，控制着意大利最大的私营媒体集团，也曾经被指控涉嫌欺诈。这种状况很容易造成政府对大财阀的监管不力甚至予以庇护，如这次意大利证券监管部门就曾企图阻止帕玛拉特丑闻的曝光而失败，并因此也被讥笑为"无牙的老虎"。

（本案例引用了陈汉文、郑鑫成、卓传阵. 帕玛拉特财务舞弊事件分析及其启示[J]. 财会通讯，2004.3）

第三章

财务报表的基本内容

　　财务报表是财务会计信息的载体，公众投资者进行投资时主要是通过财务报表了解企业财务信息的。以上市公司为代表的现代企业规模都比较大，涉及的交易种类也比较多，这就产生了两个问题，一是企业必须采用复杂的会计方法来处理这些交易信息，二是财务报表的术语专业、格式复杂、信息量大。因此，一般的公众投资者能读懂上市公司的财务报表已属不易，而要识别报表中的舞弊问题就更加困难了。

　　股票市场是一个高风险、高收益的场所，"股市有风险"的忠告投资者每天都能听到，那么投资者做好规避风险、化解风险这方面的准备了吗？对一个理智的投资者来说，掌握一些基本的财务会计理论和方法、读懂上市公司的财务报表是进行投资决策的必要前提条件。

　　绝大多数公众投资者是非会计专业人士，甚至并不是从事经济工作的，所以他们对财务报表知识了解甚少。本章内容正是基于这一假设来撰写的，选取了阅读理解财务报表所需的基本理论知识，重点介绍资产负债表、利润表、现金流量表这三张基本报表的格式、内容及它们之间的内在联系。

第一节　财务会计基本理论和方法

　　财务会计又称之为报告会计，它是通过一定的程序和方法，将企业生产经营活动中大量的日常业务数据进行记录、分类和汇总，主要向企业外部的利害关系者定期提供反映企业财务状况、经营成果、现金流量等财务信息，其目的是使企业外部的会计信息使用者能够及时、准确地了解企业的生产经营情况，以便做出正确的决策，维护自身的经济利益。

会计是适应社会生产的发展和经济管理的要求而产生并随之发展的，现代会计已发展成为一门具有较完整的基本理论和方法体系的学科。财务会计理论是对会计实务的高度概括并用于指导实务的发展。对公众投资者来说，了解这些基本的财务会计理论有助于准确理解财务会计报表所提供的信息，能站在一个更高的角度去审视财务报表。例如，财务报表中确定收益需要分清收入与费用的收支期与归属期。收入与费用的收支期是指收到款项和支出款项的会计期间。收入与费用的归属期，是指应获得收入和应负担费用的会计期，或者说是指创造收入、使费用受益的会计期间。收入和费用的收支期与归属期可能一致，也可能不一致，即归属期可能先于或后于收支期，于是就产生了究竟在哪一个会计期间确认收入和费用的问题。可供选择的会计制度有两种，即权责发生制与现金制。

限于本书的性质和篇幅，只能有选择性地介绍一些基本理论。

一、财务报表要素

财务报表要素是对财务报表对象按其经济特征所做的基本分类，是财务会计对象的具体组成部分。如果把财务报表比成一座大厦，财务报表要素就是砌成大厦的砖块。不同国家或不同经济组织对财务报表要素的划分不尽相同，在我国，以营利为目的的经济组织通常将财务报表要素划分为资产、负债、所有者权益、收入、费用和利润。

（一）资产

资产是指过去的交易、事项形成并由企业拥有或控制的资源，该资源预期会给企业带来经济利益。资产是企业生产经营的物质基础。货币、原材料、厂房、机器设备等都是企业的资产。资产可以具有实物形态，如房屋、机器设备等；也可以不具有实物形态，如以特殊权力形态出现的专利权、商标权等无形资产。

（二）负债

负债指过去的交易、事项形成的现实义务，履行该义务预期会导致经济利益流出企业。负债需以债权人所能接受的方式偿还，如以现金、提供劳务、非现金资产等偿付，或以举借新债、债转股等方式来了结现有负债。

（三）所有者权益

所有者权益是指所有者在企业资产中享有的经济利益，其金额为资产减去负债后的余额。所有者权益在性质上体现为所有者对企业资产的剩余权益。所有者权益包括企业投资人对企业投入的资本以及在经营中形成的盈余,由实收资本(股本)、资本公积、盈余公积和未分配利润四部分构成。

（四）收入

收入是指企业在一定会计期间内销售商品、提供劳务以及让渡资产使用权等日常活动中所形成的经济利益的总流入。构成财务报表要素的收入就是我们常说的狭义的收入,是从企业的日常经营活动中产生的,不包括偶发的交易或事项带来的经济利益流入,例如,工业企业出售机器设备取得的净收益。

（五）费用

费用是指企业为销售商品、提供劳务等日常活动所发生的经济利益的流出。费用从本质上来说是一种耗费,它使企业在会计期间的经济利益减少。和收入的概念类似,构成财务报表要素的费用是我们常说的狭义的费用,是从企业的日常经营活动中产生的,不包括偶发的交易或事项带来的经济利益流出,例如,工业企业出售机器设备所产生的净损失。

（六）利润

利润是指企业在一定会计期间内的财务成果,包括营业利润、利润总额和净利润。从数量上来说,利润等于收入减去费用后的差额。

二、会计基本假设

会计假设是对会计核算所处的时间、空间环境所做的合理设定,是会计核算的前提条件。会计假设有4个。

（一）会计主体

会计主体又称会计实体,是指会计信息所反映的特定单位或组织。它规定了会计核算的空间范围,要求特定的会计主体要与其所有者以及其他会计主体严格划清界限,而不管他们之间存在怎样的密切联系,从而避免了因范围不清、立场不明在会计核算上造成的混乱。主体假设表明,财务报表的边界是企业,而不是市场,在本质上它只提供某个特定企业的微观经济信息。

需要注意的是,会计主体与法律主体不是一个概念,一般法律主体都是会计主体,但会计主体不一定是法律主体。例如母子公司,他们各自为独立的法律主体,但从经济实质上看,他们具有共同经济利益,在会计上就将母子公司的经济活动以一个会计主体来编制合并报表,全面反映集团公司的财务状况、经营成果和现金流量。

会计主体假设的作用除了限定上市公司会计活动的空间范围以外,对会计概念、会计行为、会计法规建设及报表编制等方面也有重大影响。比如,对会计概念的影响,要求基本的会计概念具有鲜明的会计主体性。例如,会计中的资产概念，指的是特定上市公司可以支配的经济资源。离开了一定的会计主体，就不可能谈论会计概念，这是会计学概念与其主体的立场而不是上市公司以外的立场。按照会计主体假设的要求，上市公司会计行为只能对上市公司管理层负责，而不能对上市公司以外的其他利益集团负责。实际上，我国最新修订的《中华人民共和国会计法》中规定的"单位负责人对本单位会计工作和会计资料的真实性、完整性负责"的内容，就是在法规建设中尊重会计活动基本规律和基本要求的体现。再如，对报表编制的影响，要求特定会计主体的财务报表只能反映某特定主体的财务状况与经营成果，等等。明确会计主体假设对会计的重要意义，对制定会计政策、评价上市公司会计行为等方面具有重要意义。

（二）持续经营

持续经营是假定会计主体的生产经营活动将无限期地延续下去，在可预见的将来不会倒闭及进行清算，也不会大幅度消减业务。它是针对在市场经济条件下，作为会计主体的企业存在着竞争，其经营持续的期间具有不确定性，而为企业正常活动做出的时间性规定。

持续经营假设对于企业会计十分重要，它为正确进行资产的计价、损益的确定等提供核算基础，有了这一假设，才能以历史成本对存货进行计价，才能分期摊销预付费用、分期计提固定资产折旧。如果这一假设不存在，则一系列会计准则和会计方法也将失去存在的基础。企业偿债能力的评价与分析也是基于企业在会计报告期后仍能持续经营的假设。

不仅如此，持续经营假设还要求当传统方法可能危及企业的"持续经营"时，企业的会计活动能够选择对企业"持续经营"有利的方法。比如，在市场上存在通货膨胀的条件下，当简单的价值补偿已不能维持其实物替换的"持续经营"时，就需要研究通货膨胀对持续经营的不利影响，并力求在会计方法上予以消除。

持续经营假设并不意味着企业就不会破产、倒闭。在竞争激烈的市场经济条件下，企业总是存在破产、清算的风险，也就是说，企业不能持续经营的情况总是存在的。为此，企业应当定期对其持续经营假设做出分析和判断。如果企业受到破产或清算的威胁，就必须放弃这一假设，在财务报表中清楚地反映出该报表是在中断经营的基础上编制的。在这种情况下，企业的首要任务是资产变现，财务报表使用者感兴趣的是企业的清算价值，而非假定该企业无限期经营下去的价值。

（三）会计分期

会计分期又称会计期间，是指将会计主体持续不断的经营活动分割为相等的会计期间，分期计算其经营活动的成果。会计分期假设是持续经营假设的必然结果。由于我们假设上市公司会在可预见的将来保持其持续经营状态，这就存在着在持续经营的过程中，什么时候向与上市公司有利害关系的各方提供财务报告的问题。在会计实践上，绝不可能等到上市公司的全部经营活动完结以后才向外界提供财务报告。为了使财务报告的使用者能定期、及时地了解上市公司的财务状况和经营成果，会计上就应把其持续经营的经济活动人为地进行划分，使其归属于各不相同的会计期间，并进行会计处理及财务报告的编制。

企业通常以一年作为划分会计期间的标准，称为会计年度，我国采用的是公历年度，按年度编制的财务报表称为年报。为了及时地了解企业的财务信息，证券监管部门要求上市公司还要提供季度、半年度等中期财务报表。

会计分期对于完善会计方法有重要意义。由于有了会计分期，才产生了当期与其他期间的差别，从而出现权责发生制和现金制的区别，产生了应收、应付、递延、预提、待摊等会计处理方法。

会计期间的确定，实际上决定了上市公司对外报送报表的时间间隔以及上市公司报表所涵盖的时间跨度。从会计信息本身应当反映的经济内容以及报表信息使用者所希望了解的内容来看，会计期间的划分应当体现较为完整的生产经营过程。在上市公司连续、大批、大量生产和经营产品且季节性因素对其影响较小的条件下，会计期间的划分不会对信息披露以及信息使用者对上市公司财务状况的分析产生较大影响。但是，在上市公司季节性生产的条件下，整齐划一地以公历年度为会计年度，将有可能因财务信息代表性较差而使得上市公司所披露的部分信息难以反映上市公司财务状况，从而误导信息使用者。另一方面，在上市公司的年度报告越来越多地要求注册会计师进行审计的情况下，整齐划一地以公历年度作为会计年度，也将使得审计人员在每年的第四季度和第二年的第一季度空前地繁忙。在"时间紧、任务重"的压力下，审计人员难免会降低审计质量。这就是说，会计期间的划分，对会计信息的质量、审计工作的质量关系重大。会计分期假设除了为上市公司进行会计处理计算损益和编制财务报告限定了时间区域、对会计信息质量有重要影响外，对会计的概念也有一定的影响。由于受会计分期假设的影响，许多会计概念具有鲜明的"时期"特性。比如，利润总额、收入、费用等均带有鲜明的时期特色。此外，会计分期假设与持续经营假设一起，构成了权责发生制原则的理论基础。

（四）货币计量

货币计量又称币值不变，是指在会计核算中以假定价值不变的货币作为基本计量单位，计量、记录和报告会计主体的生产经营活动。

在会计核算中之所以选择货币作为计量单位，是由货币的本身属性决定的。货币是商品的一般等价物，是衡量一般商品价值的共同尺度，具有价值尺度、流通手段、储藏手段和支付手段等特点。当然，货币计量也有缺点，影响企业财务状况和经营成果的因素并不是都能用货币来计量的。例如，企业经营战略、管理团队、信誉度等，这些在阅读财务报表时都要加以关注。

三、会计核算的基础

企业的生产经营活动是连续不断的、不停地产生收入、成本、费用，但是由于会计期间是人为划分的，所以难免货币的收支业务与交易或事项本身不完全一致，这种情况下需要选择正确合适的会计处理基础。为了使会计信息能达到质量标准，我国会计准则规定，企业应当以权责发生制为基础进行会计确认、计量和报告。

权责发生制又称应计制，是指收入、费用的确认应当以权责发生制为基础。权责发生制是以权力和责任的发生为标准来决定收入和费用归属的一种计算基础，在收入和费用实际发生时进行确认，不必等到实际收到现金或者支付现金时才确认。企业在很多时候发生的货币收支业务与交易或事项本身并不一致，例如，产品已经发出了，但销售款项并没有收到；或者反之，预收了一笔货款，但销售并未实现。一般来说，上市公司会计上所确认的收入（体现为利润表中引起利润增加的因素）与货币收款情况有三种对应关系：一是在销售活动完结或劳务提供过程完结时立即收取货款（如现销），从而使得收入的确认引起货币同时增加；二是在销售活动完结或劳务提供过程完结时并不立即收取货款（部分或全部），但却取得在未来确定的时间内收取货款的权利（如赊销），从而使得收入的确认引起债权增加；三是在向顾客提供商品和劳务以前已经收取了货币（如预收款销售），此时收入的确认引起债务减少。在会计实务中，各种情况下收入的确认问题，在各行业财务制度中均有原则规定。

权责发生制可以合理确定企业在一定会计期间的经营成果，可将经济业务所引起的权力和责任在财务报表中明确反映出来，因此有经营收支的企业应当采用权责发生制原则。

收付实现制（现金制）与权责发生制相对应，是另一种计算基础，它是以收到或支付现金作为确认收入和费用的依据。行政事业单位使用收付实现制。

四、会计核算的一般原则

会计核算的一般原则是指在会计核算中具有普遍意义和指导意义的规范和标准,是从会计实践中逐渐发展起来的,被公认为公正、妥善和有用的系统化的惯例,是确认、计量和记录经济业务、提供财务报告的指南,是对会计信息质量提出的要求,是衡量和评价会计信息是否合格的标准。

(一)客观性原则

客观性原则要求会计核算以实际发生的经济业务及证明经济业务已经发生的合法凭证为依据,如实反映财务状况和经营成果,做到内容真实、数字准确、资料可靠。

客观性原则有两层含义:一是可验证性,二是会计人员对某些会计事项的估计判断合法、合规、合理。

可验证性是指上市公司的会计处理应当尽量以实际发生的业务为基础,以取得的业务凭证为依据。这样,就能保证上市公司的会计处理从填制记账凭证、登记账簿到编制会计报表等过程都有可靠的凭证为依据,也能保证会计上的账证、账账、账表和账实之间的相互一致。

在会计实务上,除了能够取得记载业务发生情况凭证的业务以外,还有一些业务虽已发生,但其金额需要靠会计人员的职业估计和判断才能确定。对这类业务的处理,就很难要求其达到数据准确性。这些业务有:固定资产和无形资产、递延资产的摊销、坏账损失的预先估计,制造费用在完工产品和产成品的分摊、或有损失的估计,等等。很明显,这些业务在各个会计期间都会发生,但其金额大小,不同的会计人员可能会估计出不同的结果。对这些问题的估计,我们只能要求会计人员的处理能尽量合法、合规、合理,不带主观偏见。因此,美国会计界比较有代表性的见解认为,财务信息客观性的标志是:"如果两个以上有资格的人员查证同样的数据时,基本上能得出相同的计量和结论。"

(二)可比性原则

可比性原则是指会计核算应当按照规定的会计处理方法进行,企业提供的会计信息口径一致,相互可比。实际上这是要求不同地区的企业之间提供的会计信息可以进行横向比较,以及同一会计主体指标的纵向比较,便于对前后期间的会计信息进行比较、分析和利用,以提高会计信息的使用价值,并防止企业利用改变会计政策和会计处理方法,在财务报表中舞弊。该原则并不意味着所选的会计政策不能作任何变更。一般来说，在两种情况下可以变更会计政策，一是有关法规发生变化，要求企业改变会计政策；二是改变会计政策后能够更恰当地反映企业的财务状况和经营成果。企业如果按照以上原则改变会计政策，应按照要求在财务报表的附注中注明变动的事实、原因及其影响。

（三）相关性原则

相关性原则是指会计信息应当满足会计信息使用者的需要，企业提供的会计信息应当能够反映企业的财务状况、经营成果和现金流量。信息的价值在于是否与决策相关，有助于决策。在会计核算中坚持此原则，就要求在收集、加工、处理和提供会计信息过程中，充分考虑会计信息使用者对信息的需求。

（四）及时性原则

及时性原则是指会计信息应当及时处理、及时提供，增加会计信息的时效性。

（五）明晰性原则

明晰性原则是指会计记录和会计信息必须清晰明了，便于理解和使用。明晰性原则要求会计信息简明易懂，能够简单明了地反映企业的财务状况、经营成果和现金流量，从而有助于会计信息使用者正确理解、准确掌握企业的情况。

（六）谨慎性原则

谨慎性原则是指会计人员对某些经济业务或会计事项存在不同的会计处理程序和方法时，在不影响合理反映的前提下，尽可能选择不虚增利润和夸大所有者权益的会计处理程序和方法来进行会计处理。对于可能发生的损失和费用，应当加以合理估计。

谨慎性原则又称审慎原则、稳健原则，它是针对市场经济中不确定因素所带来的风险，要求人们在会计处理上持保守主义的小心审慎态度，使会计信息使用者提高警惕，把风险损失限制在较小范围。

谨慎性原则在许多情况下被采用，例如，要求企业定期或者至少于每年年度终了，对可能发生的各项资产损失计提资产减值准备等，就体现了谨慎性原则，体现了谨慎性原则对历史成本原则的修正。当然，谨慎性原则并不意味着可以任意设置各种秘密准备，否则，就属于谨慎性原则的滥用。

谨慎性原则是市场经济条件下，上市公司会计活动必须遵循的一条重要原则。这是因为，在现实经济生活中存在着许多不确定性因素。比如，上市公司只要与其他经济组织和个人发生商品赊销业务,就存在发生坏账损失的可能性;商业类上市公司的购入商品,在经营活动中可能存在削价处理产生的损失以及其他一些或有损失等,所有这些,都可能对上市公司的财务状况产生影响。对于上述可能发生的费用和损失,如果不进行预先处理,可能导致高估资产和收益、低估费用和损失,从而使上市公司在财务分配上处于不利的境地,也会影响上市公司未来的正常经营活动。

（七）重要性原则

重要性原则是指在会计核算过程中,对经济业务或会计事项应区别其重要程度,采用不同的会计处理程序和方法。具体地说,就是对于那些对企业的经济活动或会计信息的使用者相对重要的会计事项,应分别核算,分项反映,力求准确,并在会计报告中作充分披露;而对于次要的会计事项,在不影响会计信息的真实性的情况下,则可适当简化会计核算,合并反映。

全面、准确地反映企业经济活动的过程和结果,固然是会计核算的基本要求,但从会计信息的使用要求看,重要的是了解会计主体的生产经营情况,特别是那些对经营决策有重要影响的经济事项,而并不要求面面俱到。如果会计信息不分主次,有时反而有损其使用价值,甚至影响决策。从核算效益来看,对一切会计事项的处理和所提供的会计信息,一律不分轻重主次和繁简详略,采取完全相同的处理方法,必将耗费过多的人力、物力和财力,增加许多不必要的工作量。在会计核算中坚持重要性原则,能够使会计核算在全面反映的基础上保证重点,有助于加强对经济活动和经营决策有重大影响和有重要意义的关键性问题的核算,达到事半功倍的效果,并有助于简化核算,节约人力,提高工作效率。

在评价某些项目的重要性时,主要依赖于会计人员的职业判断。一般来说,应当从质和量两个方面来进行分析。从性质来说,当某一事项有可能对决策产生一定影响时,就属于重要项目;从数量方面来说,当某一事项的数量达到一定规模时,就可能对决策产生影响。

（八）实质重于形式原则

实质重于形式原则是指企业应当按照交易或事项的经济实质进行会计核算,而不仅仅按照它们的法律形式作为会计核算的依据。

在实际工作中,交易或事项的外在法律形式并不总能完全真实地反映其实质内容,为了真实反映企业的财务状况和经营成果,就不能仅仅根据经济业务的外在表现形式来进行核算,而要反映其经济实质。例如,以融资租赁形式租入的固定资产,在租期未满之前,从法律形式上讲所有权并未转给承租人,但从经济性质上讲，与该项固定资产相关的经济利益和风险已实质上转给了承租人，因此承租人应该将其视同为自有固定资产计提折旧和大修理费用。

五、财务报表要素确认计量要求

财务报表要素确认计量原则是为了使会计信息能达到质量标准，而对会计报表要素所做的一般性规范。

（一）配比性原则

配比性原则是指企业在进行会计核算时收入应与其相关的成本、费用相互配比，同一会计期间内的各项收入和与其相关的成本、费用，应当在同一个会计期间内确认，正确地确定该期间的损益。

应用配比性原则，将上市公司一定会计期间的收入与费用相配比，可以反映该期间的财务成果，并据以对上市公司整体的财务状况做出评价。如果将上市公司内部某部门的收入与费用相配比，可以揭示该部门的财务状况并对其业绩进行评价，如果将某种产品的收入与费用相配比，可以揭示具体产品的盈利水平，上市公司可据此做出产品决策。

（二）历史成本原则

历史成本原则是指企业的各项资产在取得时应按照实际成本计价，其后，各项资产如果发生减值，应当按照规定计提相应的减值准备。物价变动时，除国家另有规定者外，不得自行调整其账面价值。历史成本原则以持续经营和币值不变的假设为前提，合理地反映了企业资产和经营成果的计量要求。

采用历史成本原则计价的优越性在于：第一，由于交易价格是由上市公司与上市公司外部共同确定的，因而具有一定的客观性；第二，历史成本的确定通常要有一定的会计凭证作依据，具有可验证性；第三，历史成本原则还可抑制因主观判断而产生的可能蓄意粉饰上市公司财务状况的事件发生。

（三）划分收益性支出与资本性支出原则

划分收益性支出与资本性支出原则，是指企业的会计核算应当合理区分收益性支出与资本性支出的界限，正确地反映资产的价值和损益的情况。

收益性支出，是指支出的效益仅及于本会计期间；资本性支出，是指支出的效益及于几个会计期间。企业在确认支出时，应区分两类不同性质的支出，将收益性支出列于利润表，计入当期损益，正确地计算企业当期的经营成果；将资本性支出列于资产负债表，作为资产反映，真实地反映企业的财务状况。

第二节 资产负债表

资产负债表又称财务状况表,这是一张静态报表,详细反映企业在某一特定时点的财务状况。财务状况是指一个企业的资产、负债、所有者权益及其相互关系。以资产负债表的形式可以向报表使用者提供企业资产、负债和所有者权益项目在特定日期的情况。

资产负债表是企业对外提供的一份基本报表,是报表使用者借以了解企业情况、做出相应决策的工具。通过资产负债表,可以提供企业拥有或控制的经济资源及其分布情况,是分析企业生产经营能力的重要资料;通过资产负债表,反映某一日期的负债总额以及结构,表明企业未来需要多少资产或劳务清偿债务;通过资产负债表,可以了解投资者在企业总资产中所占的份额及结构情况。

一、资产负债表的结构及格式

资产负债表有一定的格式标准,其目的是为了方便报表使用者阅读、分析报表,获取财务信息。通常将资产负债表分为表首、表体和表尾附注三部分。

表首列明企业名称、编制时间、货币单位和报表编号等内容;表体部分是资产负债表的主体和核心,反映资产负债表的具体内容;表尾附注是弥补表体内容的不足而作的一些直接补充。

按资产负债表表体的不同格式可以将资产负债表分为账户式、报告式和营运资金式三类。我国普遍采用账户式资产负债表,即资产负债表分为左方和右方,左方列示资产项目,右方列示负债和所有者权益各项目,资产各项目的合计等于负债和所有者权益各项目的合计,可以利用资产、负债和所有者权益之间这一内在联系,来检验资产负债表是否平衡。

在我国目前的有关制度中,把资产分为流动资产和非流动资产。负债按偿还期的长短,分为流动负债和非流动负债。资产负债表的基本格式如表3-1。

表 3-1　资产负债表

编制单位：　　　　　　　　年　月　日　　　　　　　　单位：元

资　产	年初数	期末数	负债及所有者权益	年初数	期末数
流动资产：			流动负债：		
货币资金			短期借款		
交易性金融资产			交易性金融负债		
应收票据			应付票据		
应收账款			应付账款		
预付账款			预收账款		
应收利息			应付职工薪酬		
应收股利			应缴税费		
其他应收款			应付利息		
存 货			应付股利		
			其他应付款		
一年内到期的非流动资产			一年内到期的非流动负债		
其他流动资产			其他流动负债		
流动资产合计			流动负债合计		
非流动资产：		0.00	非流动负债：		0.00
可供出售金融资产			长期借款		
持有至到期投资			应付债券		
长期应收款			长期应付款		
长期股权投资			专项应付款		
投资性房地产			预计负债		
固定资产		0.00	递延所得税负债		
在建工程			其他非流动负债		0.00
工程物资			非流动负债合计		
固定资产清理			负债合计		
			股东权益：		0.00
无形资产			股本		
开发支出			资本公积		

続表

资　　产	年初数	期末数	负债及所有者权益	年初数	期末数
商誉		0.00	减:库存股		
长期待摊费用			盈余公积		
递延所得税资产			未分配利润		0.00
其他非流动资产			股东权益合计		
非流动资产合计					
资产合计		0.00	负债及股东权益合计		0.00

二、资产负债表的内容

流动资产是指可以在1年或者超过1年的一个营业周期内变现或耗用的资产,主要包括现金、银行存款、交易性金融资产、应收票据、应收及预付款项、存货。对流动资产中的一些重要项目作一简单介绍。

新会计准则规定,满足以下条件之一的金融资产,应当划分为交易性金融资产:(1)取得该金融资产的目的,主要是为了近期内出售。(2)属于进行集中管理的可辨认金融工具组合的一部分,且有客观证据表明企业近期采用短期获利方式对该组合进行管理。(3)属于衍生工具。主要指期权和期货。但被指定为有效套期工具的衍生工具、属于财务担保合同的衍生工具、与在活跃市场中没有报价且其公允价值不能可靠计量的权益工具挂钩并须通过交付该权益工具结算的衍生工具除外。

由上述交易性金融资产的三个条件可以看出,如果一项金融资产被划作交易性金融资产必须满足以下条件:

(1)企业取得该金融资产的目的主要是为了近期内出售,获取差价,而且企业初次确认时即确定其持有该项金融资产的目的是短期获利。所以,旧准则下的仅仅是为了出售获利而进行的短期投资,应当属于交易性金融资产。

(2)该项金融资产必须存在活跃的交易市场,在市场上有报价,从而其公允价值能够通过活跃市场取得或者说其公允价值能够可靠计量,该项资产还可以随时变现。

(3)该项金融资产可以是股票、债券、基金单位,也可以是以股票或其他金融工具为标的的衍生金融工具,但其必须是以公允价值计量并将其变动计入当期损益。

　　应收账款（Accounts Receivables）是指上市公司因赊销商品、材料、提供劳务等业务而形成的商业债权。这种债权应向购货单位或接受劳务单位收取。应收账款的入账时间与上市公司营业收入的确认时间相同。财政部发布的《企业会计准则第 14 号——收入》，对上市公司营业收入的确认做出了规定。按照该准则的规定，在我国现行的会计实践中，营业收入和应收账款的确认时间按下列原则确认：1. 销售商品销售商品的收入，应在下列条件均能满足时予以确认：(1)上市公司已将商品所有权上的主要风险和报酬转移给购货方；(2)上市公司既没有保留通常与所有权相联系的继续管理权，也没有对已售出的商品时是控制；(3)与交易相关的经济利益能够流入上市公司；(4)相关的收入和成本能够可靠地计量。在不同的结算方式和销售方式下，销售商品的收入确认为：(1)采用分期收款结算方式销售商品，按合同约定的收款日期作为收入实现。未收到账款时，与收入相对应的资产形态应为"应收账款"；(2)委托其他单位代销的商品，收到代销单位的代销清单后作为收入实现，未收到款项时，即可确认债权；(3)在交款提货销售方式下，在收到货款并将发票账单和提货单交给买方后确认收入；(4)采用预收货款销售的商品、产品，在产品和商品发出时作为收入的实现；(5)在采用托收承付或委托收款结算方式销售商品时，应在商品已经发出、并已将发票账单提交银行办妥托收手续后作为收入的实现，确认债权。上述有些销售方式不涉及债权问题，但为了完整反映收入与债权、货币收入的关系，我们仍将其放在此处说明。2. 提供劳务在同一会计年度内开始并完成的劳务，应在完成劳务时确认收入。如劳务的开始和完成分属不同的会计年度，在提供劳务交易的结果能够可靠估计的情况下，上市公司应在资产负债表日按完工百分比法确认相关的劳务收入。当以下条件均能满足时，交易的结果能够可靠地估计：(1)劳务总收入和总成本能够可靠地计量；(2)与交易相关的经济利益能够流入上市公司；(3)劳务的完成程度能够可靠地确定。

　　其他应收款是指上市公司除应收票据、应收账款、预付账款以外的各种应收、暂付款项。其他应收款包括应收的各种赔款、各种罚款、存出的保证金、应收出租包装物的租金、预付给上市公司内个人或单位的备用金、应向职工个人收取的各种垫付款项。

　　存货（Inventory，Stock）是指上市公司在生产经营中为销售或耗用而储备的资产。上市公司的资产，是否作为存货处理，不取决于资产的物理特性，而是取决于上市公司持有特定资产的持有目的。如果持有目的是短期周转、销售或快速消耗掉，则应作为存货处理。存货的构成在不同上市公司中是有差别的。在工业上市公司中,存货包括库存、加工中和在途的各种原材料、燃料、包装物、低值易耗品、在产品、外购商品、自制半成品、产成品以及分期收款发出商品等。而商品流通上市公司的存货,则包含上市公司在库、在途、出租和加工中的各种商品,包括在途商品、库存商品、加工商品、出租商品、分期收款发出商品以及材料物资、包装物、低值易耗品等,以及上市公司受托代销的商品和特准储备物资。存货通常按其取得成本计价入账。但是,当存货的市场价值下降,降低到其成本以下时,上市公司如仍以成本在账、表上反映,则会导致资产的高估,利润的高估。从稳健性原则来考虑,这种处理就不适宜了。按照会计惯例,当存货的市场价值低于其成本时,就应采用成本与市价孰低的规则来对存货成本进行调整。

投资是企业为通过分配来增加财富或为谋求其他利益,而将资产让渡给其他单位所获得的另一项资产。长期股权投资,反映企业不准备在1年内(含1年)变现的各种股权性质的投资的可收回金额。股权投资也叫权益性投资,是企业以认购其他企业股票的方式进行的投资。包括对子公司、合营企业、联营企业的投资。长期股权投资的核算方法:长期股权投资在取得时按照初始投资成本入账;长期股权投资分别采用成本法或权益法核算。持有至到期投资,反映企业不准备在1年内(含1年)变现的各种债权性质的投资的可收回金额。长期债权投资的核算方法:长期债权投资在取得时,按照取得的实际成本作为初始投资成本;长期债权投资应当按照票面价值与票面利率按期计算确认利息收入;持有可转换公司债券的企业,可转换公司债券在购买以及转换为股份之前,应按一般债券投资处理;处置长期债权投资时,按实际取得的价款与长期债权投资账面价值的差异,作为当期投资收益。

固定资产是使用期限较长、单位价值较高、并且在使用过程中保持原有实物形态不变的资产。上市公司拥有的使用期限超过1年的建筑物、机械、运输工具以及其他与生产经营有关的设备、器具、工具等均属于固定资产。上市公司资产负债表中上市公司固定资产类项目主要有:固定资产原价、累计折旧、固定资产减值准备、工程物资、固定资产清理。

无形资产是指企业为生产商品或者提供劳务,出租给他人或为管理目的而持有的、没有实物形态的非货币供长期使用的资产。无形资产分为可辨认无形资产和不可辨认无形资产。可辨认无形资产包括专利权、非专利技术、商标权、著作权、土地使用权、特许权等。不可辨认无形资产是商誉。其中,专利权是国家依法授予专利发明人对某一产品的造型、配方、结构、制造工艺和流程在一定期限内制造、出售或使用其发明的特殊权利。非专利技术,或称专有技术,是指那些没有申请专利的、公众不知道的生产某种产品或采用某种流程或对某项工艺技术所需要的知识、经验、技巧的总称,它包括各种设计资料,也包括专家、技术人员、其他职工掌握的不成文经验、知识和技巧。商标权是指将商标向政府登记而获得的可以在规定期限内独占地、排他地在商品上使用特定的名称或图案的特殊权利。著作权,亦称版权,是指法律保障书籍著作人,美术、艺术用品创作人及他们的出版上市公司制造与出版著作的专门权利。土地使用权是指上市公司按照国家规定取得的在若干年内使用土地的权利。特许经营权是指由政府特许或由一个上市公司出让给另一个上市公司的从事某项业务或产品生产或销售的专营权。

商誉是指上市公司由于地理位置优越、信誉较好、生产技术先进、经营有方、历史悠久、经验丰富或产品有特色、生产有秘方等原因而在经营上能获取超额利润的能力所形成的价值。商誉是一种超额获利能力。会计实务上仅对购并中的商誉即外购商誉给予确认。商誉难以离开特定的上市公司而独立存在。到现在为止,我们讨论的众多资产,不管是有形的,还是无形的,均是可以离开上市公司而独立存在的,即它们可以在上市公司间按公平市价进行交易。但是,商誉却不同,商誉难以离开上市公司而独立存在。有的误把商誉理解为上市公司的商业信誉,有的误把商誉理解为上市公司的品牌。关于商誉的含义,我国《企业会计准则》没有做出界定。我们认为,关于商誉的含义,以娄尔行等教授编著的、以美国会计为背景的《资本主义上市公司财务会计》一书中的说明较为准确。该书是这样叙述的:"商誉指一家上市公司由于它所处地理位置的优越,或由于它信誉卓著、获得了客户的信任,或由于它组织得当、生产经营效率较高,或由于它历史悠久、积累了丰富的从事本业的经验,或由于它技术先进、掌握了生产的诀窍,或由于其他种种原因,营业特别发达而形成的无形价值。这种无形价值,具体表现为一家上市公司的获利能力,超过了一般的获利水平。"从这个定义我们不难看出,商誉实际上是一个上市公司所具有的高于一般盈利水平上市公司的获利能力所形成的价值。这样,可以认为,具有一般获利水平的上市公司的商誉为零,低于一般获利水平的上市公司的商誉为负值,高于一般获利水平的上市公司的商誉为正值,即大于零。我们进一步可以认为:第一,商誉不是商业信誉。为了说明这个问题,我们以在同一城市的某一快餐公司的情况为例来讨论。设在某一城市甲快餐集团公司在城内不同地区有 A、B、C 和 D 四家快餐店。这四个快餐店均经营同样的快餐品种、价格相同、着装相同、服务质量也无差别。据此,我们可以认为,四个快餐店的牌号、信誉是相同的。但是,不同的是四个快餐店的地理位置。仅仅由于这个差异,导致了这四个快餐店之间的获利水平出现了差异。这就是说,在同一牌号、同样信誉的上市公司的不同分店之间,出现了商誉问题。这个例子清楚地说明了商誉是上市公司获取超额能力所形成的价值的属性,也说明了与某一特定上市公司相联的商誉不能离开该特定上市公司而独立存在。第二,商誉也不是上市公司的品牌的价值。我们知道,上市公司的品牌,是可以作价买卖,脱离开上市公司而独立存在的。而我们所一再强调的商誉的不能脱离特定上市公司而独立存在的属性与品牌的这种属性不符。

递延资产是指企业发生的不能记入当期损益,而应当在以后年度分期摊销的各项预付费用。在资产负债表上,递延资产主要在"长期待摊费用"项目中反映。

其他长期资产是由于某种特殊原因上市公司不能自由支配的资产。

递延税款是采用纳税影响会计法进行所得税会计处理的上市公司,由于时间性差异产生的税前会计利润与应纳税所得额之间的差异影响所得税的金额。

流动负债是指将在1年(含1年)或者超过1年的一个营业周期内偿还的债务。包括短期借款、应付票据、应付账款、预付账款、应付工资、应付福利费、应付股利、应交税金、其他应交款、其他应付款、预提费用和一年内到期的长期借款。

长期负债是偿还期在1年或者超过1年的一个营业周期以上的负债。预计负债是与或有事项相关的义务。

或有事项指过去的交易或事项形成的一种状况,其结果须通过未来不确定事项的发生或不发生予以证实。常见的或有事项有:商业票据背书转让或贴现、未决诉讼、未决仲裁、产品质量保证(含产品安全保证)等。

预计负债的确认要求具备三个要素:现时义务、很可能导致预期经济利益流出企业、可靠计量。首先,与或有事项有关的为企业承担的现时义务而非潜在义务。其次,履行因或有事项产生的现时义务时,导致经济利益流出企业的可能性应超过50%,而若确定性达到95%以上即基本确定的程度,则该负债已不需预计。第三,对因或有事项产生的现时义务的金额能够合理地估计。由于或有事项具有不确定性,因此,因或有事项产生的现时义务的金额也具有不确定性,需要估计。要对或有事项确认一项负债,相关现时义务的金额应能够可靠估计,需要注意的是,可靠的计量并不意味着精确的计量,而仍然是在不确定环境下的一个估计数,是符合统计原理和经济实质的最佳值。

预计负债与其他负债项目的区别是这种负债在支付时间、金额和对象三个要素中的一个或几个处于不确定的状态。比如为其他单位提供债务担保，被担保方到期无力还款，担保方被诉讼要求负连带责任。对于担保方而言，确认这一连带责任就是预计负债，但何时偿付连带责任是不确定的；又如某企业因生产时排污治理不力对周围环境造成污染而被起诉，则企业在很可能败诉时按照败诉后需要赔偿的金额的最佳估计数确认预计负债，但该企业因败诉将支出多少金额，或支出发生在何时，是难以确知的。

预计负债与或有负债的区别在于，或有负债特指两种义务，一是指潜在义务，该义务的存在与否并不确定，还须通过未来某事项的发生或不发生予以证实；二是指现时义务，但履行该义务不是很可能导致经济利益流出企业或该义务的金额不能可靠地计量。或有负债作为一种特定的现时义务，其不能在表内予以确认的原因在于：该项义务不是很可能导致经济利益流出企业，或该项义务的金额不能可靠地予以计量。

在《或有事项准则》中，多处涉及到对可能性大小的判断，如很可能、可能等，准则第一次较为确定的给出了不确定性的程度量化标准（如下表），为分析或有事项提供了尺度。

结果的可能性	对应的概率区间
基本确定	大于 95% 但小于 100%
很可能	大于 50% 但小于或等于 95%
可能	大于 5% 但小于或等于 50%
极小可能	大于 0 但小于或等于 5%

预计负债直接对应着当期的"管理费用"、"营业外支出"等费用与损失项目，在实际偿付的时候，由付出资产来冲销该负债项目。

我国《或有事项准则》对或有事项的会计处理较为典型地体现了现代会计注重"数字的公允表达"和"文字的充分披露"两个基本点的原则。准则规定，因或有事项确认的负债应在资产负债表中单列项目反映，并在会计报表附注中对各项预计负债形成的原因及金额作相应披露；而与所确认负债有关的费用或支出应在扣除确认的补偿金额后，在利润表中与其他费用或支出项目（如"营业费用"、"管理费用"、"营业外支出"等）合并反映。

或有负债披露的基本原则是，极小可能导致经济利益流出企业的或有负债一般不予披露；但是，对某些经常发生或对企业的财务状况和经营成果有较大影响的或有负债，即使其导致经济利益流出企业的可能性极小，也应予以披露，以确保会计信息使用者获得足够充分和详细的信息。这些或有负债包括：已贴现商业承兑汇票形成的或有负债、未决诉讼、仲裁形成的或有负债以及为其他单位提供债务担保形成的或有负债。关于或有负债应披露的内容,或有事项准则要求企业披露如下内容:或有负债形成的原因、或有负债预计产生的财务影响(如无法预计,应说明理由)、获得补偿的可能性。

需要特别指出的是,有时充分披露未决诉讼、仲裁形成的或有负债信息可能会对企业的生产经营造成重大不利影响。为此,或有事项准则对或有负债的披露作了例外规定,即在涉及未决诉讼、仲裁的情况下,如果按或有事项准则的要求披露全部或部分信息预期会对企业造成重大不利影响,则企业无须披露这些信息。但是,这并不表明企业可以不披露任何相关的信息。对此,或有事项准则规定,在这种情况下,企业至少应披露未决诉讼、仲裁的形成原因。

股东权益是上市公司的所有股东对企业净资产的要求权,也就是对资产总额抵偿全部负债后的剩余资产的要求权,所以又称为净收益。股东权益各项目的内容有:股本,反映企业各投资者实际投入的股本总额;资本公积,反映企业资本公积的期末余额;盈余公积,反映企业盈余公积的期末余额;未分配利润,反映企业尚未分配的利润。

第三节　利润表

利润表又称损益表,是反映公司在一定期间(月份、季度、年度)经营成果的会计报表。利润表是根据收入减去费用等于利润这一等式编制的。

利润表是反映企业一定会计期间经营成果的报表。该表是按照各项收入、费用以及构成利润的各个项目分类分项编制而成的。利润是上市公司经营业绩的综合体现,又是进行利润分配的重要依据。

一、利润表的结构及格式

利润表一般由表首、表身和补充资料三部分构成。利润表的表首,主要填写编写单位、报表日期、货币计量单位等,由于利润表说明的是某一时期的经营成果,因而利润表的表首必须写明某一时期的起讫日期,如"某年某月",或"某年某月某日结束的会计年度"。例如2008年9月,指的是2008年1月到9月的这段其间。表身是利润表的主体部分,主要反映收入、费用和利润各项目的具体内容及其相互关系。我国利润表栏目一般设有"本月数"和"本年累计数"两栏,"本月"栏反映表中各项目的本月实际发生数,在编制中期财务会计报告时,应将"本月数"改成"上年数",填列上年同期实际累计发生数,在编报年度财务会计报告时,填列上年实际累计发生数。"本年累计数"栏反映各项目自年初起至报告期末止的实际累计发生数。常见的利润表结构主要有单步式和多步式两种。企业会计制度规定,企业利润表应采用多步式利润表结构。多步式利润表结构按照企业利润形成的主要环节,按照营业利润、利润总额和净利润三个层次来分步计算,以详细地揭示企业利润的形成过程。利润表的基本格式如表3-2。

表 3-2　利润表

编制单位：　　　　　　　　　　年　　月　　　　　　　　　单位:元

项　　目	本月数	本年累计数
一、营业收入		
减:营业成本		
营业税金及附加		
销售费用	0.00	0.00
管理费用		
财务费用		
资产减值损失		
加:公允价值变动收益	0.00	0.00
投资收益		
其中:对联营、合营企业的投资收益		
二、营业利润(亏损以"—"号填列)		
加:营业外收入		
减:营业外支出		
其中:非流动资产处置损失	0.00	0.00
三、利润总额(亏损以"—"号填列)		
减:所得税费用		
四、净利润(亏损以"—"号填列)		
五、每股收益		
(一)基本每股收益		
(二)稀释每股收益		

二、利润表的内容

利润表主要包括以下四个方面的内容：一是营业利润，主要指企业日常经营活动所获得的收入减去有关成本、税金及附加和期间费用；二是利润总额，即营业利润加减营业外收支；三是净利润，即所得税后利润；四是每股收益。

营业收入是上市公司通过销售商品或提供劳务等经营活动而实现的营业收入。包括主营业务收入和其他业务收入。

费用是指上市公司在生产经营过程中发生的各种耗费。应该指出，不同类型的上市公司，其费用构成不尽相同。

对工业上市公司而言，按照是否构成产品成本，费用可划分为制造费用和期间费用。制造费用是指与生产产品有关的各种费用，包括直接材料、直接人工和间接制造费用。一般而言，在制造过程中发生的上述费用应通过有关成本计算方法，归集、分配到各成本计算对象。各成本计算对象的成本将从有关产品的销售收入中得到补偿。期间费用是指那些与产品的生产无直接关系，与某一时期相联系的费用。对工业上市公司而言，包括管理费用、销售费用和财务费用等。

此外，在上市公司的费用中，还有一项所得税费用。在会计利润与应税利润没有差异的条件下，所得税费用是指上市公司按照当期应税利润与适用税率确定的应交纳的所得税支出。我国会计理论与实务界长期达成"所得税是利润分配的结果"的共识，将所得税支出作为利润分配的内容。随着会计制度改革的深入和认识的不断深化，我国已将所得税支出从原来的"利润分配表"中移至"利润表"，这实际上是接受了将所得税支出作为一项费用处理的观念。

利润表是把上市公司在一定期间的营业收入与同一会计期的营业费用进行配比，以得到该期间的净利润（或净亏损）的情况。由是可知，该报表的重点是相关的收入指标和费用指标。"收入－费用＝利润"可以视作阅读这一报表的基本思路。

在"主营业务收入"、"营业利润"、"利润总额"、"净利润"项目中，除"主营业务收入"以外，其余三项都是依据收入与费用配比原则，即前一项收入减去与该项收入相配比的费用得到的。如：营业利润是从主营收入出发，减去为取得主营业务收入而发生的相关费用后得出；利润（亏损）总额则是在营业利润的基础上，加（减）营业外收支所得；而净利润（净亏损）则是在利润总额（亏损总额）的基础上，减去相关的所得税费用后得出，投资者依次从上往下阅读，就可对上市公司当期的收入情况、费用情况了解。

第四节　现金流量表

现金流量表是反映企业会计期间内经营活动、投资活动和筹资活动等对现金及现金等价物产生影响的会计报表。其主要目的是为报表使用者提供企业一定会计期间内现金流入与流出的有关信息。现金流量表是反映公司会计期间运用资金(或现金)的变动及其原因,即资金的来源及其用途的报表,亦即筹资和投资的活动及其方针的总括性的动态报表。简言之,它是通过资金变动来反映公司会计期间投资和筹资的全部情况。

现金流量表中的"现金"不仅包括"现金"账户核算的库存现金,还包括企业"银行存款"账户核算的存入金融企业、随时可以用于支付的存款,也包括"其他货币资金"账户核算的外埠存款、银行汇票存款,银行本票存款和在途货币资金等其他货币资金以及现金等价物。现金等价物(Cash equivalents)的含义在各国会计准则之间存在着一定差异。美国第95号财务会计准则说明中对"现金等价物"的界定是指其初始到期日在3个月以下(含3个月)的短期投资。国际会计准则第7号—《现金流量表》中,则定义现金等价物为随时能转变为已知金额的现金的短期投资,其流动性高,价值变动的风险小。我国《企业会计准则第31号——现金流量表》对现金等价物的定义为:现金等价物是指企业持有的期限短、流动性强、易于转换为已知金额现金,价值变动风险很小的投资。现金等价物虽然不是现金,但其支付能力与现金的差别不大,可视为现金。如:企业为保证支付能力,手持必要的现金,不使现金闲置,可以购买短期债券,在需要现金时,随时可以变现。按照我国《企业会计准则第31号——现金流量表》及其指南的要求,一项投资被确认为现金等价物必须同时具备四个条件:期限短、流动性强、易于转换为已知金额现金、价值变动风险很小。其中,期限较短,一般是指从购买日起3个月内到期。例如可在证券市场上流通的3个月内到期的短期债券投资等。

现金流量是某一段时期内企业现金和现金等价物流入和流出的数量,如企业销售商品、提供劳务、出售固定资产、向银行借款等取得现金,形成企业的现金流入;购买原材料、接受劳务、购建固定资产、对外投资、偿还债务等而支付现金等,形成企业的现金流出。现金流量信息能够表明企业经营状况是否良好,资金是否紧张以及企业偿付能力大小等,从而为投资者、债权人、企业管理者提供非常有用的信息。应该注意的是,企业货币资金不同形态之间的转换不会产生现金的流入和流出。如：企业从银行提取现金，是企业现金存放形式的转换，并未流出企业，不构成现金流量；同样，现金与现金等价物之间的转换也不属于现金流量，比如，企业用现金购买将于 3 个月内到期的国库券。

现金流量表是综合反映企业一定会计期间内现金来源和运用及其增减变动情况的报表，是以收付实现原则记账的。主要作用在于：①评价企业未来产生现金净流量的能力；②评价企业偿还债务、支付投资利润的能力，谨慎判断企业财务状况；③分析净收益与现金流量间的差异，并解释差异产生的原因；④通过对现金投资与融资、非现金投资与融资的分析，全面了解企业财务状况。

因为一个公司的现金流量比账面利润重要得多，它在很大程度上决定着企业的生存和发展。即使公司有账面利润，但若现金周转不畅，调度不灵，将严重影响公司的发展，甚至影响到企业的生存。通过现金流量分析，了解公司营运资金管理能力，能够正确评价公司当前及以前各期所取得利润的质量，发现财务方面存在的问题，对未来公司的财务状况做出科学预测。

一、现金流量表的结构和格式

我国现金流量表的格式以采用直接法编制为基础。编制现金流量表的具体方法，视对经营活动引起的现金流量的处理办法不同，可分为间接法与直接法两种。我国《企业会计准则第 31 号——现金流量表》将现金流量分为三类：经营活动产生的现金流量、投资活动产生的现金流量、筹资活动产生的现金流量。

现金流量表是反映企业在一定时期内现金流入、流出及其净额的报表，它主要说明公司本期现金来自何处、用往何方以及现金余额如何构成。现金流量的结构分析就是在现金流量表有关数据的基础上，进一步明确现金收入的构成、现金支出的构成及现金余额是如何形成的。现金流量的结构分析可以分为现金收入结构、现金支出结构和现金余额结构三个方面。现金收入结构分析是反映企业的各项业务活动现金收入，如经营活动的现金收入。投资活动的现金收入、筹资活动的现金收入等在全部现金收入中的比重以及各项业务活动现金收入中具体项目的构成情况。同样，现金支出结构分析则反映企业的现金用在那些方面。现金余额结构是指企业的各项业务，包括经营活动、投资活动、筹资活动，其现金收支净额占全部现金余额的百分比，它反映企业的现金余额是如何形成的。

现金流量表的基本格式如表 3-3 及表 3-4。

表 3-3　现金流量表

编制单位：　　　　　　　　　　　　　　　　　　　　　单位:元

项　目	本期金额	上期金额
一、经营活动产生的现金流量:		
销售商品、提供劳务收到的现金		
收到的税费返还		
收到的其他与经营活动有关的现金		
经营活动现金流入小计		
购买商品、接受劳务支付的现金		
支付给职工以及为职工支付的现金		
支付的各项税费		
支付的其他与经营活动有关的现金		
经营活动现金流出小计		
经营活动产生的现金流量净额		
二、投资活动产生的现金流量:		
收回投资所收到的现金		
取得投资收益所收到的现金		
处置固定资、无形资产和其他长期资产所收回的现金净额		
处置子公司及其他营业单位收到的现金净额		
收到的其他与投资活动有关的现金		
投资活动现金流入小计		
购建固定资产、无形资产和其他长期资产所支付的现金		
投资所支付的现金		
取得子公司及其他营业单位支付的现金净额		
支付的其他与投资活动有关的现金		
投资活动现金流出小计		
投资活动产生的现金流量净额		
三、筹资活动产生的现金流量:		
吸收投资所收到的现金		
借款所收到的现金		
收到的其他与筹资活动有关的现金		

项　目	本期金额	上期金额
筹资活动现金流入小计		
偿还债务所支付的现金		
分配股利、利润或偿付利息所支付的现金		
支付的其他与筹资活动有关的现金		
筹资活动现金流出小计		
筹资活动产生的现金流量净额		
四、汇率变动对现金及现金等价物的影响		
五、现金及现金等价物净增加额		
加:期初现金及现金等价物余额		
六、期末现金及现金等价物余额		

表 3-4　现金流量表补充资料

项　目	本期金额	上期金额
1. 将净利润调节为经营活动现金流量:		
净利润		
加:资产减值准备		
固定资产折旧		
无形资产摊销		
长期待摊费用摊销		
处置固定资产、无形资产和其他长期资产的损失(收益以"－"号填列)		
固定资产报废损失(收益以"－"号填列)		
公允价值变动损失(收益以"－"号填列)		
财务费用(收益以"－"号填列)		
投资损失(收益以"－"号填列)		
递延所得税款资产减少(收益以"－"号填列)		
递延所得税款负债增加(收益以"－"号填列)		
存货的减少(收益以"－"号填列)		
经营性应收项目的减少(收益以"－"号填列)		
经营性应付项目的增加(收益以"－"号填列)		
其他		

续表

项 目	本期金额	上期金额
经营活动产生的现金流量净额		
2. 不涉及现金收支的重大投资和筹资活动:		
债务转为资本		
一年内到期的可转换公司债券		
融资租入固定资产		
3. 现金及现金等价物净变动情况:		
现金的期末余额		
减:现金的期初余额		
加:现金等价物的期末余额		
减:现金等价物的期初余额		
现金及现金等价物净增加额		

二、现金流量表的内容

企业所从事的各种经济活动,经常会引起现金流入与流出企业,例如,用现金支付各种费用会使现金流出企业;企业发行债券收取集资款则使现金流入企业;等等。我国《企业会计准则第 31 号——现金流量表》将现金流量分为三类:经营活动产生的现金流量、投资活动产生的现金流量、筹资活动产生的现金流量。

（一）经营活动产生的现金流量

经营活动是指企业投资活动和筹资活动以外的所有交易和事项。根据上述定义,经营活动的范围很广,它包括了企业投资活动和筹资活动以外的所有交易和事项。就工商企业来说,经营活动主要包括:销售商品、提供劳务、经营性租赁、购买商品、接受劳务、广告宣传、推销产品、交纳税款等等。各类企业由于行业特点不同,对经营活动的认定存在一定差异,在编制现金流量表时,应根据企业的实际情况,对现金流量进行合理的归类。由于金融保险企业比较特殊,我国《企业会计准则第 31 号——现金流量表》对金融保险企业经营活动的认定作了相应提示。

1. 经营活动流入的现金主要包括:(1)销售商品、提供劳务收到的现金:反映企业因销售商品、提供劳务实际收到的现金(含销售收入和应向购买者收取的增值税额),包括本期销售商品、提供劳务收到的现金,以及前期销售和前期提供劳务本期收到的现金和本期预收的账款,减去本期退回本期销售的商品和前期销售本期退回的商品支付的现金。此外,企业销售材料和代购代销业务收到的现金,也包括在本项目中。(2)收到的税费返还:反映企业收到返还的各种税费,如收到的增值税、消费税、营业税、所得税、教育费附加返还等。(3)收到的其他与经营活动有关的现金:反映企业除了上述各项目外,收到的其他与经营活动有关的现金流入,如罚没收入、流动资产损失中有个人赔偿的现金收入等。按照准则的要求,如果其他现金流入金额较大,应该单列项目反映。

　　2. 经营活动流出的现金主要包括:(1)购买商品、接受劳务支付的现金:反映企业购买材料、商品、接受劳务实际支付的现金,包括本期购入材料、商品、接受劳务支付的现金(包括增值税进项税额),以及本期支付前期购入材料、商品、接受劳务的未付款项和本期预付款项。本期因购货退回而收到的现金则从本项目中减去。(2)支付给职工以及为职工支付的现金:反映企业实际支付给职工以及为职工支付的现金,包括本期实际支付给职工的工资、奖金、各种津贴和补贴等,以及为职工支付的其他费用。不包括支付的离退休人员的各项费用和支付给在建工程人员的工资等。企业支付给离退休人员的各项费用,包括支付的统筹退休金以及未参加统筹的退休人员的费用,在"支付的其他与经营活动有关的现金"项目中反映;企业支付给在建工程人员的工资,在"购建固定资产、无形资产和其他长期资产所支付的现金"项目反映。按照准则的规定,企业为职工支付的养老、失业等社会保险基金,补充养老保险,住房公积金,支付给职工的住房困难补助,以及企业支付给职工或者职工支付的其他福利费用等,应该按照职工的工作性质和服务对象,分别在"支付给职工以及为职工支付的现金"和"购建固定资产、无形资产和其他长期资产所支付的现金"项目中反映。(3)支付的各项税费:反映企业按规定支付的各种税费,包括本期发生并支付的税费,以及本期支付以前各期发生的税费和预交的税金,如支付的教育费附加、矿产资源补偿费、印花税、房产税、土地增值税、车船使用税、预交的营业税等。不包括计入固定资产价值、实际支付的耕地占用税等,也不包括本期退回的增值税、所得税。本期退回的增值税、所得税在"收到的税费返还"项目反映。(4)支付其他与经营活动有关的现金:反映企业除了上述各项目外,支付的其他与经营活动有关的现金流出,如罚没支出、支付的差旅费、业务招待费现金支出、支付的保险费等。按照准则的规定,如果其他现金流出金额较大,应该单列项目反映。

（二）投资活动产生的现金流量

投资活动是指企业长期资产的购建和不包括在现金等价物范围内的投资及其处置活动。这里所指的长期资产是指固定资产、在建工程、无形资产、其他资产等持有期限在 1 年或 1 个营业周期以上的资产。这里之所以将"包括在现金等价物范围内的投资"排除在外，是因为已经将包括在现金等价物范围内的投资视同现金。投资活动主要包括：取得和收回投资、购建和处置固定资产、无形资产和其他长期资产等等。

1. 投资活动流入的现金主要包括：（1）收回投资所收到的现金：反映企业出售、转让或到期收回除现金等价物以外的短期投资、长期股权投资而收到的现金，以及收回长期债权投资本金而收到的现金。不包括长期债权投资收回的利息，以及收回的非现金资产。（2）取得投资收益所收到的现金：反映企业因股权性投资和债权性投资而取得的现金股利、利息，以及从子公司、联营企业和合营企业分回利润收到的现金。不包括股票股利。（3）处置固定资产、无形资产和其他长期资产而收到的现金净额：反映企业处置固定资产、无形资产和其他长期资产所取得的现金，减去为处置这些资产而支付的有关费用后的净额。由于自然灾害所造成的固定资产等长期资产损失而收到的保险赔偿收入，也在本项目反映。（4）收到的其他与投资活动有关的现金：反映企业除了上述各项目外，收到的其他与投资活动有关的现金流入。按照准则的要求，如果其他现金流入价值较大，应该单列项目反映。

2. 投资活动流出的现金主要包括：（1）购建固定资产、无形资产和其他长期资产所支付的现金：反映企业购买、建造固定资产，取得无形资产和其他长期资产所支付的现金，不包括为购建固定资产而发生的借款利息资本化的部分，以及融资租入固定资产支付的租赁费。借款利息和融资租入固定资产支付的租赁费，在筹资活动产生的现金流量中反映。（2）投资所支付的现金：反映企业进行权益性投资和债权性投资所支付的现金，包括企业取得的除现金等价物以外的短期股票投资、短期债券投资、长期股权投资、长期债权投资支付的现金，以及支付的佣金、手续费等附加费用。企业购买股票和债权时，实际支付的价款中包含的已宣告但尚未领取的现金股利或以到付息期但尚未领取的债券利息，应在投资活动的"支付的其他与投资活动有关的现金"项目反映；收回购买股票和债券时支付的已宣告但尚未领取的现金股利或以到付息期但尚未领取的债券利息，应在投资活动的"收到的其他与投资活动有关的现金"项目反映。（3）支付的其他与投资活动有关的现金：反映企业除了上述各项目外，支付的其他与投资活动有关的现金流出。按照准则的规定，如果其他现金流出金额较大,应该单列项目反映。

（三）筹资活动产生的现金流量

筹资活动是指导致企业资本及债务规模和构成发生变化的活动。这里所说的资本,包括实收资本(股本)、资本溢价(股本溢价)、与资本有关的现金流入和流出项目,包括吸收投资,发行股票、分配利润等。这里"债务"是指企业对外举债所借入的款项,如发行债券、向金融企业借入款项以及偿还债务等。

1. 筹资活动流入的现金主要包括:(1)吸收投资所收到的现金:反映企业收到的投资者投入的现金,包括以发行股票、债券等方式筹集的资金实际收到款项净额(发行收入减去支付的佣金等发行费用后的净额)。以发行股票、债券等方式筹集资金而有企业直接支付的审计、咨询等费用,在"支付的其他与筹资活动有关的现金"项目反映,不在本项目内减去。(2)借款所收到的现金:反映企业举借各种短期、长期借款所收到的现金。(3)收到的其他与筹资活动有关的现金:反映企业除了上述各项目外,收到的其他与筹资活动有关的现金流入,如接受现金捐赠等。按照准则的规定,如果其他现金流入金额较大,应该单列项目反映。

2. 筹资活动流出的现金主要包括:(1)偿还债务所支付的现金:反映企业以现金偿还债务的本金,包括偿还金融企业的借款本金、债券本金等。企业偿还的借款利息、债券利息,在"分配股利、利润或偿付利息所支付的现金"项目反映,不包括在本项目内。(2)分配股利、利润或偿付利息所支付的现金:反映企业实际支付的现金股利,支付给其他投资单位的利润以及支付的借款利息、债券利息等。(3)支付的其他与筹资活动有关的现金:反映企业除了上述各项目外,支付的其他与筹资活动有关的现金流出,如捐赠现金支出、融资租入固定资产支付的租赁费等。按照准则的规定,如果其他现金流出金额较大,应该单列项目反映。

关于购买或处置子企业及其他营业单位产生的现金流量问题,现金流量表准则规定:(1)购买或处置子企业及其他营业单位产生的现金流量应作为投资活动的现金流量,并单独列示。(2)购买或处置子企业及其他营业单位所支付或收到的现金总额,应扣除因购买或处置取得或支付的现金,以净额列示。

此外,现金流量表准则还规定:企业应在报表附注中以总额披露当期购买或处置子企业及其他营业单位的下列信息:(1)购买或处置价格;(2)购买或处置价格中,以现金清偿的部分;(3)购买或处置子企业及其他营业单位所取得的现金;(4)购买或处置子企业及其他营业单位按主要类别分类的非现金资产和负债。

第五节 所有者权益变动表

所有者权益变动表是反映构成所有者权益的各组成部分当期的增减变动情况的报表。所有者权益变动表应当全面反映一定时期所有者权益变动的情况，不仅包括所有者权益总量的增减变动，还包括所有者权益增减变动的重要结构性信息，特别是要反映直接计入所有者权益的利得和损失，让报表使用者准确理解所有者权益增减变动的根源。

一、所有者权益变动表的结构及格式

所有者权益变动表作为反映所有者权益增减变动的财务报表，它重点反映两个方面的信息：第一是企业期初所有者权益与期末所有者权益结余的金额，反映出在期初和期末这两个会计时点上的所有者权益具体各组成项目的金额，其中，包括由于会计政策变更采用追溯调整法对前期留存收益的影响和本年度发现并更正的以前年度重大会计差错对期初所有者权益的调整；第二是某一会计年度所有者权益的具体变动信息，具体包括对本期所有者权益增减变动产生影响的"净利润"、"直接计入所有者权益的利得和损失"、"所有者投入和减少资本"、"利润分配"以及"所有者权益内部结转"五个方面的因素。所有者权益变动表的基本格式如表 3-5。

表 3-5 所有者权益变动表

编制单位：　　　　　　　　　　　　　　　　　　　　　　　　　　　　　单位：元

项　目	本年金额						上年金额					
	实收资本（或股本）	资本公积	减：库存股	盈余公积	未分配利润	所有者权益合计	实收资本（或股本）	资本公积	减：库存股	盈余公积	未分配利润	所有者权益合计
一、上年年末余额												
加：会计政策变更												
前期差错更正												
二、本年年初余额												
三、本年增减变动金额（减少以"—"号填列）												
（一）净利润												

项　目	本年金额						上年金额					
	实收资本（或股本）	资本公积	减:库存股	盈余公积	未分配利润	所有者权益合计	实收资本（或股本）	资本公积	减:库存股	盈余公积	未分配利润	所有者权益合计
(二)直接计入所有者权益的利得和损失												
1. 可供出售金融资产公允价值变动净额												
2. 权益法下被投资单位其他所有者权益变动的影响												
3. 与计入所有者权益项目相关的所得税影响												
4. 其他												
上述(一)和(二)小计												
(三)所有者投入和减少资本												
1. 所有者投入资本												
2. 股份支付计入所有者权益的金额												
3. 其他												
(四)利润分配												
1. 提取盈余公积												
2. 对所有者(或股东)的分配												
3. 其他												
(五)所有者权益内部结转												
1. 资本公积转增资本(或股本)												
2. 盈余公积转增资本(或股本)												
3. 盈余公积弥补亏损												
4. 其他												
四、本年年末余额												

二、所有者权益变动表的内容

所有者权益变动表从静态、动态两个角度揭示了企业净利润、利润分配、所有者投入与所有者权益内部结转方面的信息。从静态的角度来看，该表反映出某一会计时点所有者权益各项目的期初和期末结余的金额，有利于信息使用者更直观地了解所有者权益各项目的期初和期末数；从动态的角度来看，该表体现了当期所有者权益的具体变动信息，这其中包括对所有者权益产生影响的利润分配的相关信息。该表横向各项目的比较，可以反映所有者权益各组成项目的本年数和上年数的变动情况；该表纵向列报项目则揭示了作为增值源泉的净利润、导致当期所有者权益减少的利润分配的相关信息、增加所有者权益的所有者投入以及所有者结转产生的所有者权益增减变动的情况。

第六节　财务报表附注及几张主要附表

这里的附表，是指那些对基本财务报表的某些重大的项目进行补充说明的报表。前面所谈的基本财务报表，只能提供反映上市公司财务状况的基本信息。从各国会计的实践来看，上市公司越来越多地倾向于对基本报表内容予以精炼化、概括化，大量详细、重要的信息则在附注及附表中列示。因此，附注及附表对揭示财务状况正在发挥着越来越重要的作用。

从我国目前的情况看，资产负债表的附表主要包括资产减值准备明细表和应缴增值税明细表等；利润表的附表包括分部报表（业务分部和地区分部）等。

一、财务报表附注

附注是对在资产负债表、利润表、现金流量表和所有者权益变动表等报表中列示项目的文字描述或明细资料，以及对未能在这些报表中列示项目的说明等。

财务报表中的数字是经过分类与汇总后的结果，是对企业发生的经济业务的高度简化和浓缩的数字，如有形成这些数字所没有使用的会计政策、理解这些数字所必需的披露，财务报表就不可能充分发挥效用。因此，附注与资产负债表、利润表、现金流量表、所有者权益变动表等报表具有同等的重要性，是财务报表的重要组成部分。报表使用者了解企业的财务状况、经营成果和现金流量，应当全面阅读附注。

附注应当按照如下顺序披露有关内容：

（一）企业的基本情况

1. 企业注册地、组织形式和总部地址。

2. 企业的业务性质和主要经营活动，如企业所处的行业、所提供的主要产品或服务、客户的性质、销售策略、监管环境的性质等。

3. 母公司以及集团最终母公司的名称。

4. 财务报告的批准报出者和财务报告批准报出日。

（二）财务报表的编制基础

财务报表的编制基础是指财务报表是在持续经营基础上还是非持续经营基础上编制的。企业一般是在持续经营基础上编制财务报表，清算、破产属于非持续经营基础。

（三）遵循《企业会计准则》的声明

企业应当声明编制的财务报表符合《企业会计准则》的要求，真实、完整地反映了企业的财务状况、经营成果和现金流量等有关信息。以此明确企业编制财务报表所依据的制度基础。如果企业编制的财务报表只是部分地遵循了《企业会计准则》，附注中不得做出这种表述。

（四）重要会计政策和会计估计

根据财务报表列报准则的规定，企业应当披露采用的重要会计政策和会计估计，不重要的会计政策和会计估计可以不披露。

（五）会计政策和会计估计变更以及差错更正的说明

企业应当按照《企业会计准则第28号——会计政策、会计估计变更和差错更正》及其应用指南的规定，披露会计政策和会计估计变更以及差错更正的有关情况。

（六）报表重要项目的说明

企业应当将文字和数字描述相结合、尽可能以列表形式披露报表重要项目的构成或当期的增减变动情况，并且报表重要项目的明细金额合计，应当与报表项目金额相衔接。在披露顺序上，一般应当按照资产负债表、利润表、现金流量表、所有者权益变动表的顺序及其项目列示的顺序。

（七）其他需要说明的重要事项

这主要包括或有和承诺事项、资产负债表日后非调整事项、关联方关系及其交易等，具体的披露要求须遵循相关准则的规定，分别参见相关章节的内容。

二、分部报告

分部报告是资产负债表和利润表两张主表的一张综合附表,它反映企业各行业、各地区经营业务的收入、成本、费用、营业利润、资产总额以及负债总额的情况。

(一)分部报告产生的渊源

现代证券市场是建立在信息披露制度之上的,上市公司的信息披露是证券市场健康发展的重要保证,也是投资者做出合理投资决策的基本依据。在企业已出现跨行业、跨地区经营的全球性发展趋势的当今,我国上市公司的经营规模和经营范围也已经越来越大,呈现出跨行业、跨地区、甚至跨国家经营的趋势,而企业对外提供财务会计报告通常情况下按各自公司合并后的数字提供,因而会计信息的使用者通过财务会计报告很难分析其利润增长和财务状况变动的原因,这就为分部财务报告提供了滋生的土壤。同时上市公司所有权与控制权的极大分离,使大量的财务报告用户只能以上市公司披露的信息为其决策的基本依据,随着投资者理性程度的提高,投资者和其他财务信息使用者对企业分部信息的关注程度日益提高。按分部提供会计信息的目的,就是让会计信息使用者了解企业各行业、各地区分布的规模大小,利润情况,以及发展趋势的资料,使他们能够对企业做出更准确的判断。

(二)分部报告的格式和内容

根据《企业会计制度(2001)》,上市公司需提供按业务分部和按地区分部的分部报表。

分部的划分和确定是分部财务报告的基础。虽然分部的划分可有行业、地区、客户、组织结构、独立核算单位、生产线、主要产品以及法律实体等多种标准,但由于按行业和地区提供的分部信息最能深入说明一个企业的机会和风险,因而行业和地区的分部信息最受用户关注。行业分部(Business Segment),是指一个企业内可以区分的、主要是对企业外部的客户,分别提供不同的产品或劳务,或者不同类别的相关产品或劳务的各个组成部分。由于产业结构几乎是影响所有企业机会和风险的关键因素,故此项信息特别有用。地区分部(Geographical Segment),是指一个企业内可以区分的、在特定经济环境中从事提供产品或劳务的组成部分,它承担的风险和获取的报酬不同于企业在其他经济环境中经营的部门。由于不同地区的政治环境、社会环境、法律环境、经济环境等因素的不同,会对企业的发展产生重大影响,因而,按地区分部提供的信息,将有助于深入了解企业的机会和风险。

对财务报告用户来说，只有具有重要性的信息才是有价值的信息，对不重要信息的披露，势必造成人力、物力的浪费，并给用户造成"干扰"。因此，为突出重点和保证会计信息的重要度，企业只需对重要分部的信息予以单独报告，其他本质上相似的分部则采用汇总报告。

关于分部的重要性判断标准，《企业会计制度（2001）》规定满足下列三个条件之一的，应纳入分部报表编制范围：1. 分部营业收入占所有分部营业收入合计的 10% 或以上（这里的营业收入包括主营业务收入和其他业务收入，下同）；2. 分部营业利润占所有盈利分部的营业利润合记得 10% 或以上，或者分部营业亏损占所有亏损分部营业亏损合记的 10% 或以上；3. 分部资产总额占所有分部资产总额合计的 10% 或以上。如果按上述条件纳入分部报表范围的各个分部对外营业收入总额低于企业全部营业收入总额的 75% 的，应将各所得分部纳入分部报表编制范围（即使未满足上述条件），已至少达到编制的分部报表各个分部对外营业收入总额占企业全部营业收入总额的 75% 及以上。纳入分部报表的分部最多为 10 个，如果超过，应将相关的分部予以合并反应；如果某一分部的对外营业收入占企业全部营业收入总额的 90% 及以上的，则不需编制分部报表。如果前期某一分部未满足上述三个条件之一而未纳入分部报表编制范围，若岂因经营状况改变等原因达到上述条件而应纳入分部报表编制范围的，为可比起见，应对上年度的数字进行调整后填入"上年"一栏。

案例分析 1：蓝田公司财务黑洞案例

由中央电视台主办的首届"感动中国"2002 十大年度人物中有一位叫刘姝威的学者，她之所以当选，就在于她在蓝田案件中所起到的关键作用，下面我们就来分析一下蓝田案件的情况。

一、案例简介

"蓝田"的全称为沈阳蓝田股份有限公司，股票代码 600709，其前身为沈阳市的三家企业。蓝田的经营范围主要有农副水产品和医药制品两大类，其产品主要销往洪湖、武汉、荆沙、宜昌、岳阳等地区，产品市场覆盖华东、中南、华北、东北和西北五大区域。1992 年 10 月，沈阳蓝田股份有限公司经沈阳市经济体制改革委员会以沈体改发〔1992〕65 号文批准，由沈阳行政学院下属的新北制药厂、沈阳莲花大酒店和沈阳市新北副食品商场全部资产发起设立定向募集股份有限公司。1992 年 12 月 10 日,蓝田经沈阳市工商行政管理局核准注册登记,注册资金 6696 万元。经农业部"农财函〔1995〕113 号"文批复同意,蓝田国家股股权 1828 万股由沈阳市国有资产管理局划拨给农业部持有,经农业部"农财函〔1995〕117 号"文批准,蓝田新增发行社会公众股(A 股)3000 万股。1996 年 6 月 18 日,蓝田在上海证券交易所上市。2002 年 1 月,因涉嫌提供虚假财务信息,董事长等 10 名中高层管理人员被拘传接受调查;同年 3 月,公司被实行特别处理,股票变更为"ST 生态";同年 5 月 13 日,ST生态因连续 3 年亏损,暂停上市;2003 年 1 月 8 日,ST 生态复牌上市。

二、蓝田公司造假的主要手法

1992 年蓝田成立之初,其主业为制药业与酒店业。根据市场形势的变化,董事会经过反复研究,决定选择农业作为公司的发展方向,开拓新的生产力增长点。1993 年初,蓝田在湖北省洪湖市瞿家湾镇设立了洪湖蓝田水产品开发有限公司,利用定向募集资金,采取滚动发展的模式,在当地建成了水产品种养、加工基地,建立了产品销售网络。经过 4 年的发展,公司已形成了以农副水产品种养、加工、销售为主,兼营制药、酒店、贸易、零售、房地产开发的多元生产经营格局。伴随产业结构的调整,公司的规模日益壮大,效益呈跳跃式增长。据蓝田招股说明书中介绍,1993—1995 年,蓝田的主营业务收入分别为 133725.7 万元、84039.7 万元和 308284.1 万元,税后利润分别为 14101.4 万元、23686.5 万元和 27437.2 万元,显示出喜人的经营业绩。

1996 年 5 月,蓝田增发新股 3000 万股,每股发行价 8.38 元,扣除发行费用后,共募集股金 24155 万元,其资金投向包括:投资 2000 万元兴建"菜篮子工程"基地项目;投资 4700 万元开发生产冷冻干燥食品项目;投资 4800 万元兴建中华鳖养殖基地;投资 4986 万元兴建畜禽繁养基地等等。1996—2000年,蓝田在财务数据上一直保持着神奇的增长速度。总资产规模从上市前的2.66 亿元发展到 2000 年末的 28.38 亿元,增长了 10 倍,历年年报的业绩都在每股 0.60 元以上,最高达到 1.15 元。即使遭遇了 1998 年特大洪灾以后,每股收益也达到了不可思议的 0.81 元,创造了中国农业企业罕见的"蓝田神话",被称作是"中国农业第一股"。

2001 年 10 月 26 日,刘姝威教授在《金融内参》上发表文章《应立即停止对蓝田股份发放贷款》,对蓝田造假行为进行了揭露。她在对蓝田的资产结构、现金流情况和偿债能力做了详尽分析后,得出的结论是蓝田业绩有惊人的虚假成分,公司已经无力归还 20 亿元贷款。问题包括:(1)蓝田已无力还债。2000 年蓝田的流动比率是 0.77,这说明短期可转换成现金的流动资产,不足以偿还到期流动负债;速动比率是 0.35,这说明扣除存货后,流动资产只能偿还 35% 的到期流动负债;净营运资金－1.3 亿元,这说明蓝田将不能按时偿还 1.3 亿元的到期流动负债;(2)12.7 亿元农副水产品收入有造假嫌疑;(3)蓝田的资产结构是虚假的。2000 年蓝田股份的流动资产占资产百分比约是同业平均值的 1/3;而存货占流动资产百分比约高于同业平均值 3 倍;固定资产占资产百分比高于同业平均值 1 倍多;在产品占存货百分比高于同业平均值 1 倍;在产品绝对值高于同业平均值 3 倍;存货占流动资产百分比高于同业平均值 1 倍。

而截止到 2002 年 8 月,向蓝田提供贷款的银行包括工商、农业、中国、建设、民生、交通、中信、浦发等中国各大专业银行,贷款总规模达 30 多亿元人民币。据统计,蓝田仅在工、农、中、建四大国有商业银行的贷款就高达约 23 亿元人民币,其中,中国工商银行 10 亿元人民币以上,中国农业银行 9 亿多元人民币。蓝田存在造假嫌疑的消息一经公开,便引起了轩然大波,各大专业银行纷纷停止了对其贷款支持,蓝田由此深陷泥潭。蓝田造假的奇闻主要有:

1."金鸭子"的童话

蓝田所产的鸭子品种为"青壳一号",只吃小鱼和草根,一只鸭子一年产蛋高达 300 多只(比普通鸭子高出 1 倍以上),而且价格奇高(有报道称每只鸭蛋的平均纯利为 0.4 元),蓝田"一只鸭子一年的利润等于生产两台彩电",相当于"金鸭子"。

2."野莲汁、野藕汁"的传说

在造假案曝光之前,蓝田公司声称,野莲汁和野藕汁(只见广告不见产品)一年中实现的主营业务收入高达两个亿,而当调查人员亲临蓝田生产野莲汁野藕汁的基地时,却只见车间铁门紧锁,透过窗户可以隐约看见,偌大的厂房空无一人,从设备上蒙的灰尘看,应该有好些日子没开工了,由此可以断定,所谓"野莲汁和野藕汁"的传说,纯属谣言。

3."无氧鱼"的故事

据估计,蓝田一亩水面的产值要达到 2 到 3 万元钱,才能符合其业绩水平,但是,据瞿家湾镇一位村民介绍:"蓝田根本赚不了这么多钱!每口塘是 17 亩水面,养鱼能产出七八万元,即使加上养鸭的收入,每亩水面的产出也很难突破 1 万元。每亩二三万元的收入根本是天方夜谭。"每亩 3 万元,意味着蓝田一亩水面至少要产三四千公斤鱼,就是说不到一米多深的水塘里,每平方米水面下要有50～60公斤的鱼在游动,这么大的密度,不说别的,光是氧气供应就是大问题,恐怕只有在实验室才能做得到。

三、蓝田公司案例点评与启示

蓝田造假之路令人深思,总的来说,其失败的原因及其启示主要有:

(一)经营管理不善、法制观念淡薄,导致其业绩不佳

蓝田造假丑闻曝光之前,曾经是中国股市中的一面红旗,但令人惋惜的是,蓝田所谓的高业绩均来自于种种虚幻神话和财务包装。我们知道,光靠造假过日子是不行的。企业要发展,求生存,其根本出路在于谨慎投资和合法经营。而蓝田的失败,究其原因,主要是公司管理高层的法制观念极其淡薄,经营管理存在诸多问题,他们在公司业绩不佳的困难时期,不是从强化公司管理内涵来着手想办法、求对策,而是视国家法律法规为儿戏,公然造假,知法犯法,炮制了所谓"金鸭子"、"野莲汁野藕汁"和"无氧鱼"的动人故事,期望靠骗取贷款来过日子。本来,蓝田上市时曾经募集了两个多亿的资金,公司高层应该适时实施正确的投资战略,以引导企业步入健康发展的轨道,但是,事与愿违,蓝田的管理高层并未真正从这方面去考虑问题。事后发现,蓝田的经营管理环节存在诸多漏洞,诸如资金大量流失和财务报告虚假等等,致使公司的真实业绩状况不断恶化。由此,我们的启示是:市场经济是法制经济,造假者多行不义必自毙! 而公司管理高层应该努力提高自身的经营管理水平,以增强企业的赢利能力。

(二)政企严重不分、治理机制失灵,导致公司发展误入歧途

按照常规,蓝田的问题早就存在,应该不会再有人出面给予蓝田贷款支持,但是,令人费解,丑闻败露前一直有不少专业银行盲目对其进行贷款,致使国家资财遭受巨额损失。事后发现,蓝田高层与地方政府存在密切关系。正是由于地方政府过分袒护公司,政企严重不分,蓝田的管理高层才敢于知法犯法,有恃无恐。另外,公司治理机制失灵,这也是蓝田失败的主要原因之一。一方面,公司的董事长一言九鼎,擅自将蓝田交给了一个不懂业务和素质不高的人掌管;另一方面,公司在缺乏明确的投资战略的情形下盲目扩张。由于蓝田的公司治理机制失灵,盲目投资、管理不善,致使其主业萎缩,误入歧途。最后,蓝田的真实业绩水平不断下滑,只能靠造假来维持生计。由此,我们的启示是:市场竞争是很激烈的,一家公司如果不及时建立健全公司治理机制,强化公司内涵,终究会被市场淘汰。同时,作为地方政府,应该正确处理与企业之间的关系,避免过多地干预企业行为,以保证其正确的发展方向。

（三）注册会计师的审计失当、执业水平偏低，导致其造假行为得逞

如前所述，蓝田的造假丑闻的曝光，不是来自于对蓝田进行常年年报审计的注册会计师，而是来自于业外人士，这着实让人吃惊。其实，蓝田主要是通过虚假交易或事项来"创造利润"，其造假手法非常简单。注册会计师只要认真执行分析性复核程序，便可以轻易发现蓝田的造假问题，但是，注册会计师却没有查出任何问题。事后发现，蓝田的会计账目非常混乱，按理说注册会计师是不能表示意见的，但是，对蓝田进行年报审计的注册会计师却发表了相应的审计意见，其执业水平之低，责任意识之弱，令人叹息。由于未能及时发现蓝田的造假行为，致使许多对其进行贷款的银行受牵连，国家资财遭受重大损失。由此，我们的启示是：在任何时候，我们对上市公司的监管工作决不能放松，尤其是作为证券市场"守护神"的中国注册会计师，要敢于坚持原则，保持应有的职业谨慎态度，以减少审计失当的风险。同时，各会计师事务所应该不断健全其质量控制机制，不断提高注册会计师的执业能力和道德水准，以保证我国证券市场的健康运行。

（四）投资者非理性、热衷于炒作股票，导致其自欺欺人

股市投资风险高、变化快。作为一个理性的投资者（包括各专业银行），应该对其投资对象进行风险和收益的权衡比较，决不能一味听信谣言。只有做到谨慎投资，才不至于遭受灭顶之灾。虽然证券监管相关法规要求上市公司应该健全财务报告披露与审计制度，由此上市公司的一些大问题是可以得到揭露的，但是，对于某些上市公司来说，由于其业务复杂，经营风险高，注册会计师不可能百分之百地发现问题。因此，作为理性投资者，应该多方获取上市公司的情况，诸如其行业特点、市场发展前景等等，从而鉴别和警惕上市公司可能存在问题，做到有的放矢。但是，就现阶段来说，我国的股市交易行为，盲目炒作的因素更盛于理性的行为，比如很多股市交易者并不关心上市公司的财务报告，只要股价能上去，他们便失去理性，最后往往是本钱赔个精光，而蓝田造假一案，给我们敲响了警钟。由此，我们的启示是：作为投资者，应时刻关注投资风险，要理性思考、谨慎投资，以减少各种风险损失。

案例分析 2：美国南方保健公司财务黑洞案例

以安然和世界通信为代表的舞弊丑闻，促使美国国会痛下决心，于 2002 年 7 月颁布了旨在打击公司犯罪的《萨班斯-奥克斯利法案》，并要求美国上市

公司的首席执行官（CEO）和首席财务官（CFD）对其会计报表的真实性宣誓。时值《萨班斯-奥克斯利法案》颁布近一周年之际，这部乱世重典终于寻觅到了第一个痛击的对象——南方保健公司（Health south Corporation，下文简称南方保健）。

一、案例简介

2003 年 4 月 4 日，《华尔街日报》以美军对伊拉克发动第二轮空袭的行动代号"震慑和畏惧"来形容《萨班斯-奥克斯利法案》在打击上市公司财务舞弊中发挥的威力。华盛顿大学一位法律专家 Kathleen Brickey 指出："这些法律向犯罪分子们发出强烈的信号，敦促他们尽快与政府合作。"

2002 年 8 月，南方保健的 CEO 理查德·斯克鲁西（Richard M. Scrushy）和 CFO 威廉·欧文斯（William T. Owens）按照《萨班斯-奥克斯利法案》的要求，宣誓他们向 SEC 提交的 2002 年第二季度的财务资料真实可靠。宣誓后，欧文斯寝食不安。慑于安然和世界通信造假丑闻曝光后社会公众的反响和压力，2003 年 3 月 18 日，不堪重负的欧文斯终于向司法部门投案自首，供出南方保健的会计造假黑幕。已经抖搂出的 25 亿美元虚假利润使南方保健成为仅次于世界通信的第二大"会计造假大王"。

从舞弊丑闻曝光到提出起诉，南方保健一案只经历了短短几个星期就随着"污点证人"的"坦白从宽"而渐趋明朗。如此神速的进展除了归功于监管部门与司法部门的紧密合作外，很大程度上还得益于《萨班斯-奥克斯利法案》。《萨班斯-奥克斯利法案》利剑高悬，在其震慑下，已畏罪自首的南方保健前任和现任高管人员多达 11 名（其中包括前后五任 CFO），超过了安然舞弊案（7 名高管人员涉案）和世界通信舞弊案（5 名高管人员涉案）。《萨班斯-奥克斯利法案》要求上市公司的 CEO 和 CFO 对会计报表的真实性宣誓，看来具有一定的威慑力，给造假者造成沉重的心理负担。欧文斯等人正是不堪违心宣誓的重负，不愿意继续在虚假报表上签字和宣誓，才主动向司法部门投案自首的。

舞弊者不打自招使南方保健舞弊案的侦破取得突破性进展，SEC 仅用了一天的时间就对南方保健和斯克鲁西提起第一轮起诉。目前，该案的焦点人物斯克鲁西仍拒不认罪，并斥责已认罪的多名前高管人员是"流氓同事"。然而，也正是这位"无辜先生"在被联邦调查局录下的与欧文斯的对话中，"语重心长"地教诲对方："我们必须获取那些我们希望得到的数字。你是我的人，你了解我们（造假）的技术和秘诀，别做傻事（揭去投案自首）。"斯克鲁西是南方保健的缔造者,被誉为变革美国理疗业的灵魂人物。他创造性地提出将理疗和恢复性治疗等手术辅助环节从医院中独立出来运作的构想,并探索出一套低成本、高疗效的诊所运营模式。从20个世纪90年代开始,斯克鲁西带领南方保健疯狂扩张,终于让南方保健旗下的理疗诊所像麦当劳一样开遍美国的每一个角落。截至2002年,南方保健在全球拥有了1229家诊所,203家外科手术中心和117家疗养院,成为全美最大的保健服务商。

斯克鲁西是个开拓进取的创业者,却也是个独断专行、刚愎自用之徒。在南方保健,他实行独裁式的强权管理。曾与其共事过的董事和高管人员对斯克鲁西敬畏有加,"在南方保健,你根本分不清CEO的职能和董事会的职能有何区别"。董事们即便"懂事",也不敢管事,任凭斯克鲁西左右公司的重大决策。此外,斯克鲁西及其同伙还投资了数十家医疗企业,编织成一张以斯克鲁西为中心的复杂的关联交易网,这些企业成为了他们中饱私囊的"提款机"。

二、南方保健公司造假的主要手法

南方保健至少从1997年开始就使用各种会计造假手法对经营利润和资产负债表科目进行操纵,以满足华尔街的盈利预期。

(一)开"家庭会议",编造虚假分录

在斯克鲁西的领导下,南方保健的高管人员每个季度末都要开会,商讨会计造假事宜,他们亲切地称这种独特的会议为"家庭会议",与会者被尊称为"家庭成员"。SEC在起诉状中指出,南方保健使用的最主要造假手段是通过"契约调整"(Contractual Adjustment)这一收入备抵账户进行利润操纵。"契约调整"用于估算南方保健向病人投保的医疗保险机构开出的账单与医疗保险机构预计将支付的账款之间的差额,营业收入总额减去"契约调整"的借方余额,作为营业收入净额反映在南方保健的收益表上。"契约调整"是一个需要大量估计和判断的账户,具有很大的不确定性。南方保健的高管人员恰恰是利用这一特点,通过毫无根据地贷记"契约调整"账户,虚增收入,蓄意调节利润。为了不使虚增的收入露出破绽,南方保健又专门设立了"AP汇总"账户。"AP汇总"作为固定资产和无形资产的次级明细户存在,用以记录与"契约调整"相对应的资产增加额。

从1997年至2002年6月,南方保健通过凭空贷记"契约调整"的手法,虚构了近25亿美元的利润总额,虚构金额为实际利润的247倍;虚增资产总额15亿美元,其中包括固定资产10亿美元,现金3亿美元。

其实,早在会计造假曝光前,南方保健就曾因多次诈骗联邦医疗保险金的行为而臭名昭著了。根据美国医保服务中心(CMS)的调查,长期以来,南方保健向 CMS 提交理疗服务成本报告时就存在如下问题:(1)成本报告中有相当数量的服务种类是其从未对医保病人开放的,将一部分非医保病人发生的支出计到医保病人的头上,以骗取 Medicare(老年人医疗保险计划)和 Medicaid(国民医疗补助计划)的补偿;(2)在南方保健上报的理疗服务中,有 50% 缺乏指定医师的诊疗记录(即虚构莫须有理疗支出);(3)南方保健经常将助理医师给多个病人提供的诊疗服务按照执业医师单人诊疗的标准列示,以向 Medicare 和 Medicaid 寻求高额补偿。

(二)处心积虑,规避审计

为掩饰会计造假,南方保健动员了几乎整个高管层,共同对付安永会计师事务所。其别有用心的欺骗行为具体表现在:(1)为了避免直接调增收入,他们设计了"契约调整"这一收入备抵账户,利用该账户依赖主观判断,且在会计系统中不留交易轨迹的特点,加大虚假收入的审计难度;(2)编造虚假会计分录时,南方保健利用了许多过渡账户,使虚构的利润通过频繁借贷,最终虚增了固定资产、无形资产甚至是现金账户;(3)南方保健的会计人员对安永审查各个报表科目所用的重要性水平了如指掌,并千方百计将造假金额化整为零,确保造假金额不超过安永确定的"警戒线"。这样,即使虚假分录被抽样审计所发现,他们也可以"金额较小,达不到重要性水平"为由予以搪塞。

当然,也会有纸包不住火的时候。在 2000 年度的审计中,安永就曾质疑南方保健的某家门诊机构固定资产的增加缺乏足够的凭证支持。为此,南方保健的会计人员当即在电脑上篡改了固定资产的采购发票为自己圆谎。更恶劣的是,当安永向南方保健索要固定资产的明细分类账时,南方保健的会计人员居然迅速炮制了一本分类账,将所有由"AP 汇总"捏造出的"新增固定资产"在这本分类账中逐一补上。

三、南方保健公司案例点评与启示

南方保健倒下了,它给投资者留下的阴影挥之不去。2003 年 4 月 13 日,该公司股价跌至每股 0.17 美元,与每股 30.81 美元的最高价相比,股票市值减损近 120 亿美元。南方保健已然成为一个经典的反面教材,留下许多发人深省的警示:

(一)恪尽应有的职业审慎是防范审计失败的关键

SEC 迄今尚未对安永展开正式调查,安永也全力为自己开脱。然而,诚如新闻媒体所指出的:"如果你的客户在长达数年的时间内犯下了数目惊人的会计舞弊,作为审计师,难道就一点责任都没有吗?"

美国的审计准则早就明确提出注册会计师在会计报表审计中负有发现、报告可能导致会计报表严重失实的错误与舞弊的审计责任。注册会计师如果没有严格遵循审计准则的要求,以至于未能将会计报表中严重失实的错误和舞弊揭露出来,便构成审计失败,应当承担相应的过失责任。就此衡量,安永未能查出南方保健高达 25 亿美元的利润黑洞无疑是一起标准的审计失败。从已披露的信息看,面对若干明显的财务预警信号,安永每一次的处理都有失审慎。安永居然对多达 3 亿美元的现金虚增浑然不觉,不禁让人对其是否遵守最起码的职业审慎深表怀疑。

审慎原则是注册会计师执行审计业务的立身之本。保持高度的职业审慎,能够帮助注册会计师迅速捕捉错误和舞弊的蛛丝马迹,提高审计效率,使审计工作事半功倍。相反,如果未能保持应有的职业审慎,即使按部就班地执行了所有既定的审计程序,审计的预期效果依然无法实现,审计质量也无从谈起。在这一点上,安永和已经倒下的安达信都是前车之鉴。在与客户"斗智斗勇"的过程中,职业审慎是注册会计师生存的基本法则。

(二)警惕谙熟审计流程的舞弊分子对重要性水平的规避

在审计抽样的过程中运用重要性原则,能指导注册会计师对样本的选择,提高审计效率,合理地保障审计质量。但众多的舞弊案显示,一些为注册会计师所熟悉的老客户,可能因为太了解审计所运用的重要性水平而别有用心地设计会计造假的应对和规避措施。

"四大"会计师事务所都有一套让它们引以为豪的"完美"审计流程。只要获取被审计单位当期和前期的报表数据,这套流程便能自动执行设定的分析性复核程序,确定重点审计领域,初步评估报表层次和各个账户的重要性水平并确定抽样样本量。南方保健的会计人员中不乏曾在安永执业的注册会计师。在他们的指导下,结合长年对注册会计师们的观察和与他们博弈的经验,别有用心的舞弊分子不难了解安永在各个科目上所能容忍的最大误差,甚至可以知晓安永习惯的抽样起点金额。"重要性"这条基准线一旦被客户所掌握,审计与审计规避的游戏就开始上演了。

事实上,对重要性的评估是注册会计师的一种专业判断,而且这一判断离不开特定的环境。注册会计师在对某一企业进行审计时,必须根据该企业面临的环境,考虑诸多影响因素,才能合理确定各个账户的重要性水平,对审计抽样做出高效率的指导。如果仅仅依靠特定的比率(比率区间)计算重要性水平或因循长年使用的重要性水平,很容易让舞弊者有机可乘。安永在执行南方保健 2001 年度会计报表审计时,无视其正面临医疗保险金欺诈诉讼的事实和糟糕的内部控制情况,甚至对举报者明确告知的可疑账户都不从严制定重要性水平、进行彻底地审查,其审计失败在所难免!

(三)重视对控制环境的审查,警惕"独裁者"现象

控制环境反映了被审计单位管理当局和董事会对内部控制的认识和态度。高管人员的理念和风格对控制环境的氛围产生关键性影响。本案中,南方保健的经营管理风格是以斯克鲁西为中心的集权式管理。斯克鲁西作为公司的创始人、董事会主席兼 CEO,十分强调自己在公司管理中不可动摇的核心地位。如此"大人物"的存在足以使注册会计师将南方保健的控制风险评估为最大值,并相应地扩大审计测试。遗憾的是,连大学毕业生都熟悉的道理,却被安永那些久经沙场的注册会计师们"淡忘"了。

美国近年来暴露的许多舞弊案中均凸显了"独裁者"现象,不少上市公司都有一些独断专行的权势人物。他们大多是公司的创始人、CEO 或集这两个角色于一身者。这些人或白手起家,或继往开来地开创了一番事业,在他们的思想中不免潜藏着一种"公司即我家"的观念,养成专横跋扈、不受约束的陋习。如果被审计单位的高管层中有这样的 CEO 或类似"非我莫属"的强权人物,注册会计师应当慎之又慎!

(四)内部治理机制的失衡是财务舞弊的重要显示信号

公司内部治理机制是确保会计信息高质量的一个重要制度安排。南方保健舞弊案表明,内部治理机制一旦失衡,财务舞弊发生的概率就会居高不下。

1. 木的审计委员会。据南方保健董事会会议记载,2001 年度,审计委员会仅开过一次例会。而在当年,美国政府曾起诉南方保健长期与斯克鲁西及其亲属开设的公司进行大量交易。同年,美国司法部亦以诈骗医疗保险金的罪名起诉南方保健。但是审计委员会对上述重大事件无动于衷,始终未展开调查。更有甚者,审计委员会中的两名成员 Sage Givens 和 Larry Striplin 所拥有的私人公司竟与南方保健维持着密切的交易关系。南方保健长达十多年肆无忌惮的舞弊事实表明,其审计委员会既未恪尽勤勉职责,也未信守诚信义务。

2. 糊涂的薪酬委员会。斯克鲁西曾扬言要成为世界上报酬最高的 CEO。事实证明,在他朝着这个目标不懈努力的过程中,南方保健的薪酬委员会不仅为他保驾护航,而且给他无微不至的关照。根据 SEC 的调查,仅在 1999 至 2001 年期间,斯克鲁西总共领取了至少 790 万美元的工资,1180 万美元与虚假利润挂钩的业绩奖励。在此期间,他还抛售了 780 万股南方保健

的股票,至少获利 7700 万美元。此外,斯克鲁西行使的股票期权达到 1.75 亿美元。2002 年 5 月,他行使认股权购买了 530 万股公司股票,之后马上转手卖出,从中渔利 5200 万美元;7 月,他回售给南方保健 250 万股普通股以抵偿公司提供的 2500 万美元贷款。在斯克鲁西打理完这一切后,南方保健便不断对外发布坏消息,其股价开始了"自由落体"运动。2002 年下半年,在南方保健的一次"家庭会议"上,与会高管人员中曾有人建议斯克鲁西停止造假行动,但遭到其断然拒绝,并大言不惭地表示:"等我卖完了手头的股票再说。"南方保健的薪酬委员会似乎从未发现自己已经养虎为患。在斯克鲁西疯狂造假的同时,还不断为其加薪,糊涂得"难能可贵"!

3. 无奈的内部审计部门。在南方保健,审计委员会的玩忽职守使内部审计部门势单力薄,无依无靠,开展工作时处处受阻。据一名 Neal Webster 的前任内审人员透露,1989 年,他曾因试图向斯克鲁西索要公司的一些账簿资料而遭解雇。南方保健的内审人员无法接触重要的账簿资料,对会计软件中的一些模块,也没有进入的权限。由于执行财务审计时受到种种限制,大多时候,内部审计人员是在前后五任涉嫌舞弊的 CFO 的领导下,窝火且碌碌无为地工作着。

蓄意的主谋、渎职的董事、无奈的内审人员让南方保健的内部治理支离破碎,并最终酿就了这整场悲剧。

第四章

注册会计师的责任研究

　　本章内容是为具备一定财务知识并且对这方面内容感兴趣的读者准备的，一般的公众投资者也可以跳过本章直接阅读下一章内容。不过，由于注册会计师职业的制度安排，使得上市公司财务报表与注册会计师有着不可分割的联系。因此安排本章内容有助于读者更好地理解和使用财务信息。

第一节　注册会计师制度安排

　　英国南海公司审计案的发生进一步说明，建立在所有权与经营权相分离基础上的股份有限公司，必须要有一个了解、熟悉会计语言的第三者，站在公正、客观的立场，对表达所有者与经营者利益的财务报表，进行独立的检查，通过提高会计信息的可靠性，来协调、平衡所有者与经营者之间的经济责任关系。如果缺乏民间审计这一机制，就会像南海公司一样，使得经营者为所欲为，严重损害所有者利益，从而破坏了整个社会经济的稳定性。可见，注册会计师行业生来就是为稳定社会经济秩序而存在的，稳定社会经济秩序应该成为注册会计师的天职。

　　18 世纪英国南海公司利用财务信息进行弄虚作假一案，导致了站在公正、客观的立场、独立进行财务报表检查的注册会计师行业的产生。在早期的审计活动中，注册会计师对每一笔会计记录都进行仔细核对，以防出现虚假不实的财务报表。但工业革命后，每一个公司的经济业务数量呈几何级增长。注册会计师面对浩瀚复杂的会计信息，在审计成本和时间都有限的情况下，逐渐将审计目标由查找舞弊转向对财务报表公允性的评估，即只要原始凭证是真实的，单据是齐全的，就可以确认财务事项是公允的、客观的或真实的。

舞弊者在充分了解注册会计师审计制度的局限性后，就大肆在原始单据上做文章。而注册会计师只能在有限的时间内，查看他们认为最重要的会计记录，然后对所有账务记录做一个全面的结论。这样，不论注册会计师们如何在审计程序中谨慎地使用抽样方法，都永远地存在风险，使得仅仅依靠审核原始凭证做出最后结论的方法，显得相当的无奈。

第二节　审计时对财务报表舞弊的考虑

尽管经过 200 多年的发展，注册会计师的主要审计目标已由查找舞弊转向对财务报表公允性的评估，然而这并不等于注册会计师没有义务揭露客户的舞弊行为。从美国最近的社会调查来看，仍有约 70% 的人认为，注册会计师应该而且可以查找客户的舞弊。有关注册会计师有无责任查找舞弊的问题，重新又被提到议事日程上。除了在 90 年代初，美国审计准则委员会颁布了审计准则说明第 54、55 号，专门讨论了注册会计师对舞弊的责任外，于1997 年又颁布了审计准则说明第 82 号，再一次讨论了注册会计师对查找客户舞弊问题的责任。可见，从南海公司案例来看，注册会计师行业是因客户舞弊问题而产生的，但这一责任始终没有终结。

我国审计准则"错误与舞弊"规定："保证会计资料的真实、合法、完整，是被审计单位的会计责任。而按照独立审计准则的要求出具审计报告，保证审计报告的真实性、合法性是注册会计师的审计责任"，并指出："注册会计师依照独立审计准则进行审计，并不能保证发现所有的错误或舞弊"，但"注册会计师应根据独立审计准则的要求，充分考虑审计风险，实施适当的审计程序，以合理确信能够发现会计报表严重失实的错误及舞弊"。可见，职业界对于注册会计师责任的定位基本上和其他国家一致。即只要求合理保证报表不因舞弊等导致的重大错报，不要求绝对保证发现所有因舞弊导致的重大错报。事实上，无论是从技术、时间，还是成本效益原则各个角度看，审计师都不可能百分百地查出客户公司的财务舞弊行为，更不用说是银行、券商、公司串通的舞弊行为。但问题在于《独立审计准则》的法律地位并没有得到确认，关于其间"过错责任"论点并不能成为审判类似舞弊案件的依据，只能说是职业界一厢情愿的想法。当投资者因企业的舞弊行为遭受到了损失，而审计师仍对财务报表提出无保留意见时，法律界和社会公众通常会无视会计师行业的理论体系，而仅仅从法学上"真实性"的定义出发，认定审计人员没有恰当履行责任。

问题的关键在于有没有一套有效发现舞弊的概念框架和具体的审计程序指南？其实，如果我们纵观美国舞弊审计准则的变迁，就会发现，从 SAS No. 16 到 SAS No. 99，都并未改变注册会计师的责任，都恪守着"合理承担和合理履行"的原则。而每一条准则的进步之处就在于以更务实的态度总结提炼了更有效的审计舞弊的思路和程序。特别是在 SAS No. 99 中提出了新的舞弊风险评价模式，提出了"有错推定"的假设，并提出了要将"职业怀疑"贯穿于审计工作的始终，这些都是值得借鉴的：

（一）新的舞弊风险评价模式，强调将重点放在舞弊产生的根源

即压力、机会和借口上，而非舞弊产生的表面结果。回顾我国发生的一系列财务报告舞弊案例不难发现，很多上市公司舞弊往往借助复杂的会计手段，甚至于和外部的银行、券商联合舞弊，此时，仅通过查找舞弊产生的痕迹来发现舞弊显然是比较无力的。新准则提出的"舞弊三角"模式试图从舞弊产生的根源入手查找舞弊，为我国反舞弊审计提供了一条新的思路。如在河南华为的案件中，宇通客车操纵财务报表的目的有二，一是减少报表中的现金，将货币资金压缩到 6000 万元左右，为公司的管理层收购计划提供资金。二是通过对会计数据的包装调整，以达到配股要求。因此，管理层存在舞弊的巨大压力和机会。如果河南华为在审计计划阶段就能够从舞弊产生的根源出发，那么就能对宇通客车管理层舞弊的风险有更清醒的认识。

（二）"有错推定"假设

SAS No. 99 提出在进行舞弊风险评估的过程中，一开始就要假设：①管理层是不可信任的。无论审计客户有多么诚信的历史、管理层有多么诚实的品格，都不能因为信任管理层而缩小审计范围或减少审计证据。同时，准则要求必须对管理层逾越内部控制的行为进行实质性测试。②收入确认是存在舞弊的。因此要特别关注收入确认、存货盘点、会计估计这些收入关键点。③对高风险的客户及高风险的审计领域，如特殊行业及特殊交易，尤其是审计不好核实的交易事项或科目余额，要假设其存在舞弊现象，即对高风险的审计领域和客户，要取得充分、适当审计证据证明其不存在重大错报，而不能只履行常规的审计程序，没有发现异常就确认了其发生额或余额。反观河南华为和国内的诸多会计师事务所的舞弊审计过程，除了履行常规的审计程序外，基本都处于束手无策的境地。如果能够引入"有错推定"假设，注册会计师将能更有效地发现舞弊信号，也能更有效地证实或排除已发现的舞弊信号。

（三）要将"职业怀疑"精神贯穿于审计过程的始终

SAS No. 99 要求审计人员克服自身对于客户的信任和对于以往和该客

户合作经验的依赖,以怀疑的态度完成整个审计过程。特别在审计计划和评估审计证据的阶段,更应强调这种职业怀疑的态度。SAS No.99同时给出了达到"职业怀疑"的几种方式:如在信息收集前或整个信息收集的过程中,要以"头脑风暴"的方式充分地讨论财务报表在哪些方面可能存在舞弊。这种"头脑风暴"的方式在审计准则中被首次提出,并被要求和其他的审计程序一样要给予充分的重视。另外,如在所有审计业务的外勤阶段,实施"法庭式实地调查阶段"的审计程序,以了解和评估管理层的风险。而在我国,"职业怀疑"这个字眼只是出现在《独立审计基本准则》的一般准则中,没有具体的解释,也没有指导性的条款,离真正运用到注册会计师的审计实践还有不小的距离。和美国的舞弊审计制度中的较为完善的舞弊审计模式相比,我们的舞弊审计准则显然是缺乏实用性的。另外,值得一提的是,准则的制定要和学科研究结合起来。很多西方的实证研究结果表明:采用模型评估舞弊风险和无辅助条件下评估舞弊风险系统相比,模型的判断更加精确。这是我们要从模型和程序的角度为舞弊审计提供指南的理论基础。虽然美国也经历过类似我国罗列"红旗"舞弊标志的阶段,但从20世纪80年代开始,多位学者就致力于研究不同的"红旗"和舞弊的关联研究,并通过这样的研究对于"红旗"标志进行了甄别,提炼出和舞弊高度相关的预警标志而剔除了实践检验并无多大预警作用的因素,从而使得"红旗"能够真正成为帮助发现舞弊现象的标杆,而不仅仅类似于《审计技术提示》那样纸上谈兵的归纳。因此,建立科学的舞弊审计准则、为注册会计师的舞弊审计实践提供有效的舞弊发现模式和思路、程序是当务之急。如果独立审计准则的法律地位得以确认,准则能为注册会计师的揭露舞弊财务报告提供有效的指南和对"职业谨慎"概念进行具体指导,那么河南华为发现通宇客车舞弊的概率将大大上升。就算没有发现舞弊,执法者也能通过考察注册会计师是否遵循了舞弊审计的具体模式、程序来对注册会计师的责任做出客观公正的评判,这样在保护了投资者的同时,也保护了审计行业本身的发展。

在舞弊等方面,对审计师职责的总体要求是,审计的计划和实施应该可以合理保证财务报表整体不存在重要错报,不管错报是由舞弊引起的还是由错误引起的。具体包括:在整个审计过程中保持职业怀疑态度;审计的计划和实施应该可以将审计风险降低至一个可接受的低水平;考虑管理层越权控制的可能性;应该认识到发现错误的有效审计程序不一定适合于由舞弊引起的重要错报风险的情形。其中,审计师的职业怀疑态度是非常重要的。

审计过程中考虑舞弊风险的步骤有五:一是审计业务小组的讨论,二是取得为识别舞弊风险所需要的信息,三是识别和评估舞弊风险,四是对评估结果采取应对措施,五是评价审计证据。

具体而言,审计业务小组讨论的步骤包括:讨论容易发生财务报表舞弊的可能性;具有好问的精神,审计小组成员应撇开对管理层和公司治理方之诚实性和正直性的信任;与未参加讨论的小组成员进行沟通。取得为识别舞弊风险所需要的信息包括:询问管理层、公司治理方(例如审计委员会、内部审计)以及其他人;考虑所取得的信息是否显示了一项或几项舞弊风险因素的存在;考虑不寻常的或非预期的关系;考虑其他信息。识别和评估舞弊风险包括:在财务报表层面和认定层面进行识别与评估;将风险与认定层面可能发生的错误联系起来;考虑风险的规模和概率;确定是否所有的评定风险都是由舞弊引起的重大风险(即可能导致重要错报的风险);如果存在重大风险,则评估公司相关控制的设计,并确定其是否得到实施。对评估结果做出反应包括:确定对会计报表层次上的整体反应;设计并执行对交易、账户层次认定的进一步的审计程序,包括与管理层越权控制相关的认定,评估所获取的审计证据的充分性和适当性;在工作底稿中加以记录。评价审计证据包括:考虑在审计结束或接近审计结束时执行的分析性复核是否显示出先前未识别出的欺诈风险;考虑一项已识别的错报是否可能存在欺诈;如果是,考虑该项错报与审计的其他部分的关系,特别是管理当局陈述的可靠性。

理论上,就内部稽核、董监事及注册会计师三者予以比较,注册会计师是最具有独立性之第三人,最具专业知识及判断之公证人士,同时也是被赋予权力可以直接接触企业人员及资料进行各种查核的程序者。透过会计师签证之财务报告及相关资料更是具有公信力,可以增加报表使用大众对相关资料之信任度。因此,会计师在企业舞弊案件之侦测上应是具有相当效果,一般大众更认为:会计师的查核工作应该要能查出所有的舞弊,而且一份无保留意见应该代表着无舞弊存在的声明。但事实上似乎并不是如此。

注册会计师在企业舞弊案件上的责任及功能一直是争议的焦点。这份期望差距,国内外皆然。早在1974年,在Arther Andersen Co。所做的调查中即发现:有高达66%的投资大众认为审计工作最重要的功能在于侦查舞弊。一直到了九十年代的研究中,仍可发现一般大众与审计人员之间,对于舞弊议题,依旧存在严重期望差距:86%财务报表使用者认为会计师应查核重大舞弊事件(仅有43%会计师同意此论点)。但是,美国审计准则委员会(Auditing Standards Board,ASB)于1997年发布了新的审计准则公报第八十二号(SAS No.82)。在此公报中,ASB特地完全针对舞弊问题加以理清与规范:

依照 SAS No.82,审计人员必须合理保证财务报表上无重大误述;亦即审计人员对于舞弊侦查的责任并非绝对的,仍然强调合理保证以及重大性两大观念。

实务上,企业舞弊与会计师所遭遇的诉讼危机有着一定程度的关系。根据美国 Treadway 委员会对虚饰的财务报表所做的研究结果显示:在控告会计师案件中,有45%起因于管理者舞弊的存在,另在美国1995年度六大会计师事务所的支出中,高达11%的支出是用于法律诉讼费用。因此,不难想见对会计专业而言,日益高涨的企业舞弊问题势必会对会计专业造成更大的影响。虽然企业舞弊的发生不一定代表着会计师有所疏失,但是在 KPMG Peat Marwick 事务所1994年的调查中却显示:在发现企业舞弊的案件中,只有5%是由外部审计人员发现的,外部审计人员侦查舞弊的成效似乎远低于一般的预期。

第三节　注册会计师审计报告类型

从我国目前的情况看,股份制企业尤其是上市公司以及外商投资企业的年度财务报表一般均应经注册会计师审计并出具审计报告。从市场经济的发展趋势看,将会有越来越多的企业的年度报表需要注册会计师审计。因此,了解审计报告的种类、出具条件以及具体含义,对理解企业的财务报表具有重要意义。

一、企业报表审计的委托人及审计目标

现代企业普遍采用经营权与所有权相分离的形式。企业的所有者向企业注入资本后,由经营者经营企业,使企业的资产增值并获利,向所有者分配股利。大多数所有者不参与企业的经营活动,他们只能通过阅读其投资企业的财务报表来了解企业的经营状况,做出自己的决策(持有或转让投资)。受各种因素的制约,企业的经营者往往在报表的编制中粉饰企业的财务状况与经营成果,对所有者的投资决策造成误导。因此,企业的所有者只能聘请公正的第三者——注册会计师对企业所编制的具有粉饰财务状况、误导读者倾向的财务报表进行审计,并对报表编制是否恰当地反映了企业的财务状况和经营成果出具报告。这就是说,企业财务报表审计的委托者是企业的所有者或股东;财务报表审计的目标是对被审计企业的报表是否恰当地反映了财务状况

发表意见，形成审计报告。

二、审计报告的作用

一般认为，注册会计师签发的对企业年度财务报表出具的审计报告，具有鉴证作用和证明作用。

（一）鉴证作用

注册会计师签发的审计报告，是以超然独立的第三者身份，对被审计单位会计报表中所反映的财务状况、经营成果等情况是否恰当表明自己的意见。这种客观意见，具有鉴证作用。这种鉴证作用，得到各国政府及有关《企业会计准则》部门和社会各界的普遍认可。政府有关部门，如财政部门、税务部门等了解、掌握企业的财务状况和经营成果的主要依据是企业提供的会计报表，而会计报表是否恰当，主要依据注册会计师的审计报告做出的判断；股份制企业的股东，主要依据注册会计师的审计报告来判断被投资企业的财务状况和经营成果是否真实以进行投资决策等。

（二）证明作用

审计报告是对注册会计师审计任务完成情况及其结果所做的总结，它可以表明审计工作的质量并明确注册会计师的审计责任。因此，审计报告可以对审计工作质量和注册会计师的审计责任起证明作用。审计报告在一定程度上可以证明注册会计师在审计过程中是否完成了预定的审计程序，是否以审计工作底稿为依据表示审计意见，表示的审计意见是否与被审计单位的实际情况相一致，审计工作的质量是否符合要求。审计报告还可以证明注册会计师审计责任的履行情况。注册会计师的审计责任，是指注册会计师应对其出具的审计报告的质量负责。审计报告必须反映注册会计师的审计范围、审计依据、实施的审计程序和应表示的审计意见。同时审计报告的编制和出具必须符合《中华人民共和国注册会计师法》和《独立审计准则》的规定。

三、审计报告的基本内容

按照《中国注册会计师审计准则第 1501 号——审计报告》的规定，我国注册会计师对财务报表的审计报告应包括下列基本内容：

（一）标题

审计报告的标题有多种表示方式，如"注册会计师的报告"、"注册会计师意见"等，都是合适的标题。在我国，审计报告的标题为统一规范的"审计报告"。

（二）收件人

审计报告的收件人是指审计业务的委托人。审计报告应当载明收件人的全称，如"××股份有限公司全体股东"、"××有限责任公司董事会"等。

（三）范围段

审计报告的范围段应当说明以下内容：1.已审计的会计报表的名称、反映日期或期间；2.审计的依据，即"审计准则"；3.所实施的审计程序和完成情况。

（四）意见段

审计报告的意见段应说明以下内容：1.会计报表的编制是否符合《企业会计准则》和国家其他有关财务会计法规的规定；2.会计报表在所有重要方面是否恰当地反映了被审计单位资产负债表日的财务状况和所审计期间的经营成果、资金变动情况；3.会计处理方法是否遵循了一惯性原则。当注册会计师出具保留意见、反对意见或拒绝表示意见的审计报告时，应当在范围段与意见段之间增加说明段。在说明段中，应当清楚地说明所持意见的理由。当注册会计师出具无保留意见的审计报告时，如果认为必要，可以在意见段之后，增加对重要事项的说明；4.签章和会计师事务所地址审计报告应由注册会计师签名、盖章，加盖会计师事务所公章，并标明会计师事务所的地址；5.报告日期审计报告日期是指注册会计师完成外勤审计工作的日期，而不是报告的提交日。

四、审计意见的基本类型

按照我国独立审计准则的规定，注册会计师在完成其报表审计任务后，可以视实际情况形成不同的审计意见，出具5种基本类型审计意见的审计报告，即标准审计报告、带强调事项段的无保留意见的审计报告、保留意见的审计报告、否定意见的审计报告和无法表示意见的审计报告。

（一）标准审计报告

标准审计报告是指注册会计师对被审计单位的会计报表，依照独立审计准则的要求进行审查后，确认被审计单位采用的会计处理方法遵循了会计准则及有关规定；会计报表反映的内容符合被审计单位的实际情况；会计报表内容完整，表达清楚，无重要遗漏；报表项目的分类和编制方法符合规定要求，因而对审计单位的会计报表无保留地表示满意。无保留意见意味着注册会计师认为会计报表的反映是恰当的，能满足非特定多数的利害关系人的共同需要，并对表示的该意见负责。注册会计师经过审计后，认为被审计单位会计报表的编制符合下述情况时，应出具无保留意见的审计报告：1.会计报表的编制符合《企业会计准则》和国家其他财务会计法规的规定；2.会计报表在所有重要方面恰当地反映了被审计单位的财务状况、经营成果和资金变动情况；3.会计处理方法遵循了一致性原则；4.注册会计师已按照独立审计准则的要求，完成了预定的审计程序，在审计过程中未受阻碍和限制；5.不存在影响会计报表的重要的未确定事项；6.不存在应调整而被审计单位未予调整的重要事项。标准审计报告的格式和措辞如下（以 ABC 股份有限公司为例说明）：

审计报告

ABC 股份有限公司全体股东：

我们审计了后附的 ABC 股份有限公司（以下简称 ABC 公司）财务报表，包括 20×× 年 12 月 31 日的资产负债表，20×× 年度的利润表、股东权益变动表和现金流量表以及财务报表附注。

按照《企业会计准则》和《××会计制度》的规定编制财务报表是 ABC 公司管理层的责任。这种责任包括：(1)设计、实施和维护与财务报表编制相关的内部控制，以使财务报表不存在由于舞弊或错误而导致的重大错报；(2)选择和运用恰当的会计政策；(3)做出合理的会计估计。

我们的责任是在实施审计工作的基础上对财务报表发表审计意见。我们按照中国注册会计师审计准则的规定执行了审计工作。中国注册会计师审计准则要求我们遵守职业道德规范，计划和实施审计工作以对财务报表是否不存在重大错报获取合理保证。

审计工作涉及实施审计程序，以获取有关财务报表金额和披露的审计证据。选择的审计程序取决于注册会计师的判断，包括对由于舞弊或错误导致的财务报表重大错报风险的评估。在进行风险评估时，我们考虑与财务报表编制相关的内部控制，以设计恰当的审计程序，但目的并非对内部控制的有效性发表意见。审计工作还包括评价管理层选用会计政策的恰当性和做出会计估计的合理性，以及评价财务报表的总体列报。

我们相信，我们获取的审计证据是充分、适当的，为发表审计意见提供了基础。

我们认为，ABC 公司财务报表已经按照《企业会计准则》和《××会计制度》的规定编制，在所有重大方面公允反映了 ABC 公司 20×× 年 12 月 31 日的财务状况以及 20×× 年度的经营成果和现金流量。

××会计师事务所　　　　　　　中国注册会计师：×××

（盖章）　　　　　　　　　　（签名并盖章）

中国注册会计师：×××

（签名并盖章）

中国××市　　　　　　　二○××年×月×日

需要说明的是，审计报告意见类型的出具，完全是注册会计师的主观判断。因此，在实务中，并不能排除企业的报表编制实际不符合出具无保留意见审计报告的条件，但注册会计师判断为应出具并最终出具无保留意见的审计报告的情况。

（二）带强调事项段的无保留意见的审计报告

审计报告的强调事项段是指注册会计师在审计意见段之后增加的对重大事项予以强调的段落。

强调事项应当同时符合下列条件：

1. 可能对财务报表产生重大影响，但被审计单位进行了恰当的会计处理，且在财务报表中做出充分披露；

2. 不影响注册会计师发表的审计意见。

当存在可能导致对持续经营能力产生重大疑虑的事项或情况、但不影响已发表的审计意见时，注册会计师应当在审计意见段之后增加强调事项段对此予以强调；当存在可能对财务报表产生重大影响的不确定事项（持续经营问题除外）、但不影响已发表的审计意见时，注册会计师应当考虑在审计意见段之后增加强调事项段对此予以强调。不确定事项是指其结果依赖于未来行动或事项，不受被审计单位的直接控制，但可能影响财务报表的事项。

除上述两种情形以及其他审计准则规定的增加强调事项段的情形外，注册会计师不应在审计报告的审计意见段之后增加强调事项段或任何解释性段落，以免财务报表使用者产生误解，同时注册会计师应当在强调事项段中指明，该段内容仅用于提醒财务报表使用者关注，并不影响已发表的审计意见。

带强调事项段的无保留意见的审计报告的格式和措辞如下（以 ABC 股份有限公司为例说明）：

审计报告

ABC 股份有限公司全体股东：

我们审计了后附的 ABC 股份有限公司（以下简称 ABC 公司）财务报表，包括 20××年 12 月 31 日的资产负债表，20××年度的利润表、股东权益变动表和现金流量表以及财务报表附注。

按照《企业会计准则》和《××会计制度》的规定编制财务报表是 ABC 公

司管理层的责任。这种责任包括：(1)设计、实施和维护与财务报表编制相关的内部控制，以使财务报表不存在由于舞弊或错误而导致的重大错报；(2)选择和运用恰当的会计政策；(3)做出合理的会计估计。

我们的责任是在实施审计工作的基础上对财务报表发表审计意见。我们按照中国注册会计师审计准则的规定执行了审计工作。中国注册会计师审计准则要求我们遵守职业道德规范，计划和实施审计工作以对财务报表是否不存在重大错报获取合理保证。

审计工作涉及实施审计程序，以获取有关财务报表金额和披露的审计证据。选择的审计程序取决于注册会计师的判断，包括对由于舞弊或错误导致的财务报表重大错报风险的评估。在进行风险评估时，我们考虑与财务报表编制相关的内部控制，以设计恰当的审计程序，但目的并非对内部控制的有效性发表意见。审计工作还包括评价管理层选用会计政策的恰当性和做出会计估计的合理性，以及评价财务报表的总体列报。

我们相信，我们获取的审计证据是充分、适当的，为发表审计意见提供了基础。

我们认为，ABC 公司财务报表已经按照《企业会计准则》和《××会计制度》的规定编制，在所有重大方面公允反映了 ABC 公司 20×× 年 12 月 31 日的财务状况以及 20×× 年度的经营成果和现金流量。

我们提醒财务报表使用者关注，如财务报表附注×所述，ABC 公司在 20××年发生亏损×万元，在 20×× 年 12 月 31 日，流动负债高于资产总额×万元。ABC 公司已在财务报表附注×充分披露了拟采取的改善措施，但其持续经营能力仍然存在重大不确定性。本段内容不影响已发表的审计意见。

××会计师事务所	中国注册会计师：×××
（盖章）	（签名并盖章）
	中国注册会计师：×××
	（签名并盖章）
中国××市	二〇××年×月×日

（三）表示保留意见的审计报告

注册会计师通过审查对被审计单位的会计报表有异议，或存在某些疑问，就不应签发无保留意见的审计报告。注册会计师应视被审计单位的实际情况及所掌握的审计证据，签发保留意见、否定意见或无法表示意见的审计报告。

保留意见是指注册会计师对会计报表的反映有所保留的审计意见。一般是由于某些事项的存在，使无保留意见的条件不完全具备，影响了被审计单位会计报表的表达,因而注册会计师对无保留意见加以修正,对影响事项提出保留意见,并表示对该意见负责。注册会计师经过审计后,认为被审计单位会计报表的反映就其整体而言是恰当的,但还存在着下述情况之一时,应出具表示保留意见的审计报告:1.个别重要财务会计事项的处理或个别重要会计报表项目的编制不符合《企业会计准则》和国家其他有关财务会计法规的规定,被审计单位未予调整;2.因审计范围受到局部限制,无法按照独立审计准则的要求取得应有的审计证据;3.个别会计处理方法不符合一致性原则的要求;4.存在对会计报表反映有重要影响的个别未确定事项。上述条件要求注册会计师在遇到可能对被审计单位会计报表产生较大影响的重要事项时,应在审计意见中加以保留。上述保留事项可主要归纳为以下四类:(1)未调整事项。即被审计单位的会计处理方法与注册会计师的看法不一致,又不愿进行调整的,而且这种不一致所产生的差异能够准确地加以计量。一般说来,注册会计师在审计过程中提出的应予调整的项目,被审计单位已经做了处理的,如调整本年度会计报表,或在不便调整时,在会计报表的附注中加以反映的,审计报告中就不再表示保留,只在相应的审计工作底稿中列示。但被审计单位对于注册会计师认为比较重要的审计调整事项不进行调整,注册会计师应将这些对审计意见有较大影响的内容在审计报告中明确提出,并说明其理由,指出这些调整对被审计单位提供的会计报表可能产生的影响。(2)审计范围受到局部限制。即注册会计师在审计过程中应实施的审计程序,由于审计范围受到局部限制而无法实施,也难于实施必要的替代审计程序,而且无法实施的审计程序对被审计单位的会计报表可能产生影响。(3)不符合一致性原则的事项。即被审计单位的个别会计处理方法,虽符合《企业会计准则》和国家其他有关财务会计法规的规定,但前后期不一致,而且这种不一致导致对会计报表反映的影响是可以计量的。(4)未确定事项。即被审计单位和注册会计师共同努力都不能预计、确认其对会计报表影响程度的事项。注册会计师出具保留意见的审计报告时,应于"意见段"之前另设"说明段",以说明所持保留意见的理由,并在"意见段"中使用"除存在上述问题以外","除上述问题造成的影响以外"或"除上述情况待定以外"等术语,除使用保留意见的特定术语之外,其余应该使用无保留意见的审计报告的术语,表示其他事项已做了恰当的反映。保留意见的审计报告的标准格式和措辞如下(以 ABC 股份有限公司为例说明):

审计报告

ABC 股份有限公司全体股东:

　　我们审计了后附的 ABC 股份有限公司（以下简称 ABC 公司）财务报表，包括 20×1 年 12 月 31 日的资产负债表，20×1 年度的利润表、股东权益变动表和现金流量表以及财务报表附注。

　　按照《企业会计准则》和《××会计制度》的规定编制财务报表是 ABC 公司管理层的责任。这种责任包括：(1)设计、实施和维护与财务报表编制相关的内部控制，以使财务报表不存在由于舞弊或错误而导致的重大错报；(2)选择和运用恰当的会计政策；(3)做出合理的会计估计。

　　我们的责任是在实施审计工作的基础上对财务报表发表审计意见。除本报告"三、导致保留意见的事项"所述事项外，我们按照中国注册会计师审计准则的规定执行了审计工作。中国注册会计师审计准则要求我们遵守职业道德规范，计划和实施审计工作以对财务报表是否不存在重大错报获取合理保证。

　　审计工作涉及实施审计程序，以获取有关财务报表金额和披露的审计证据。选择的审计程序取决于注册会计师的判断，包括对由于舞弊或错误导致的财务报表重大错报风险的评估。在进行风险评估时，我们考虑与财务报表编制相关的内部控制，以设计恰当的审计程序，但目的并非对内部控制的有效性发表意见。审计工作还包括评价管理层选用会计政策的恰当性和做出会计估计的合理性，以及评价财务报表的总体列报。

　　我们相信，我们获取的审计证据是充分、适当的，为发表审计意见提供了基础。

　　ABC 公司 20×1 年 12 月 31 日的应收账款余额×万元，占资产总额的×％。由于 ABC 公司未能提供债务人地址，我们无法实施函证以及其他审计程序，以获取充分、适当的审计证据。

　　我们认为，除了前段所述未能实施函证可能产生的影响外，ABC 公司财务报表已经按照《企业会计准则》和《××会计制度》的规定编制，在所有重大方面公允反映了 ABC 公司 20×1 年 12 月 31 日的财务状况以及 20×1 年度的经营成果和现金流量。

　　××会计师事务所　　　　　中国注册会计师：×××

　　　（盖章）　　　　　　　　（签名并盖章）

　　　　　　　　　　　　　　中国注册会计师：×××

　　　　　　　　　　　　　　（签名并盖章）

　　中国××市　　　　　　　　二○××年×月×日

　　同样需要说明的是，是否出具保留意见的审计报告，取决于注册会计师的判断。因此，在实务中，仍不能排除企业报表编制应出具其他类型的审计报告,但注册会计师判断成应出具而最终出具保留意见审计报告的情形。

（四）表示否定意见的审计报告。所谓表示否定意见,是指与无保留意见相反,提出否定会计报表恰当地反映被审计单位财务状况、经营成果和资金变动情况的审计意见。当未调整事项、未确定事项、违反一致性原则的事项等对会计报表的影响程度在一定范围内时,注册会计师可以表示保留意见。但是如果其影响程度超出一定范围,以致会计报表无法被接受,被审计单位的会计报表已失去其价值,注册会计师就不能表示保留意见,又不应不表示意见,而只能表示否定意见。注册会计师经过审计后,认为被审计单位的会计报表存在下述情况之一时,应当出具表示否定意见的审计报告:1.会计处理方法严重违反《企业会计准则》和国家其他有关财务会计法规的规定,被审计单位拒绝进行调整;2.会计报表严重歪曲了被审计单位的财务状况、经营成果和资金变动情况,被审计单位拒绝进行调整。注册会计师在出具表示否定意见的审计报告时,应于"意见段"之前另设"说明段",说明所持否定意见的理由,并在"意见段"中使用"由于上述问题造成的重大影响"、"由于受到前段所述事项的影响"等专业术语,并指出会计报表"不能恰当地反映"、"不符合……规定"等问题。表示否定意见的审计报告的标准格式和措辞如下(以 ABC 股份有限公司为例说明):

审计报告

ABC 股份有限公司全体股东:

我们审计了后附的 ABC 股份有限公司(以下简称 ABC 公司)财务报表,包括 20×1 年 12 月 31 日的资产负债表,20×1 年度的利润表、股东权益变动表和现金流量表以及财务报表附注。

按照《企业会计准则》和《××会计制度》的规定编制财务报表是 ABC 公司管理层的责任。这种责任包括:(1)设计、实施和维护与财务报表编制相关的内部控制,以使财务报表不存在由于舞弊或错误而导致的重大错报;(2)选择和运用恰当的会计政策;(3)做出合理的会计估计。

我们的责任是在实施审计工作的基础上对财务报表发表审计意见。我们按照中国注册会计师审计准则的规定执行了审计工作。中国注册会计师审计准则要求我们遵守职业道德规范,计划和实施审计工作以对财务报表是否不存在重大错报获取合理保证。

审计工作涉及实施审计程序,以获取有关财务报表金额和披露的审计证据。选择的审计程序取决于注册会计师的判断,包括对由于舞弊或错误导致的财务报表重大错报风险的评估。在进行风险评估时，我们考虑与财务报表编制相关的内部控制，以设计恰当的审计程序，但目的并非对内部控制的有效性发表意见。审计工作还包括评价管理层选用会计政策的恰当性和做出会计估计的合理性，以及评价财务报表的总体列报。

我们相信，我们获取的审计证据是充分、适当的，为发表审计意见提供了基础。

如财务报表附注×所述，ABC 公司的长期股权投资未按《企业会计准则》的规定采用权益法核算。如果按权益法核算，ABC 公司的长期投资账面价值将减少×万元，净利润将减少×万元，从而导致 ABC 公司由盈利×万元变为亏损×万元。

我们认为，由于受到前段所述事项的重大影响，ABC 公司财务报表没有按照《企业会计准则》和《××会计制度》的规定编制，未能在所有重大方面公允反映 ABC 公司20×1 年 12 月 31 日的财务状况以及 20×1 年度的经营成果和现金流量。

×× 会计师事务所　　　　　　　　　中国注册会计师：×××

（盖章）　　　　　　　　　　　　　（签名并盖章）

　　　　　　　　　　　　　　　　　中国注册会计师：×××

　　　　　　　　　　　　　　　　　（签名并盖章）

中国 ×× 市　　　　　　　　　　　二〇××年×月×日

（五）无法表示意见的审计报告

无法表示意见是指注册会计师说明其对被审计单位的会计报表无法表示意见，也即对会计报表不发表包括肯定、否定和保留的审计意见。注册会计师在审计过程中，由于受到委托人、被审计单位或客观环境的严重限制，不能获取必要的审计证据，以致无法对会计报表整体表示审计意见时，应当出具无法表示意见的审计报告。注册会计师在出具无法表示意见的审计报告时，应于"意见段"之前另设"说明段"，以说明所持拒绝表示意见的理由，并在"意见段"中使用"由于审计范围受到严重限制"、"由于无法实施必要的审计程序"、"由于无法获取必要的审计证据"等术语，并指出"我们无法对上述会计报表整体表示审计意见"。无法表示意见的审计报告的标准格式和措辞如下（以 ABC 股份有限公司为例说明）：

审计报告

ABC 股份有限公司全体股东：

我们接受委托,审计后附的 ABC 股份有限公司(以下简称 ABC 公司)财务报表,包括 20×1 年 12 月 31 日的资产负债表,20×1 年度的利润表、股东权益变动表和现金流量表以及财务报表附注。

按照《企业会计准则》和《××会计制度》的规定编制财务报表是 ABC 公司管理层的责任。这种责任包括:(1)设计、实施和维护与财务报表编制相关的内部控制,以使财务报表不存在由于舞弊或错误而导致的重大错报;(2)选择和运用恰当的会计政策;(3)做出合理的会计估计。

ABC 公司未对 20×1 年 12 月 31 日的存货进行盘点,金额为×万元,占期末资产总额的 40%。我们无法实施存货监盘,也无法实施替代审计程序,以对期末存货的数量和状况获取充分、适当的审计证据。

由于上述审计范围受到限制可能产生的影响非常重大和广泛,我们无法对 ABC 公司财务报表发表意见。

××会计师事务所	中国注册会计师:×××
(盖章)	(签名并盖章)
	中国注册会计师:×××
	(签名并盖章)
中国××市	二〇××年×月×日

应该指出,上述否定意见的审计报告和无法表示意见的审计报告,在实践中均不多见。我们在讨论审计报告的意见类型时,一直强调意见是注册会计师判断的结果。目的是要提醒读者,这种判断受多种因素制约,既有注册会计师主观业务水准方面的因素,也有企业客观对注册会计师意见形成的影响因素。

五、审计报告及其对财务信息的质量含义

(一)关于审计报告内容的含义

我们认为,审计报告只是审计人员站在公正的立场上,对企业编制的报表是否遵循了会计准则,是否恰当地反映了企业的财务状况所表明的一种看法或意见。无保留意见报告是一种最常见的审计报告。但是,请读者注意,在无保留意见的审计报告中,审计意见只有"符合"、"恰当"、"一致"等具有弹性的字眼。因此,在利用审计报告时应注意:

1. 无保留意见的审计报告并不意味着企业的会计处理准确无误,审计人员之所以能够出具无保留意见的审计报告,很重要的一点是审计人员认为企

业的财务报表编制及会计处理与会计准则的要求无"重大性"差异。或者说，即使企业的会计处理与准则的要求有偏差，但只要审计人员认为这种偏差不足以使信息使用者做出错误决策，则仍然不影响审计人员出具无保留意见的审计报告。另一方面，也可能企业的会计处理没有遵循准则要求，且差异重大，足以导致信息使用者做出错误决策并招致损失。但由于审计人员水平所限或受其他条件的制约，未能发现这些问题，而仍出具了无保留意见的审计报告。在这种情况下，审计报告对企业会计信息对读者的误导反而起到了推波助澜的作用。从现在的情况看，我国规定，企业的会计年度与日历年度一致。这就意味着，企业均应在12月31日进行结账，于年初或上半年对外发布财务报表。这就是说，所有需要经过审计人员审计的企业，均要集中在这段时间聘请注册会计师进行审计。由于注册会计师人数有限，在人员、时间、精力与审计任务之间出现巨大的供求不平衡的条件下，只有降低审计工作的质量。这样，就极有可能使本应出具保留意见的审计报告出具成了无保留意见的审计报告。

2. 无保留意见的审计报告并不意味着企业内部无舞弊现象，并不意味着企业的管理工作卓有成效。企业内部是否存在部分职工的舞弊现象，企业的经营管理是否有方，只是企业内部的管理问题，企业的管理者在这方面负有责任。如果企业内部有上述问题，并且在审计过程中，审计人员也已发现，但只要审计人员认为这些问题并不影响企业对财务报表的编制，审计报告也会是无保留意见的。因此，无保留意见的审计报告并不能使与企业有利害相关的有关方面"高枕无忧"。

3. 保留意见的审计报告、反对意见的审计报告与无法表示意见的审计报告也不一定意味着企业在经营与内部管理上"一团糟"。我们已经看到，审计报告只是就报表是否恰当地反映了企业的财务状况和经营成果而出具的意见，它并不与企业的经营管理有直接的关系。上述三种审计报告的出具，主要是因为：第一，审计人员无法得到有关信息；第二，审计人员素质不高，本该出具无保留意见的审计报告，但却出具了上述三者之一的审计报告；第三，企业确定在会计处理与报表编制上严重触犯现行会计准则与制度。可以看出，即使上述第三种情形，也与企业的经营活动和内部管理有一定距离。但是，应该看到，就大多数情况而言，无保留意见的审计报告的"可信度"远远大于其他三种报告。

（二）正确认识审计工作质量

在对企业财务状况的质量进行整体评价时，不容忽视的另外一个重要因素是：在我国现阶段，整个审计队伍的专业水平、职业道德素质有待提高。在很多情况下，审计意见只能是"仅供参考"。

根据财政部抽审百家国有企业1998年度会计报表发现，多数企业主要会计要素核算存在偏差。但是，相当一部分会计师事务所存在未严格履行必要的审计程序、审计范围偏小、审计方法不当等问题。因此，企业存在的主要会计要素核算出现偏差问题并没有影响相当一部分会计师事务所出具无保留意见或保留意见的审计报告。我们在讨论审计报告的意见类型时，一直强调意见是注册会计师判断的结果。目的是要说明，这种判断受多种因素制约，既有注册会计师主观业务水准方面的因素，也有企业客观对注册会计师意见形成的影响因素。

注册会计师（会计师事务所）变更、审计报告出现异常在所有权与经营权相分离的情况下，企业的经营者应当定期向企业的股东报送财务报告。企业的股东也将聘请注册会计师对企业的财务报告进行审计，并出具审计报告。应该指出的是，对企业的财务报告进行审计的注册会计师的任务主要在于向企业的股东就企业报表编制情况出具意见。对于注册会计师而言，企业是注册会计师的客户。注册会计师一般不轻易失去客户。只有在审计过程中，注册会计师的意见与企业管理者就报表编制情况出现重大意见分歧、难以继续合作的条件下，注册会计师才有可能主动放弃客户。因此，对于变更注册会计师（会计师事务所）的企业，会计信息使用者应当考虑企业的管理层在报表编制上的行为是否符合《企业会计准则》的要求。在注册会计师（会计师事务所）出具的审计报告方面，注册会计师（会计师事务所）将根据自己的审计情况出具无保留意见的审计报告、保留意见的审计报告、否定意见的审计报告或拒绝表达意见的审计报告之中的一种。应该说，注册会计师（会计师事务所）出具无保留意见的审计报告，表明企业会计信息的质量较高、会计信息的可信度较高。如果出现其他三种报告中的任何一种，或者审计报告异常的长，含有异常的措辞，提及重要的不确定性，公布日期比正常的要晚，或者指出审计人员发生变化，均表明企业与注册会计师在报表编制上或者出现重大分歧，或者注册会计师难以找到相关的审计证据。在这种情况下，会计信息的使用者很难对企业利润的质量做出较高的评价。

案例分析 1：格林柯尔财务黑洞案例

一、格林柯尔公司简介

2000 年 7 月，格林柯尔科技控股有限公司以北京、深圳、海南和湖北 4 家工程公司为主体，在香港创业板上市，发行 2.5 亿股，筹集资金 5.45 亿港元。其主席及主要股东为顾雏军。

公司主要经营两项业务，其一是替换工程，为使用（氯氟化碳）CFC 制冷剂和节省能源成效较低的无 CFC 制冷剂的冰箱及空调系统更换由该公司主席顾雏军所发明的无 CFC 格林柯尔制冷剂，其业务对象主要为拥有或经营大型制冷及空调系统的商业及工业客户。公司客户包括国内银行、电讯公司、酒店、商场、酒楼、货仓及冷库、超级市场及文娱中心。主要经营范围包括北京、天津、广东、海南、湖北、江苏及上海。授权替换工程代理负责为小型制冷及空调系统进行替换工程。其二是建立无 CFC 制冷剂的全国销售网络。集团旗下成立了八间营运机构：北京格林柯尔、海南格林柯尔、湖北格林柯尔、深圳格林柯尔、珠海格林柯尔、天津格林柯尔、江苏格林柯尔和上海格林柯尔。公司透过旗下销售队伍或授权替换工程代理分销格林柯尔制冷剂，进行分销业务。

格林柯尔无氟环保型制冷剂是一种不含 CFC、不易燃、无毒、无腐蚀性而且高效节能的环保产品。1991 年，中国签订蒙特利尔协定，其中条文规定全国须在 2010 年前全面取缔 CFC 物质。格林柯尔为客户改造其制冷系统，以格林柯尔无 CFC 制冷剂代替其 CFC 制冷剂或其他节能效益欠佳的无氟 CFC 制冷剂。用格林柯尔制冷剂替换其他制冷剂后的空调冷冻系统，一般均可节省能源高达 15％至 25％。这种改造后的省电制冷系统还可直接减少造成地球温室效应的二氧化碳的排放量。

为了提高公众重视环保的意识，格林柯尔赞助各种科学研究及科学考察，资助科学家评估臭氧层损耗的情况以及协助政府部门收集公众对环保问题的意见。

二、格林柯尔事件回顾

顾雏军 1959 年生于江苏姜堰市泰县，1981 于年江苏工学院动力工程系本科毕业,1984年天津大学热能工程系研究生毕业。1985—1988年在天津大学热能研究所从事科研工作,1988年9月发明格林柯尔制冷剂。1989年在英国创办了顾氏热能技术有限公司。1995年12月回国发展,投资5000万美元在天津建成亚洲最大非氟制冷剂生产基地。

1997年,顾雏军创办格林柯尔科技控股有限公司,并于2000年7月在香港创业板上市,筹得资金7000万美元。

2001年,顾雏军控股的顺德格林柯尔斥资5.6亿元,收购科龙电器20.6%的股权。至2004年4月,扬州格林柯尔创投再以1.01亿元的价格入驻。此时,顾已拥有4家A股公司和1家香港创业板公司,"格林柯尔系"悄然成形。同年8月,郎咸平对格林柯尔以9亿人民币换回市值超百亿的资产发出质疑,指其侵占国有资产。

2005年2月18日,因涉嫌大股东格林柯尔挪用上市公司资金以收购美菱电器等三家上市公司,证监会立案稽查科龙电器。当年4月5日,证监会进驻科龙展开调查。根据查证,在2002年至2004年的年报中,科龙电器累计虚增利润近4亿元。同时,顾雏军等人涉嫌挪用、侵占科龙电器财产累计34.85亿元。

2005年8月1日,格林柯尔停牌。

2006年6月15日,证监会行政警告顾雏军,并处罚款30万元,同时认定顾为永久性市场禁入者。顾不服,先后提出行政复议和国务院行政裁决,结果均维持原处罚决定。同年8月1日,公安部门正式拘留顾雏军。9月27日,科龙电器公告称,海信空调受让格林柯尔持有的26.43%法人股。此后,美菱被长虹接手、亚星和襄轴最终也重归当地政府。

2007年5月18日,格林柯尔香港退市。至此,鼎盛一时的格林柯尔不复存在。

三、格林柯尔的舞弊

(一)动机或压力

格林柯尔舞弊的实质是控股股东顾雏军通过行使其控制权,借助各种隧道挖掘行为,掠夺上市公司财富,获取控制权私有收益。此外,作为上市公司,其盈利能力或财务状况必须满足上市交易、偿债要求或债务协议规定的其他要求,否则可能导致退市、特别处理、清偿债务等后果。所以,当格林柯尔面对那些效益不佳,业绩连年下滑,有的甚至被特别处理或濒临退市,基本上已失去在二级市场上融资功能的企业。为了让其起死回生,便不断地营造企业重新盈利的假象。

（二）机会

格林柯尔事件中，对管理层的监督失效，是其舞弊发生的机会所在。格林柯尔的实际掌控权在顾雏军一人手里，因而缺乏共同决策与制衡措施。据悉，顾雏军及其父亲顾善鸿控制着扬州格林柯尔（顾雏军控股 90％的股份，其父顾善鸿持 10％的股份）和顺德格林柯尔（顾雏军、顾善鸿分别拥有 90％和 10％的股份），而这两家公司控制着科龙、美菱和亚星三家上市公司，然后通过科龙参股华意压缩。更严重的是，扬州格林柯尔和顺德格林柯尔均是顾雏军为收购而专门成立的，事实上没有实体公司。有记者曾调查扬州格林柯尔，发现该公司根本没有实际的办公地点和办公人员。扬州格林柯尔掌控的上市公司亚星高层更是直言不讳地说：跟大股东的沟通，实际上就是跟顾雏军沟通。正因为此，格林柯尔可以从事大量的超出正常经营过程的交易，具体体现为关联方交易或更隐蔽的关系和交易：例如 1998—2002 年上市公司通过关联交易从天津格林柯尔购进制冷剂价值共计 3.86 亿元，从 2002 年以后便没有再购进，至 2004 年底库存货值仍高达 1.18 亿元。而格林柯尔制冷剂的生产者——天津格林柯尔并没有包括在上市公司里，其在《招股章程》中解释道："本集团专注于中国市场，天津格林柯尔约 94％的销售对象为海外机构。"1999 年度天津格林柯尔营业额为 8.6 亿元、纯利润 5.73 亿元，纯利润率为 66.7％。如此明显的关联方交易，在格林柯尔的案例中，并不少见。

（三）舞弊的主要手法

1. 利用不当的会计技术舞弊

通过观察格林柯尔收购的公司，它们有很多共性：业绩连年下滑，有的甚至被特别处理或濒临退市，基本上已失去在二级市场上的融资功能。而为了让这些企业起死回生，格林柯尔便不断地营造企业重新赢利的假象。赢利的根本途径应该是核心竞争力和运营效率的提升。可是这个途径在短期内很难实现。怎么办呢？走偏门。简单说，赢利＝收入－成本－费用－息税。这个公式告诉我们，公式右边任何一项都有文章可做。格林柯尔又是如何做的呢？通过研究它的财务报表和股市表现，不难发现，它在上市公司的"费用"上做了文章——大幅拉高收购当年费用，形成巨亏，一方面降低收购成本，另一方面为将来报出利好财务报表和进一步的资本运作留出空间。只此一招，就可以"洗去"未来年份的大块费用负担，轻装上阵，出来一份干干净净的报表，"赢利"就变得容易多了。

2. 地方政府援助舞弊

顾雏军的起诉书里透露了当年科龙改制中鲜为人知的细节。2001年,顾雏军为收购科龙成立了顺德格林柯尔企业发展有限公司,注册资本12亿元。由于当时仅能筹集3亿元现金,余下的9亿元是以其两项专利使用权作为无形资产出资。按照当时《公司法》规定,无形资产在公司注册资本中的比例不能超过25%,可见顺德有关部门当时对顾雏军"网开一面"。根据佛山市检察院的起诉书,2002年4月,由于顺德格林柯尔注册资本中无形资产占75%,远远高于法律规定的比例,顺德区工商部门不予年检。后凭顺德区容桂区办事处出具的协助年检函,最终办理了工商年检。但顾雏军无法筹足6.6亿元来置换注册资本中55%的无形资产,为了骗取公司变更登记,顾雏军指使手下携带相关公司的印章在顺德区容桂信用社内,通过来回倒款的形式,制造天津厂向顺德格林柯尔投资6.6亿元的假象,并将相关虚假资料交给会计师事务所验资,同年12月骗取了顺德区工商行政管理局对顺德格林柯尔的变更登记。由此看来,顺德政府部门确实是大费苦心。

3. 关联方交易舞弊

所谓关联方交易舞弊,是指管理当局利用关联方交易掩饰亏损,虚构利润,并且未在报表及附注中按规定做恰当、充分的披露,由此生成的信息将会对报表使用者产生极大误导的一种舞弊方法。根据年报披露,1998—2002年上市公司通过关联交易从天津格林柯尔购进制冷剂价值共计3.86亿元,2002年以后再没有购进,至2004年底库存货值仍达1.18亿元。令人奇怪的是格林柯尔制冷剂的生产者,天津格林柯尔并没有包括在上市公司里,而在其公司招股章程中也声称专注于中国市场,天津格林柯尔约94%的销售对象(注意是销售对象而非销售额)为海外机构。1999年度天津格林柯尔营业额为8.6亿元、纯利润5.73亿元,纯利润率为66.7%。确实是很惊人的数字,要说成非关联方交易估计谁也不会信。

4. 资产重组舞弊

资产重组有资产置换、并购、债务重组等形式,多发生在关联方之间。我国自2001年1月1日起开始执行的《企业会计准则——非货币性交易》规定,企业以非货币性交易取得的资产应以换出资产的账面价值,加上应支付的相关税费,作为换入资产的入账价值,这项规定封闭了公司利用资产转让、置换和出售进行欺诈的空间。格林柯尔经过一系列的并购使其很快腾空了流动资金,随之产生的一系列造假更是不断上演。从国外成熟的资本市场情况看,上市公司收购兼并的交易金额大大超过证券市场的融资金额。收购兼并作为资本市场配置的重要手段，是上市公司增强竞争力、提升公司价值的有效方式，是资本市场高度活跃的助推器。当我国"民企参与国企重组"一时成为主流话语时，体制变动突然带来了盛宴。这正好成就了一些别有用心之人的发财路，他们大肆吞并国家财产，严重损害了人民利益。顾雏军正是利用这些地方政府急于加快国资退出的思路，将收购与改制打包在一起，大玩了一把互惠互利的双赢游戏。

（四）舞弊的特征

1. 现金舞弊的"高端运作"

通常上市公司会选择不易被发现的资金运作，运用高技术的舞弊手段。他们通过集团内部的债权债务互转，通过中间公司使关联交易非关联化，通过银行或集团内部财务公司配合资本运作等，而技术含量最高且难以识别证明的就是现金舞弊。被曝光者往往是资金链断裂而被逼现形，或者被监管机构调查后才得以曝光。这类公司虽然舞弊手段高明、造假过程复杂，但都有一些共同的特征：上市公司处于一些关系复杂的集团当中，而且频繁担保与被担保；集团的实际控制人资金链断裂，十分迫切需要现金；上市公司有莫名其妙的资金往来，特别是现金往来非常复杂，尤其是与关联方的，资金流入流出量非常大；现金流量表中"收到（支付）其他与经营活动有关现金"一项金额巨大。这类公司往往处于关系复杂的集团当中，尤其是多家公司组成的一个"系"。如果该集团的实际控制方资金匮乏陷入困境，那么，马上应该引起警惕，他们随时会想尽各种办法挖走上市公司的现金。格林柯尔是一整个"系"，而科龙危机的爆发正是其不小心掉的"链子"，两者之间不正常的现金流入流出总额高达70多亿元，这实在是格林柯尔的"货币转换中心"。

2. 审计机构的串通舞弊

现行的财务舞弊不光是单纯的企业管理层或员工的舞弊，而与银行、证券管理机构、会计师事务所等单位或部门串通舞弊的情况时有发生。格林柯尔就是典型代表。虽说审计不可能发现所有的财务舞弊，但德勤在格林柯尔审计中显然没有尽职。格林柯尔存在太多违背常识的现象，其造假手法非常低劣，德勤没有发现"水面上的造假"，不但有未勤勉尽责之嫌，还有审计合谋之嫌。事务所起码一定要把审计程序做足，以便东窗事发能够及时免责。专业人士认为，"四大"审计技术及程序也要顺应中国上市公司舞弊特点而做实质性调整，不要追求形式上的完善及程序上的完美，而要根据常规舞弊手法设计有效的审计程序。发现重大舞弊才是审计的终极目标，而不是完善工作底稿。企图以审计工作底稿对抗审计失败的指控，那是一种形式主义。可是这种情况在证券审计市场比比皆是，绝不是德勤独家所有。

3. 隐蔽的财务造假行为

近年来，随着监管机构打击力度的加大，某些公司的财务造假行为也更加隐蔽多样。而格林柯尔的造假手段就更是丰富多彩，涉及伪造身份证、虚假注资、造假账、诈骗国家土地等多种手段。在对顾雏军及其格林柯尔系的一系列财务调查与分析中，我们可以看到，在"国退民进"以及产业国际化这两大背景下，格林柯尔代表着这样一种全球化资本运作的典范，它以香港资本市场为融资终端，以开曼等海外银行中心为资本运作平台，以退出中的国有企业为并购对象。通过一系列堪称精巧的报表操纵与资本运作手法，充分利用不同地区的制度差异与监管空隙，将全球化的资本链搭建在正企盼国际化的国内产业体系上。同时操作者准确地把握住了国企改革过程中国有产权退出的时机，并在深刻理解政府"非卖价目标"内涵的基础上，利用自身大股东的有利地位，在与政府讨价还价的过程中获得充分的资本转让溢价。格林柯尔系正是利用这一资本杠杆，在短短 5 年内建立起了规模庞大的产业体系，同时也为顾雏军自己带来了惊人的财富。这与我们所理解的种种黑幕最大的不同之处在于，他充分利用了不同制度的合法性——内地不合法的不表示香港不能做，而香港要谴责的也不表示开曼群岛不允许。

四、舞弊预警信号

（一）管理层面的预警信号

格林柯尔的重大决策完全由顾雏军一人所左右，且逾越决策程序的独裁现象司空见惯。公司治理结构形同虚设，存在严重的内部人控制，项目决策、资金调动、对外担保等重要事项全由其一人控制、暗箱操作。

（二）关系层面的预警信号

1. 会计师事务所屡次谦让

格林柯尔上市时聘请的会计师事务所是安达信，2001 年安达信因丑闻"告退"，其在香港的业务转给了普华永道。科龙与格林柯尔的审计机构都应当是普华永道。但是普华永道却将二者拱手相让与德勤。在格林柯尔入主美菱之后，普华永道也辞去了美菱的审计工作。直到 2005 年，德勤为科龙出具 2004 年的"保留意见"后，德勤也推掉了科龙的审计业务。而事实上，我国审计市场一直存在着僧多粥少的局面，经济上严重依赖于少数客户。事务所了解比投资者多得多的信息，所以从会计师事务所的行为不难看出，其中必有问题，而这便是最好的预警信号。

2. 关联交易明显缺乏正当的商业理由

例如 1998—2002 年上市公司通过关联交易从天津格林柯尔购进制冷剂价值共计 3.86 亿元，从 2002 年以后便没有再购进，而截至 2004 年底，其库存货值仍高达 1.18 亿元，如此交易，让人难以理解。

(三)组织结构和行业层面的预警信号

组织机构过于复杂，主要子公司或分支机构地域分布广泛。格林柯尔旗下主要有北京、深圳、海南和湖北 4 家工程公司，地域分布广泛。同时，顾雏军又控制着扬州格林柯尔和顺德格林柯尔各 90% 的股份，而这两家公司控制着科龙、美菱和亚星三家上市公司，然后又通过科龙参股华意压缩。此外，天津格林柯尔也没有包括在上市公司里。组织机构极为复杂，且实际都由顾雏军一人掌控。

(四)财务结果和经营层面的预警信号

会计期末发生"形式重于实质"的重大交易并对当期经营业绩产生重大影响。2002—2004 年间，科龙电器在收到客户的商业承兑汇票后，就相应地封存了大量库存产品，但是这些商业票据到期都会原样退还给原客户，根本没有现金收入。而销售都是发生在年底，虚增收入的目的是显然的。

对外报告的盈利能力以远高于竞争对手的速度迅猛增长。进行财务舞弊的公司出于虚构利润的需要，财务报表上通常会显示出不寻常的高盈利能力，如蓝田股份、银广夏的毛利率大大高于同行业的公司。自 2000 年上市以后，格林柯尔的业绩一路高歌猛进，2001 年度达到了巅峰。格林柯尔的营业额分别达到 3.64 亿元和 5.16 亿元，纯利润分别为 2.69 亿元和 3.39 亿元，两年毛利润率分别高达 81.39% 和 79.55%，净利润率也高达 73.96% 和 60.88%。净利润率持续畸高，远高于行业平均水平。

从现金流量指标看，公司有莫名其妙的资金往来，特别是现金往来非常复杂，尤其是与关联方的，资金流入流出量非常大。两者之间不正常的现金流入流出总额高达 70 多亿元，这实在是格林柯尔的"货币转换中心"。从科龙的合并报表以及母公司报表可以看出，科龙有大额的资金被格林柯尔侵占。2003 年，科龙母公司报表中其他应收款达 16 亿元之巨，而合并报表中该项目仅为 1.3 亿元；2004 年科龙母公司报表中其他应收款为 17 亿元，而合并报表中该项目仅为 1.2 亿元。如果投资者认真地分析一下这些奇怪的现象，就可以推断出格林柯尔严重侵占科龙资金的现象。根据毕马威的报告，科龙部分所属公司的资金与格林柯尔系公司的资金均是在无任何业务支持的情况下从账内或账外银行账户被直接划拨的，现金流入流出的总金额达 75 亿元之多。

另外,还可以从格林柯尔的基本财务指标看出端倪。格林柯尔报表的资产结构:账上现金非常巨大,占总资产的 64%,占净资产比例更是高达 74%,从关联公司购入制冷剂形成的存货也相当可观,至 2004 年底存货价值高达 1.18 亿元。另外,账上虽然有超过 10 亿元现金及银行存款,格林柯尔却把一部分存款抵押在银行以取得年息约 5% 的短期贷款。通常存单抵押在银行可以得到的贷款比率是相当高的(接近 100%),格林柯尔贷到的金额却不到抵押存款金额的 60%,银行如此小心就不免让人产生怀疑了。

财务报表项目余额和金额变动幅度异常惊人。营业收入成长及毛利率呈现异常的变化或与产业整体变化不符。1998 年公司收入仅 11 万元,利润为 -800 万元,而 2000 年年报时统计的收入则达到 3.64 亿元,3 年里增长了 3300 倍。自 2000 年上市以后,格林柯尔的业绩持续走高。2000 年、2001 年的营业额分别达到 3.64 亿元和 5.16 亿元,两年毛利润率分别高达 81.39% 和 79.55%。格林柯尔于 1999—2001 年连续 3 年赢利,纯利累计超过 6 亿元,外界看来完全符合香港主板上市连续 3 年赢利且 3 年的赢利累计超过 5000 万港元的条件。

五、格林柯尔给我们的启示及对财务舞弊的有效治理

(一)格林柯尔案例给我们的启示

格林柯尔退市了,如果证券市场没有完善的舞弊防范和处罚机制,"格林柯尔式骗局"还会上演,格林柯尔有目的融资及其系统性财务舞弊给我们留下许多值得深思的启示:

1. 加强完善相关的会计准则

一些上市公司的财务舞弊往往就是抓住和利用国家的某些带有柔性、歧义的会计准则,格林柯尔在削减账面上的成本和拉高账面上的营业利润方面就是理用了不当的会计技术。

2. 完善银行等金融机构的治理结构和内部控制,加强金融联手监督

很多企业向银行大额贷款能够得逞,除了其造假水平高超外,从一个侧面也反映了我国银行的治理结构与内部控制存在缺陷。格林柯尔案例已超越了证券行业的范围,涉及证券、银行等多个领域,因此有必要加强金融领域多部门间的监管协作,建立监管信息的沟通机制。如果能将各地贷款信息联网,在不同监管部门之间沟通,对格林柯尔未披露的大量融资信息就可尽早发现并及时监管。

3．加大财务舞弊的处罚力度和相关的立法

上市公司可以上市融资，其股票可以在二级市场流通，这就决定了它要为广大投资它的股民谋利。当然，股市是有风险，但绝不能因为这样就让它成为少数人利用不当手段来欺骗其他广大民众、损害们们的利益的工具。因此，政府必须加大处罚力度，加大上市公司财务舞弊的成本。

4．建立科学的政府业绩审核标准

顺德政府部门之所以如此"帮助"格林柯尔，与用一个地方的经济发展水平来判定当地官员的业绩不无关系。

5．完善上市公司治理

公司治理结构是防范财务舞弊最基础的一道防线，尤其对民营背景的上市公司来讲，如果没有适当的制约机制，很容易出现实际控制人在董事会"一言堂"现象，将上市公司作为谋取私利的工具。近年监管层采取了一系列措施来完善上市公司治理，包括引进独立董事、成立审计委员会、分类表决制度。由于财务舞弊通常给债权人也带来巨大损失，作为债权人的银行等机构有意愿且有能力来监督公司，应当加强债权人在公司治理中的作用。

6．加强货币资金审计，提防现金欺骗

随着造假手段越来越高明，现金流信息同样具有很强的欺骗性，格林柯尔在伪造业绩的同时，也伪造了相应的现金流。很多上市公司利用存单质押担保的贷款方式实现资金的表外实质转移，但从形式上看，企业现金仍然在账上。为此，审计师要分析货币资金余额的合理性和真实性，高度重视银行函证，不仅对表内资产负债进行证实，更要注意查询是否存在财务报告未记载的表外负债或担保。在现金流量指标上，不能只关注经营现金流量信息，还要结合投资和筹资活动考察现金流量状况。

7．加强上市公司担保的监管

从我国出现问题的其他上市公司看，一个显著特点就是这类公司很多都存在严重违规担保现象。为此，监管部门应采取措施加强对上市公司对外担保管理，及时披露担保信息。对审计师来说，应当高度关注上市公司担保情况和可能存在的风险，增加上市公司财务信息的透明度。

（二）对我国上市公司财务舞弊的有效治理

1．学习国外经验，提高审计机构违法成本

2002 年 10 月，美国注册会计师协会颁布了《审计准则第 99 号——考虑财务报表中的舞弊》。此准则进一步提升了"职业怀疑精神"。假设了不同层次上管理层舞弊的可能性，包括共谋、违反内部控制的规定等，并要求在整个审计过程中保持这种精神状态。拥有充分的专业怀疑精神无疑是对审计人员最重要的素质要求。国外完善而严厉的法律惩戒机制,使审计机构面对巨大的违法成本,迫使它们不得不小心,以免触犯法律,付出惨痛代价。但迄今为止,我国的审计机构违法违规主要还是受到行政处罚,而鲜有承担民事赔偿责任的。我们可以借鉴国外的惩戒机制,严厉打击一些唯利是图的事务所。据公安机关透露,曾有深圳中喜会计师事务所,两年内出具的虚假审计报告多达5000份。关键在于打击力度不够。

2. 加强司法介入,提高企业舞弊成本

司法使财务报告舞弊法律责任落到实处,特别是将民事赔偿责任落到具体个人和利益集团的关键。纵观美、英、德、法等国的法律,最突出的有两点:一是举证责任倒置,即原告没有举证的责任,而被告负有举证证明自己无罪的责任;二是集团诉讼制度。相形之下,我国大陆的会计、审计监管已有明显的改进,但仍然被动,处罚过轻。在造假成本低而造假利益惊人的治理环境中,管理层选择做假的动机明显增强,他们利用内部人控制和信息不对称为会计师事务所的审计工作质量留下了巨大隐患。强化审计责任、会计责任,让造假者受到严厉惩处,在政治上身败名裂,在经济上倾家荡产,在心理上后悔莫及,引入刑事处分机制迫在眉睫。

3. 加快发展我国法务会计行业

法务会计最早于 20 世纪 80 年代产生于美国,它是因大量舞弊案的出现而在美国发展起来的新兴行业。它是将会计知识和法律领域的一些相关技巧进行有机结合,从而成为查找舞弊证据,在法庭上提供法律证据的一门新兴技术。国外的实践表明,法务会计是治理财务舞弊的新利器,是上市公司财务舞弊的克星。法务会计在我国的发展相对滞后。近年来我国经济犯罪日益增多,特别是业界对我国上市公司"虚假陈述"民事责任的探讨,法务会计的市场需求日益显现。因此,大力发展这一新兴行业,对于减少财务舞弊的发生非常有利。

4. 提高会计人员从业职业道德

会计职业道德要求会计人员应爱岗敬业、诚实守信、廉洁自律、客观公正、坚持准则、提高技能、参与管理、强化服务。为实现以诚信为目标的会计职业道德目标,必须多管齐下,开展全方位、多形式、多渠道的会计职业教育,逐步培养会计人员的会计职业道德情感,树立会计职业道德观念,提高会计职业道德水平,使会计职业健康发展。从基层做起,减少财务舞弊的发生。尤其是新会计准则的颁布,使公允价值的运用更加灵活,更要求我们会计从业人员严格遵守职业道德。

5. 完善公司内部治理

有众多学者对于大股东侵害小股东权益的问题提出了大量的具体的意见,在对大股东进行权力限制或义务增加的同时赋予小股东部分特殊的权利,完善独立董事制度。但在实践中,我国法制环境的不完善,独立董事自身素质良莠不齐,独立董事独立性不高、不真实,如何保障独立董事的独立性是最突出的问题。其实,这一方面可以通过设立一个独立于各相关利益主体的中介机构来解决。完善监事职能,扩大监事会的权力。使其可以监督董事会的决策和经营管理的效果,决定董事会年薪和经理层的奖惩制度,强化监事会对公司的检查监督职能。明确大股东的诚信义务。具体规定大股东违反诚信义务时所应承担的法律责任,保证诚信义务的切实落实。

6. 加强公司外部监管

从格林柯尔事件来看,尽管我国上市公司立法取得了长足进步,增强了公司内部治理,引入了独立董事制度,但各种问题依旧层出不穷。可见,需要重视检视的不仅仅是公司内部治理的问题。证监会的监管职能的完善是解决法律失灵问题的关键所在。首先,中国证监会的定位与权力配置存在着先天不足,一方面既是市场制度的制定者,同时还是监管者、执行者,客观上无法做到完全独立的自我约束。另一方面,证监会的执法受到政治性因素的影响较大,过于强调股票市场的融资功能,往往忽视了小股东的利益。其次,在具体的执法个案中,证监会执法软弱无力,对违法行为没有进行及时有效的处理,也没有给予足够严厉的惩处,致使违法者机会成本很低,使潜在违法者不惜以身试法。再次,证监会执法效率低。我国证监会对突发事件缺乏足够的应付能力,处理周期长,面对数量巨大的举报案件无法及时处理。格林柯尔事件中,顾雏军从收购科龙开始就处于媒体与学术界的公开争议之中,长达四年的非法控制、挪用资金、关联交易的过程,证监会都没有采取有力的措施,充分说明了证监会对中国证券市场缺乏足够的监管能力。要克服以上的问题,必须对证监会加以完善和改革,把保护投资者利益作为证券监管的理念。突破证监会的行政依附性,设立独立规制委员会。突破证券监管行政监管为主的模式,促进证监会、法院和人大在证券监管中的协调、合作及监督。放松政府管制,加强自律监管、充分发挥社会监管的作用。

综上所述,舞弊产生的原因是错综复杂的,既有公司治理结构问题,政府行为不规范问题,以及证券市场运作制度规范化程度低的问题,也有"有法不依"以及注册会计师行业操守缺失等问题。针对目前上市公司严重舞弊违规现象及其新的发展动态,必须从多方面入手进行综合治理,有效监管、预防、发现、追究及严厉惩处。同时,规范公司管理当局、中介机构、大股东以及政府等行为。

案例分析 2:法莫公司(Phar-Mor,Inc.)财务黑洞案例

一、舞弊事件回顾

(一)法莫公司基本情况

1982 年,David Shapira 及 Michael Monus 两人共同创设了以经营杂货零售业务为主的法莫公司,并由 David Shapira 担任董事长,Michael Monus 担任总经理。法莫公司成立之后,该公司的业绩呈现急速倍增趋势,其连锁店家数及营业额成长情形如表 4-1 所示:

表 4-1 法莫公司成长速度

年度	店数	营业额
1982	1	—
1987~1989	68	—
1989~1990	150	10 亿美元
1990~1991	200	20 亿美元
1991~1992	250	24 亿美元
1992~1993	300	30 亿美元

1992 年 8 月 4 日,法莫公司董事长 Shapira 自行对外界公开了惊人的舞弊案,Shapira 指称该公司总经理 Monus、财务副总 Patrick Finn 以及其他二位高级经理人共同计划并参与了一场为期长达三年的串连舞弊事件。他们以虚列存货价值,报道不实盈余的手法,使该公司在 1990 年、1991 年及 1992 年三个年度的财务报表虽然分别显示有 2 千万美元、3 千万美元及 5 千万美元净利,但事实上法莫公司截至 1992 年 6 月的资产负债表隐藏了 5 亿美元之损失,他们并盗用该公司 1 千万美元以上资金。于是美国联邦调查局开始调查此杂货零售连锁店涉及金额重大的舞弊案。

(二)舞弊案的起点

法莫公司利用所谓的"盘商买卖(Deal buying)"建立其经营优势:亦即以

极低廉的价格盘入其他即将结束营业的商店的整批大量货品。该公司总经理Monus 希望能在自 1989 年起的三年内使该公司的营业额倍增，为达成此项计划，公司需要甚多存货，因此该公司更加依赖"盘商买卖"策略以使存货大量增加。

促使法莫公司需要大量商品存货的另一个重要原因是，该公司新的连锁店店面面积都大于其正常营运所需。随着法莫公司的业务由中部俄亥俄州渐渐扩展到美国西部，西部的购物中心经理要求法莫公司租较大的店面，以炫耀法莫公司为其主要租户。举例而言，该公司在早期所设立的 150 家连锁店店面平均面积约在 30000～40000 平方米间，但是期后所新设立连锁店每家店面积已增加至 60000～70000 平方米左右。但是事实上法莫公司往西部发展时，较好地段的购物中心早已经被同业所选用，因此该公司所租用的地点均不是非常适合开店的场所。此外，为填满营业面积，该公司不得不把商品种类扩充到运动服饰、消费性电子及录影带、家庭及办公室用家具等更多方面，也因此法莫公司到了发展后期，其所需要存货量及种类越来越多，所以除了盘商买卖方法外，该公司另增"买卖契约"（Contract buying）方式，该种存货采购方式虽然仍可以达到买的量多，成本就越低的目的，但其取得成本已经不能像盘商买卖方法的成本那么低。这样恶性循环的结果，使得法莫公司原来的成本极低化渐渐丧失，自 1989 年至 1992 年间所增加的 150 家店，其营业成绩也被证实失败。

（三）舞弊案之演变

其实法莫公司的会计制度并非十分复杂，基本上包括一个总分类账及Lotus 的电子试算表，且该公司的存货盘点使用循环盘点法（Cycle Count），并委请专业的存货盘点服务公司负责，每星期抽盘 300 家连锁店中的 10 家店面，亦即平均而言，每一家连锁店的存货一年大约会被盘点两次。但是该公司的部分内部控制制度及会计制度却十分松散且不合理，尤其是对于存货的控制与管理，以至于该公司有心人士得以逾越存货的控制制度及利用会计制度上的缺失达成其舞弊目的。

法莫公司的应付账款制度是以收到厂商的发票为入账依据，而非以验收时点为依据，亦即该公司之应付账款要等到发票收到时才会入账。这样的制度导致的结果是该公司收益与成本永远未能适当配合，而使销货毛利呈现不规则之波动。该公司人员认为毛利每况愈下的原因是应付账款制度上的问题所造成的，而他们相信只要改变此一制度就可以改善此问题，却忽略了实际存在于存货上的问题。

法莫公司有四大基本商品部门,包括药品部门、文具卡片部门、酒类部门及其他类商品部门。不论哪一个部门,其存货盘点及计价方式均是采用零售价盘存法,而且其成本率在公司成立七年以来都设定在 84.5%,未并随实际状况或环境之变迁而有所改变。即使是该公司到了发展后期采用存货采购成本较高的"买卖契约"方式,该公司仍维持其既定的存货成本率。

在法莫公司不当地快速扩张及所需存货越来越大的压力之下,法莫公司总经理 Monus、财务副总 Patrick Finn 以及另两位高级主管就利用该公司存货的控制制度及会计制度上的缺失,将存货账上所虚列的存货在"总公司"及"分公司"存货科目中来回挪移并加以操纵,以造成财务报表上的盈余假象,挪用公司资金并规避外部会计师审计。

(四)舞弊案的曝光

舞弊案曝光的导火线是法莫公司总经理 Monus 生活过于阔绰,消费习惯过于招摇。同时,Monus 也不断投资其他非相关行业,但是其所投资之事业经营情况却不佳,致使 Monus 后来不得不以法莫公司的支票支付其经营不善的投资支出。在这些支票渐渐流入第三人手中后,Monus 为期已久的舞弊事情渐渐曝光。

在法莫公司董事长 David Shapira 的怀疑及调查之下,由 Monus 主导的舞弊案终于被曝光。法莫公司因而将总经理 Monus、财务副总 Patrick Finn 以及另两位高级主管予以解聘,Shapira 并公开指责该公司签证会计师事务所 Coopers & Lybrand 未能查出这件存在已达三年之久的舞弊案是相当严重的失职行为,故控诉要求 Coopers & Lybrand 赔偿公司所受的损害 5 亿美元。然而,Coopers & Lybrand 却辩称法莫公司的总经理及财务副总及另两位高级主管共同串谋作弊,而董事会又监督不周,因此法莫公司不能以此责怪签证会计师未能查出舞弊。尔后,经过美国联邦调查局的调查,美国联邦地区性法院判决总经理 Michael Monus、财务副总 Patrick Finn 以及两位高级主管有罪,其中 Monus 甚至被判处 19 年的有期徒刑,而 Coopers & Lybrand 对于法莫公司的集体舞弊亦有查核上的疏失而应负相关责任。此外,法莫公司的主要债权人、投资者及营业店面房东等亦诉请 Coopers & Lybrand 会计师事务所赔偿,Coopers & Lybrand 分别与控告人于庭外达成和解,赔偿金额合计约 1.8 亿美元。

法莫公司因而于 1992 年向法院申请破产,并陆续关掉 211 家店面,遣散 17000 名员工。到了 1995 年 8 月,在一些主要债权人不再坚持反对的情形下,法莫公司经法院判准准予重整,从而避免了关门的不幸命运。

二、舞弊发生之原因

（一）过于乐观的预算目标及过度扩张

法莫公司原为全美国最大的股票未上市之杂货零售连锁店，但因其管理阶层制订过于乐观的预算目标——在三年内使公司营业额倍增，致使公司扩张过速，反而侵蚀了公司原本的竞争优势。超出理性预期的目标，使管理当局落入了反功能决策的迷思，更错误地以不法手段粉饰财务报表，以隐瞒错误决策所带来的巨额亏损。

（二）管理阶层品德不佳

舞弊案的主角是 Michael Monus，其人好大喜功，并不以经营全美国最大的股票未上市杂货零售连锁店为满足，除了要扩大法莫的规模外，其并于1987 年与朋友共同成立世界篮球联盟公司，并在 1990 年举办了两次女性职业高尔夫球赛，耗资 4000 万美元。此外还投资柯罗拉多棒球队，企图树立个人的魅力形象。在个人生活方面，其生活阔绰，私生活奢靡，生活在 18000 平方米的豪宅，出入有白色礼车接送，并常有保镖随侍。

1990 年以后 Monus 所转投资经营的球队表现不佳，财务上入不敷出，便靠其非法挪用法莫公司之资金支撑。而舞弊被曝光发现的导火线正是因其用法莫公司的支票支付世界篮球联盟旅费，而支票最后落入意外的第三者手中。

（三）未建立有效内部控制制度

法莫公司营业场所众多，存货的管理本就困难，而公司又未对其存货建立完善的内部控制制度，致有心分子得以利用存货盘点的漏洞，虚构存货的存在，掩饰资产被盗及财务状况恶化的事实。

（四）会计师的疏忽

法莫公司的会计师 Coopers & Lybrand 虽然辩称法莫公司舞弊事件系由该公司高阶管理阶层共同串谋作弊，且其董事会本身监督不周，会计师已经尽职，但是，法莫公司在许多会计制度上极不合理，存货内部控制制度问题都应该是会计师在审计期间可以提早发现的，但是 Coopers & Lybrand 联合会计师事务所却忽略了这些问题所可能引发的舞弊。

三、舞弊手法

法莫公司的舞弊案件，主要涉及两个财务报表上科目的操纵：存货及专属合约收益（Exclusivity Contract Money）。

（一）虚列存货

法莫公司的舞弊串谋者把操纵的各店虚伪存货记录到"总公司"存货科目中。在月底，因总公司并无存货，故做一调整分录，把此一存货分配到各店。每月结账之后，旋即将各店虚构的存货又记回总公司的存货科目，以便追踪了解账上一共含有多少虚构的存货。利用账务间挪移的方式，使得会计师事务所的审计人员前来检查存货记录时并未发现任何异常情况，且在年底盘点时，因为连锁店过多而必须采用抽盘制，因此所有虚构的存货都被巧妙地分配到审计人员不会进行实地检查存货盘点的各连锁店。

（二）签订专属合约并提早认列收益

法莫公司的舞弊串谋者与某些供应厂商签订合约，约定在一定期间内，该公司只专卖其产品而不卖其他竞争者之产品，并藉此向供应厂商收取权利押金。这种权利押金理论上应按合约期间比例逐渐转成收益，但法莫公司直接于收到现金时一次认列为当期收益。

四、案例的启示

为何注册会计师们一直未能发现法尔莫公司舞弊的迹象呢？或许，他们太信任他们的客户了，他们从报纸上阅读到关于它的文章，从电视中看到关于莫纳斯努力奋斗的报道，从而为这种欺骗性的宣传付出了代价；他们也可能是在错误的假设下执行审计，即认为他们的客户没有进行会计报表舞弊的动机，因为它正在大把大把地赚钱。回顾整个事件，只要任何人问一下这样一个基本的问题，即"一个以低于成本出售商品的公司怎能赚钱"？注册会计师们或许就能够发现这起舞弊事件。

第五章

财务报表常用分析工具

第一节　财务报表分析概述

　　财务报表分析是上市公司财务分析的重要方面,特指上市公司的有关信息使用者借助于上市公司的财务报表以及以财务报表为基础的一系列财务指标来对上市公司财务状况进行的分析与评价。

　　在市场经济条件下,与上市公司有经济利害关系的有关方面通常要对上市公司的财务状况进行分析。与上市公司有经济利害关系的有关方面可以分为:上市公司股东、上市公司的贷款提供者、商品或劳务供应商、上市公司管理人员、顾客、上市公司雇员、政府管理部门、公众和竞争对手等。这些方面构成了上市公司财务报表的使用者。由于与上市公司经济关系的程度不同,上述诸方面对上市公司财务状况的关注点也就不同。上市公司业主或股东是上市公司的入资者或购买上市公司股票的人。一般来说,他们要做的决策往往在于是否向某一上市公司进行投资或是否保留其在某一上市公司的投资。为了做出这类决策,业主或股东需要估计上市公司的未来收益与风险水平。因此,他们对上市公司的获利能力以及投资风险方面感兴趣。对于上市公司的股东而言,他们还会关心自己持有的公司的股票的市场价值。公司的现金(货币资金)流入和流出方面的信息也会吸引他们的注意力,因为良好的现金流状况既可以使公司能顺利地维持其经营活动,还可以使上市公司在分红时能考虑分发适度的现金股利。

　　但是,应当看到,在上市公司的业主或股东之间,由于对上市公司持有的股份比例不同,上市公司的业主或股东在对上市公司的控制和影响力方面有着较大的不同。这种对上市公司的控制和影响力方面的不同直接导致了持有不同份额股份的股东对上市公司财务状况关注方面的差异：对于控制性股东和重大影响性股东而言，由于他们可以通过自己的努力直接或间接地影响被持股上市公司重要岗位上的人事安排、投资决策、经营决策，以及股利分配政策等，因此，这类股东往往关心与上市公司战略性发展有关的财务信息，如上市公司资产的基本结构和质量、上市公司的资本结构、上市公司长期获取质量较高利润的前景等等；非控制性、非重大影响性股东则更关心上市公司近期业绩、股利分配政策以及短期现金流转状况等。

通过分析资产负债表，可以了解公司的财务状况，对公司的偿债能力、资本结构是否合理、流动资金充足性等做出判断；通过分析损益表，可以了解分析公司的盈利能力、盈利状况、经营效率，对公司在行业中的竞争地位、持续发展能力作出判断；通过分析现金流量表，可以了解和评价公司获取现金和现金等价物的能力，并据以预测公司未来现金流量。

有人将股市比喻为啤酒，没有泡沫，啤酒就不成为啤酒，所以股市没有泡沫是不可能的。股市存在泡沫的原因是多方面的。由于媒体极端发达，网络、电视、报纸、杂志等给了大众了解信息的广泛渠道，同时也给了公司、券商、投机者以多样的手段来操纵市场，不可否认，股市中的泡沫是对不实信息的炒作造成的。另外一个方面，由于企业的财务报告中存在泡沫，引致股市存在泡沫。总的来看，影响较大的是三类泡沫：利润泡沫、现金泡沫和资产泡沫。公司的管理层制造泡沫，以影响股市，目的未必是为了诱导投资人，但是如果作为投资人，不将这些泡沫挤出，就会被误导，做出错误的决策。

一、造成泡沫的会计因素

我国《企业会计准则》第 10 条指出，"会计核算应当以实际发生的经济业务为依据，如实反映财务状况和经营成果。"这里强调"实际"、"如实"，这也反映了我国对会计信息"客观性"的一贯要求。但是什么是"实际发生"，如何才是"如实反映"。这两个问题"准则"没有给予明确的说明，只能从企业涉及的会计业务本身去揭示。

企业的会计业务根据是否具有可验证性可以分为两类：一类是可验证性业务；另一类是需要会计人员做出职业判断的业务。所谓可验证性业务，是指那些可以通过各种凭证来验证业务本身已经发生或已经完成的业务。例如，外购存货的购入发票是验证存货购入的有效凭证。运输发票是货物交付运输的有效凭证。企业中有许多业务是可以验证的业务，对这类业务，经有关环节验证后，即可以作为"实际发生"处理，如实在会计系统中予以反映。由于是根据凭证来确认业务的实际发生，所以凭证的内容决定了企业的财务情况。对于业务凭证也存在可信度的问题，通常外部凭证比内部凭证可信度高，而内部由几个部门批准经手的凭证比一个部门单独处理的凭证可信度高。所以这些业务的确认是根据凭据的记载，并不一定是企业实际业务的如实记载。而需要会计人员做出职业判断的业务是指那些虽然已经发生，但是发生金额需要靠会计人员的职业判断来决定的业务。这类业务的例子在企业中有很多，最常见的有固定资产折旧费用的确定，企业在使用固定资产时，即可以视为这项使用固定资产的业务已经发生，企业因使用固定资产而受益的金额，则以折旧费用来确定，在目前会计准则允许采用多种会计处理方法计提折旧的条件下，对同一种固定资产不同的会计人员会计算出不同的折旧费用。在这种情况下，企业对这类业务入账金额的确定，则难以说"实际为×××元"，而只能估计确定。正是对这种职业判断性业务的估计处理，才使得企业的财务信息，有可能在一定范围内波动。因此，绝对不可以认为，企业的利润为"×××元"，不可能是一个确定的数值，只是大体上是这样一个数据。从我国目前的情况来看，企业对职业判断性业务的处理及导致的财务信息弹性化主要体现在以下几个方面：

（一）坏账备抵率的确定

对坏账损失的处理，可以采用备抵法，坏账备抵金额由下式计算：坏账备抵金额＝期末应收账款余额×估计的坏账率进行的会计处理，计提坏账备抵，同时计提管理费用（我国现在的会计处理，将坏账损失计入管理费用）。如果计提比例大，管理费用增加，降低当期的利润，减少坏账备抵率，将增加当期利润。我国财务制度中规定企业的坏账估计率应按照年末应收账款余额的3‰～5‰计提坏账准备，但是企业采用具体的坏账率在这个范围内是可以任意决定的。此外，我国对境外上市公司、香港上市公司以及在境内发行外资股的公司，坏账提取比率等由公司自行确定。为了限制公司在进行会计处理中的任意性，会计制度要求企业在财务报告中披露坏账损失的处理方法，并且方法一旦确定不能随意变更，发生变更要在财务报告中披露，并且披露由于会计处理方法的变更而引起的会计影响数。

（二）存货计价方法的选择

企业有多种计价方法对存货进行处理，但任何一种方法处理的结果均会与其他方法确定的期末存货和销售成本出现差异。这种差异可能导致企业损益表中的利润出现差异：如商业企业将发出库存商品价格高估，就会使利润下降。而选择使用哪种方法，完全由企业自己决定。另外，境外上市公司、香港上市公司以及在境内发行外资股的公司，中期期末或年度终了，应对存货进行全面清查，如由于存货遭受毁损、全部或部分陈旧过时和销售价格低于成本等原因，使存货成本比可变现净值高时，按照可变现净值计价，并提取存货跌价准备。存货跌价准备应按单个存货项目的成本高于其可变现净值的差额提取。这些将加剧企业间信息处理的不可比性。如果企业对存货跌价低估就会造成企业报表中存货被高估，产生资产泡沫，同时当期费用减少，利润被高估，产生利润泡沫。

（三）制造企业对产品制造成本计算方法的不同选择

制造业企业存货成本计算中，制造费用与非制造费用之间的划分、各期制造费用的划分、各种产品对公共消耗制造费用的划分以及各种产品制造费用的划分等方面均具有较强的主观性。企业对产品制造成本计算方法的不同选择，构成了企业会计信息弹性化的又一方面。

（四）关于固定资产与存货的分类差异

在企业的会计实践中，应对其使用的耐用生产资料划分成固定资产和低值易耗品。一旦某项资产被划分为固定资产，则将其列入长期资产并在长于一年的时间内计提折旧。而如果被划分为低值易耗品，则将其列入存货，采用一次摊销法、五五摊销法等进行摊销。虽然在有关制度中，对固定资产与低值易耗品的划分作了规定，但实际划分标准则往往由企业确定。

（五）固定资产折旧会计政策的选择

折旧会计政策的选择，受到固定资产的分类、各类固定资产的折旧年限、净残值估计率，直线或加速法等多种因素的制约。而上述任何一种因素的确定，均难以有"唯一正确"之说。因此，企业折旧额（通常计入当期费用）的估计，也将导致当期财务成果呈现弹性化。

（六）无形资产摊销方法的确定

与固定资产的折旧一样，无形资产摊销中摊销期的确定也是由企业决定的。与其他资产不同，无形资产对企业的贡献期受人为因素、市场因素等影响较大，具有较大的不确定性。企业选择摊销期的长短也就有了弹性。其结果是当无形资产摊销期较短时，计入当期费用的无形资产价值就会提高，利润就会下降；反之，将会使企业的利润上升。

（七）其他方面的方法选择

其他方面，如权益投资中权益法与成本法的选择应用，在很大程度上由企业主观确定，企业可能浑水摸鱼，应用时选择对自己有利的方法；长期债权投资溢、折价的摊销、或有事项的估计，长期负债利息的确定以及应付债券溢、折价的摊销等，均可能构成企业高估（或低估）利润因素。企业利用会计准则规定的可以选择的会计政策选择有利于自己的会计处理方法。而实际当中，会有另外一些合规或不合规的手法操纵财务报表信息，使财务报表中有许多泡沫。

二、企业操纵财务报表形成的泡沫

企业为了达到某些目的，人为地制造一些业务或某些业务的金额的行为。

（一）人为地操纵销售活动的实现时间

在会计期结束之前，企业如果没有实现预期的销售收入目标，或者利润不尽人意，那么有时会采取虚假销售的办法，将未实现的销售提前确认，虚增当期销售收入与利润，以使信息使用者对其利润水平有较高的评价。在虚增利润的同时会虚增资产，于是产生了利润泡沫和资产泡沫。

（二）人为地操纵销售活动的实现方式

在对外开拓市场不能达到企业管理层所期望的业绩、管理层难以向有关方面交代其财务成果的情况下，企业有可能利用关联方交易来"实现"较好的业绩：将自己的产品和劳务高价提供给关联企业，同时，又从关联方得到低价的劳务和原材料等生产要素。上市公司的报表附注中关于关联方交易方面的信息，有助于读者了解企业业绩实现的方式。

（三）与理财活动相结合的操纵活动

这类方法具有较大的欺骗性，也是改革开放以来许多企业正在尝试的方法。这方面的一些表现有：1.为改善其资本构成而将债务转化成所有者权益。大家知道，如果企业的负债与所有者权益的比例过高，企业就可能面临资不抵债的困境。一些企业为了达到改善其构成比例的目的，可能精心策划将债务转化成所有者权益的所谓"债转股"的"战略"活动：往往首先以一定时期的高利润吸引目前和潜在的所有者，然后再以"优惠"条件"优先"给予债权人，鼓励债权人将债权放弃，转成企业的所有者。一旦此战略实现，将意味着原来的债权人不会再对企业有债权要求，企业的负债与所有者权益比例好转，结果使企业的债权人风险加大。2.通过对其他企业的兼并、收购，形成企业集团，同时改善母公司的资本构成企业集团的组建，有许多经济上的优越性。但也有一些企业，进行企业集团的组建的目的是要改善母公司的资本构成。母公司在对外投资获取股权时，既可以使用货币资金，也可以用非货币资金（如存货、固定资产、无形资产）对外投资。而上述非货币资金用于对外投资时，往往涉及资产评估。如果资产估价过程中,资产以远远高于原账面净值的价值评估,则这部分差额就会增加企业的"资本公积"。结果既组建了企业集团,又使母公司的资本结构得到改善。但是企业并不是能够利用这种方式进行任意的操纵,因为评估机构的估价不能没有一点根据,而且又可能交纳所得税,这些因素制约了企业进行任意操纵。另外,这种情况也只有在不是商业运作的情况下才会发生,通常通过市场的正常商业运作进行的兼并、收购活动,双方为了各自的利益会尽量使自己资产的估值较高,最终结果就会是不能虚增资产和所有者权益。

(四)采用"自下而上"方式编制报表,直接在报表中"产生效益"

通常企业会在年初制定利润目标,或者对相关方面进行利润承诺。在年末企业如果发现当期利润达不到预期的目标,就会以目标利润为起点而进行报表的编制活动。这里所说的"自下而上"的编表方式,是指在编表之前,企业根据其应该达到的利润表的业绩水平(主要表现为净利润、利润总额,这些项目均在利润表的下方出现),自下而上地确定企业经过有的费用水平和收入规模。在此基础上,再比较实际收入和费用,"发现问题、挖掘潜力、解决问题"。如果当期发生的费用超过了当期预期业绩的"承受能力",则将当期不能承受的部分费用暂时"升格"为资产(往往是递延资产或待摊费用),留待以后消化吸收;如果当期获得的收入规模达不到当期预期业绩的要求,则可以在表上直接调高收入水平,同时增加企业的债权规模,等等。不一而足。

(五)根据理想的比率指标的要求,直接在报表中进行调整

我们知道在进行报表分析中,报表使用者经常会使用财务比率分析来评价企业的财务状况。用企业的财务比率和理想比率进行对比,并据此对企业进行评价,这样的比较并不能客观地评价企业,但是这是一种常用的方法。企业为了使自己的报表比率尽量符合理想比率的标准,往往在报表中(特别是在资产负债表中)对某些项目进行临时调整(如将长期投资划为短期投资、将流动负债划为长期负债),以使企业的财务比率能向有关方面"交代"。

三、剔除财务报表中的"泡沫"成分

要剔除"泡沫",就必须对形成泡沫的原因进行了解,有针对性的采取行动方案。

(一)上市公司常用的主要"粉饰"手法

最常用的财务报表粉饰手法有 4 种:1. 利用会计准则和会计制度尚未规范的地方,"创造性"地处理,使得某类经济业务的会计处理有利于公司利润呈

现增加。如上市公司通过收购其他销售和利润好的公司以"改善"自己当年的合并利润；上市公司将本应属于当期费用的研发支出作为无形资产、递延资产、长期待摊费用等处理，以使得上市公司的报表"过得去"。2.利用上市公司信息披露方面规定不够详细，基于不同的"理解或认识"进行处理，使得某些重要的财务指标如加权每股收益显得比实际的"好看"。3.利用关联方交易增加利润，比如通过上市的子公司向其母公司出售资产增加利润，以掩饰其主营业务的亏损。4.利用关联方资金往来操纵上市公司经营活动产生的现金流量。比如母公司向上市的子公司提供非经营性的往来资金以改善子公司的经营活动产生的现金流量；或上市的子公司将筹集到的股本资金长期提供给母公司使用。为了掩人耳目，对这种"肉包子打狗"性质的业务进行"四部曲"式的处理：(1)在账务处理时，增加"其他应收款"(如果上市公司及其雇佣的注册会计师还能维持一定的职业道德水准的话，这种处理可以在报表附注中得到披露)；(2)在现金流量表上，将这种流出列入"支付的其他与投资活动有关的现金"中；(3)当子公司经营活动现金流量出现困难时，母公司不得不将现金打回子公司，在后者的现金流量表中列入"收到的其他与经营活动有关的现金"中；(4)对由此引起的资金使用与招股说明书中约定的资金用途出现的重大差异轻描淡写，简单地陈述成"客观形势的变化"或解释为"企业投资理念的变化"等。

产生以上问题的原因是多方面的，比如会计规定存在漏洞，信息披露制度过于笼统，存在个人理解的问题；另外一方面，也是非常重要的方面。由于我国市场经济体制不健全，公司上市存在很多限制，使"壳资源"成为稀缺资源，已经上市的公司有些自身经营能力差，但是为了保住上市地位，不被退市，就想尽办法来制造利润，于是出现了种种操纵报表的情况。

(二)剔除财务报表中"泡沫"的简易方法

可以通过以下简易方法将上市公司财务报表中的泡沫成分剔除，达到把握上市公司财务状况的目的：1.看公司利润表结构是否异常。看一个公司的盈利能力，应该主要看它经常性业务的盈利能力。如果一家上市公司主营业务利润或营业利润比较小或者出现负数，而其利润总额较大或为正，那么说明该企业的主要产品和服务已不能盈利或微利，利润是靠营业以外的活动产生的。这样形成的利润很不稳定。目前上市公司存在很严重的介入股票市场的问题，例如四川长虹，2001年中期报告中，委托理财收入就高达3600万，而非经营收入是7000多万，就是如此巨大的其他收入使四川长虹保持了中报的微利，而主营业务的利润实际是亏损的。在目前股市变化较大的情况下，不能期望这样的企业可以保持如此高的投资收益。所以在分析报表时,遇到这样的情况要提高警惕。2.将公司利润表中的净利润与其年报和中报"主要财务数据"一栏的"扣除非经常性损益后的净利润"进行对比。如果后者不到前者的一半,说明企业主要依靠非经常性的,或者说偶发性的业务活动,而不是靠经常性业务活动。这样的利润水平在可预见的未来是否能继续维持值得怀疑。比如,1999 年在深交所上市的某公司,净利润为人民币 11900 万元,而其扣除非经营性损益后的净利润却为 -881 万元,即经常性业务亏损将近 900 万元人民币,其前景堪忧。3.将公司的利润和现金流量进行对比。如果一家公司利润表显示其营业利润水平不错,但是现金流量表中的经营活动产生的现金流量净额为负值,说明公司虽然有营业利润,但是营业利润的泡沫嫌疑比较大。这是因为企业的商品一旦发出,获得收取货款的权利(会计称之为应收账款),便可以在利润表中实现利润,而不是在收到现金的时候才确认利润。应收账款如果不能及时收回,公司就会"现金贫血",利润泡沫最终将消失。对应收账款和其他应收款急遽增加的企业要提高警惕,根据实际情况来分析其泡沫成分的多少。4.公司的销售和利润是否呈上升趋势。这可以通过比较本年度和上一年度的主营业务收入、利润总额和净利润来发现。公司的成长性非常重要,在一个竞争的市场环境中,公司停止了成长的步伐,就意味着退步。另外,如果是处在高增长期的企业,一定注意它的费用增长、借贷能力等情况。处于高增长阶段的公司,对资源的需求很大,如果有充足的资金通常不会有太大的风险。对这样的公司,要分析公司费用的变化情况,如果费用控制很好,特别是对应收账款的良好控制,可以说这个企业具有很好的前景。5.关注招股说明书的包装色彩。特别注意准备或者刚刚上市的公司的招股说明书的财务报表的"财务包装"色彩通常比较浓重,导致上市前和上市后的业绩差别很大。6.关注"其他应收款"。如果公司的资产负债表的其他应收款的数额巨大,那么投资者要特别当心。因为某些上市公司有可能将资金融通给其第一大股东或者其他关联方,而且通过其他应收款出账往往意味着其他单位无偿占用上市公司的资金,这样就侵害了该公司其他股东的利益。这种现象在我国的上市公司中比较多,报表使用者要结合报表附注中对其他应收款的披露来具体分析,并提高警惕。7.关注合并报表和关联方交易的披露。需要注意,合并利润表中主要项目与母公司报表数据之间的差异程度反映了母公司对关联方交易的依赖程度。如果母公司的应用收入大于合并报表的营业收入,说明母公司主要依赖关联方交易;如果母公司的投资受益大于合并报表的投资收益,则说明母公司盈利的"本事"也要靠对集团内部的投资。8.关注利润表中"投资收益"和现金流量表中"分得股利或利润所收到的现金"项目之间的差异。如果前者大于后者，我们可以基本上将双方之间的差额认为是企业投资收益的不可支配的部分。当然，由于两者之间的差异还受收回投资所收到的现金与投资成本以及债权投资收益的确认等因素的影响，上述分析不是十分准确，但是这是必须提高警惕的部分。

第二节　财务报表分析的局限性

　　会计假设与会计原则是传统会计理论的基础与重要组成部分。通过对会计所面对的社会、经济环境进行推论，并在此基础上构建一系列有关确认与计量的基本原则，会计工作实现了对会计信息的收集、记录、汇总与产出。但是，基于会计假设与一般会计原则而产生的财务报表信息是否就完全真实、可靠地反映了上市公司的全貌，通过分析这样的财务报表是否就能清楚、全面地了解上市公司的经营管理和财务状况，应该使读者能正确理解财务报表分析的内容和局限性。

　　现行的四条基本会计假设——会计主体、持续经营、会计分期、货币计量，最终形成于 20 世纪 60 年代，是与当时的工业时代的会计环境相适应的。随着科技的迅猛发展，人类社会也步入了后工业经济时期并大步向知识经济迈进，会计赖以生存的经济环境发生了极大的变化，传统的会计假设与经济现实的差距越来越大，主要表现为：

　　竞争激烈的市场经济环境使持续经营假设关于会计主体前途稳定性的设想不断受到冲击。持续经营假设认为，在正常的情况下，会计主体的生产经营活动将按照既定的目标不断地进行下去，在可以预见的将来不会面临被清算或被兼并。持续经营是每个上市公司得以生存的必要条件，是每个上市公司的目标，但在现实的经济环境下，伴随着不断加大的经营风险和财务风险，上市公司的随时都有可能被清算、被兼并，从而被迫终止经营活动。

　　会计分期假设的缺陷日益暴露。从某种意义上说，会计分期假设是与持续经营假设联系在一起的。因为只有假定一个会计主体能够持续经营，才有必要和可能进行会计分期。由于人为地把持续不断的上市公司生产经营活动划分为较短的经营期间，为了分清各期间的经营责任和业绩，在会计处理上就需要运用"应计"、"应付"、"预提"、"待摊"和"摊销"等特殊的会计处理程序来确认收入和费用的归属。因此也可以说，会计分期假设是权责发生制产生的理论基础。而在权责发生制下，会计要素的确认和计量要受到人们主观认识的影响，且应计、应付的收入或费用等项目往往与实际的现金流量不一致，这些都不同程度地降低了会计信息的可靠性与相关性。

世界范围内的通货膨胀和信息使用者对非货币性信息需求的不断增大，使货币计量假设与现代经济的发展越来越不相适应。货币计量假设暗含着两个假设前提，一是币值稳定，这显然与世界范围内的通货膨胀现状相去甚远，物价变动会计的出现就是明证。二是会计信息应理解为基本上是可按货币定量或带有财务性的。这样的结果是把大量的诸如上市公司声誉、人力资源等重要的非货币性信息排斥在会计信息系统之外，致使会计信息外部使用者无法真正全面地了解上市公司的面貌。

相对于会计假设，会计原则在会计理论结构中并不居于基础的层次，但它却是制定具体准则或选择特定程序的必要依据。本节仅就历史成本原则、稳健性原则和权责发生制原则为例进行评述。

历史成本原则。从传统会计理论的内在结构与联系方面看，历史成本原则是建立在持续经营假设与货币计量假设基础之上的。前者为历史成本计量提供了可能性，而后者则是采用历史成本计量的必要条件。由于历史成本计价的客观性、可溯性和方便性，它曾一度被认为是最合理的计价原则。然而，随着会计环境的深刻变化以及内外部信息使用者对会计信息的需求日益复杂化、多样化，历史成本原则赖以存在的优势正在逐渐丧失。首先，历史成本原则以取得资产时的货币支出作为其计价依据，使建立在其基础之上的报表信息成了真正的"历史"信息，根本不能代表该资产的现行成本或变现价值，从而导致了会计信息相关性的逐渐降低。其次，在历史成本计价模式下，计量收益所采用的方法是配比。在通货膨胀普遍存在的情形下，由于资产按历史成本计价，收入按取得时的市价计价，这样就产生了两个不可比的计价基础，使上市公司多计了收入少计了成本，容易造成虚增利润的假象。最后，在无形资产计价方面，历史成本原则也显得力不从心。无形资产计价具有其特有的复杂性和不确定性，其中之一便表现在无形资产的成本项目往往不明确，即形成无形资产的原因往往难以溯及。最典型的例子就是商誉。由于没有具体可计算的成本费用支出，许多对上市公司经营有着重大影响的无形资产，如商誉、知识产权、人力资源等，便无法按历史成本原则在资产负债表上得到反映。

稳健性原则。稳健性原则要求对可能的损失或负债应予以充分的估计，而对可能的收入或利得则一般不予估计或必须十分谨慎地估计。目前会计实务中常用的成本与市价孰低、计提投资准备和存货跌价损失准备等即是稳健性原则的具体运用。但是它仍然存在许多缺陷：从理论上看，稳健性原则与其他的会计理论没有必然的联系，也不是逻辑推理的必然结果，它只是基于这样一种观点，即"在财务呈报上，悲观主义被假定优于乐观主义"，因此缺乏充分的理论依据；而且稳健性原则的核心是高估损失低估收益，其最终目的是为了维护业主和投资者的利益，因此也与真实和公允原则相左。从实践上看，稳健性原则的运用是建立在会计人员的主观判断基础之上，人为因素的加入容易使会计活动偏离客观、公正的立场，并有可能成为上市公司管理当局操纵利润、玩弄数字的工具。例如，上市公司在业绩好时，过度运用稳健性原则，多提准备，少提或根本不提收益，以此隐瞒真实利润，为业绩差时虚增利润做准备。

权责发生制。权责发生制与会计期间假设是一脉相承的。按权责发生制原则进行会计核算，就是以收入和费用的归属期作为确认收入和费用的标准，把收益或损失计入导致发生收入或支出的会计期间，而不计入实际收付现金的会计期间。由此，我们可以得出这样一个基本印象，即权责发生制所确认的收入、费用以及利润与上市公司的现金流转并不是一回事，上市公司有利润和上市公司有净现金流入并不是一回事。也就是说，权责发生制使上市公司财务报表中损益类项目的可靠性降低，并进一步导致利润可靠性的降低。这一点是上市公司财务报表信息使用者必须牢记的。

此外，如果对所有经济业务，均采用权责发生制原则进行处理，也会使会计处理过于复杂，从而降低会计信息的使用价值。因此，在会计实务中，在总体上坚持权责发生制的前提下，上市公司应按照重要性原则的要求，对那些数量、金额较小，在整个经营活动中按收付实现制原则进行核算。实际上，收付实现制能够清楚地反映上市公司在一定时期的现金流转情况，而上市公司的现金流转情况也是反映上市公司财务状况的一个重要方面，当今许多国家的上市公司对外编制现金流量表就说明了这一点。

尽管对企业的报表进行比率分析，可以使信息使用者获得许多关于企业财务状况的信息。但是，对企业报表的比率分析仍不足以对企业的财务状况整体做出全面评价。比率分析的局限性主要由两个方面的因素造成，一方面是比率分析方法本身有一定的局限性，另一方面是由于计算比率的会计信息自身有局限性。

一、会计报表自身的局限性

（一）报表信息并未完全反映企业可以利用的经济资源

我们已经知道，列入报表的仅是可以利用的、可以用货币计量的经济资源。实际上,企业有许多经济资源或是受客观条件制约或是受会计惯例的制约并未在报表中得到体现。例如,企业的人力资源、历史悠久的企业账外存在的大量无形资产,未申请专利的专有技术,均不可能在报表中予以反映。因此,可以说,报表仅反映了企业经济资源的一部分。

(二)受历史成本惯例的制约,企业的报表资料对未来决策的价值受到限制

会计信息处理中广泛坚持的历史成本惯例,使会计信息在通货膨胀面前的信任度大大降低。坚持历史成本惯例(原则),将不同时点的货币数据简单相加,会使信息使用者不知晓他所面对的会计信息的实际含义,也就很难对其现在和未来的经济决策有实质性参考价值。由于进行比率分析时,经常要考虑将报表中相关的项目比较,由于历史成本原则在资产定价中广泛应用,在计算很多比率的时候,就会出现用市场价值计量的数据与用历史成本计量的数据相比较的情况。这样就使得计算出来的数据不准确,难以反映实际情况。

(三)企业会计政策运用上的差异使企业自身的历史与未来对比、企业间的对比难以有意义

关于会计政策的差异问题,我们已在前面进行了讨论。只需记住一点:企业在不同会计年度间采用不同会计方法以及不同企业以不同会计方法为基础形成的信息具有极大的不可比性。当企业发生变更会计政策的情况时,一定要作深入的研究,要仔细分析政策变更对企业的影响和发生变更的原因。

(四)企业对会计信息的人为操纵可能会误导信息使用者

在企业对外形成其财务报表之前,信息提供者往往对信息使用者所关注的财务状况以及对信息的编号进行仔细分析与研究,并尽力满足信息使用者对企业财务状况的期望。这就难免形成"你想看什么,我尽力提供什么","你希望我的业绩如何,我就编出这样的业绩让你看"的思维与实践。其结果,极有可能使信息使用者所看到的报表信息与企业实际状况相距甚远,从而误导信息使用者做出错误决策。经常会出现为了修饰流动比率,管理者在报表日前将短期债务还掉,过后再借回来的情况。这些我们一定要注意。因此,对企业财务状况的全面分析与评价,除考虑货币因素外,还应注意非货币性因素,并加强信息使用者对误导信息的抵御与防范。

二、财务比率分析的局限性

(一)比率分析只能对财务数据进行比较,对财务数据以外的信息没有考虑,就可能造成对实际情况的误解

财务报告是企业整体状况的一个总结,其中财务报表是用数据反映企业

经营管理情况，除了财务报表，还有许多其他有用的信息会在财务报告中向外公布。而比率分析由于其自身的计算和比较过程只是涉及财务数据的比较，所以如果分析人员不注意参考非数字信息来对比率进行分析，就会造成对报表理解的偏差，而误解公司的实际情况。

（二）为了达到某种目的，企业可以人为修饰财务比率，造成对财务信息的歪曲，误导投资者

不同的报表使用者对报表不同比率的重视程度不同，比如在进行申请贷款时，银行非常看重企业的清偿能力，企业可能会对反映清偿能力的财务比率进行修饰，满足银行的要求，达到借款的目的。股东对反映盈利能力的比率会比较重视，企业也可以作相应的修饰，改变报表比率。这些修饰通常会误导报表使用者，使他们做出错误的决策。

第三节　财务报表分析主要方法

一般来说，财务报表分析的基本方法分为三种：水平分析（Horizontal A-nalysis）、共同比报表分析（Common-size Financial Statements）和比率分析（Ratio Analysis）。

一、水平分析

水平分析有时又可被称为趋势分析，它是最简单的一种分析方法。具体分析方法为：将某特定企业连续若干会计年度的报表资料在不同年度间进行横向对比，确定不同年度间的差异额或差异率，以分析企业各报表项目的变动情况及变动趋势。水平分析法中具体有两种方法：比较分析法（Comparative Financial Statements）和指数趋势分析（Index-number Trend）；

（一）比较分析法

比较分析法是将上市公司两个年份的财务报表进行比较分析，旨在找出单个项目在各年之间的不同，以便发现某种趋势。在进行比较分析时，除了可以针对单个项目研究其趋势，还可以针对特定项目之间的关系进行分析，以揭示出隐藏的问题。比如，如果发现销售增长10%时，销售成本增长了14%，也就是说成本比收入增加的更快，这与我们通常的假设是相悖的，我们通常假设，在产品和原材料价格不变时，销售收入和销售成本同比例增长。现在出现了这种差异，一般有三种可能：一是产品价格下降，二是原材料价格上升，三是

生产效率降低。要确定具体的原因,这就需要借助其他方法和资料作进一步的分析。

（二）指数趋势分析

当需要比较三年以上的财务报表时,比较分析法就变得很麻烦,于是就产生了指数趋势分析法。指数趋势分析的具体方法是,在分析连续几年的财务报表时,以其中一年的数据为基期数据(通常是以最早的年份为基期),将基期的数据值定为100,其他各年的数据转换为基期数据的百分数,然后比较分析相对数的大小,得出有关项目的趋势。具体计算方法现举例说明如下:假设20×1年12月31日存货额为150万元,20×2年12月31日存货为210万元,设20×1年为基期,如果20×3年12月31日的存货为180万元,则两年的指数应为:20×2年的指数$=210/150\times100=140$,20×3年的指数$=180/150\times100=120$

当使用指数时要注意的是由指数得到的百分比的变化趋势都是以基期为参考,是相对数的比较,好处就是可以观察多个期间数值的变化,得出一段时间内数值变化的趋势。如果将通货膨胀的因素考虑在内,将指数除以通货膨胀率,就得到去除通货膨胀因素后的金额的实际变化,更能说明问题。这个方法在用过去的趋势对将来的数值进行推测时是有用的,还可以观察数值变化的幅度,找出重要的变化,为下一步的分析指明方向。

二、共同比报表分析

共同比报表分析方法又称垂直分析(Vertical Analysis),是和水平分析法相对的,水平分析法注重于关键项目不同年份的比较,而垂直分析法更注重于报表内部各项目的内在结构。具体方法为:只对当期利润表或资产负债表作纵向分析而不是横跨几年进行分析,利润表中的所有项目用销售收入的百分率表示。而在资产负债表里的项目则用资产总额、运用资本等的一个百分率表示。不管报表的对外编报方法如何,读者都要对报表的主要组成部分的变化进行分析。这种分析能显示出企业报表各项目在整体中的相对位置,帮助信息使用者揭示主要矛盾,为将来进一步的分析指明方向。对于内部管理人员,可以检查是否有不好的趋势和引起这种变化的原因可能是什么。对于外部的报表使用者,可以了解公司的一些经营策略和可能存在的问题。

三、比率分析

财务比率是解释财务报表的一种基本分析工具。通过一种有意义的数学方法,把财务报表中的某些项目联系了起来。在这里,读者必须注意:在运用比率分析方法进行分析时,在某一特定比率中涉及的各项目之间必须有联系。把互不相联的两个财务数据放在一起所计算出来的比率无任何意义。正因为财务比率分析是以承认比率中使用的各项目之间存在内在关系为前提,所以,一旦这种内在关系发生变化,那么比率所代表的意义也就发生了变化,应该注意使用时必须先确定这种内在关系确实存在。还有一点必须注意,不要试图仅仅通过这一过程直接找到答案,通常这个过程只能提供从哪里着重进行随后的分析的线索。财务比率的分类方法有很多种,但是通常可以分为两大类:一类是财务结构比率(Financial Structue Ratios),另一类是获利能力比率(Profitability Ratios)。其中,财务结构比率主要涉及资产负债表项目,涉及的主要比率是清偿能力比率(Liquidity Ratios)和杠杆比率(Leverage Ratios或 Gearing Ratios);获利能力比率则主要用于评价企业各种资源与利润的关系或各种活动与利润的关系。

第四节　财务报表附注分析

　　由于企业经营活动和经济环境日趋复杂,而且会计报表中的数据是高度概括性的,要深入理解企业的情况,还需要借助于其他一些信息。对于上市公司,中国证监会要求它们及时、完全地披露和公司相关的信息,《公开发行股票公司信息披露实施细则(试行)》中规定:股份有限公司公开发行股票、将其股票在证券交易场所交易,必须公开披露的信息包括(但不限于):(1)招股说明书;(2)上市公告书;(3)定期报告,包括:年度报告和中期报告;(4)临时报告,包括:重大事件公告和收购与合并公告。这些报告对公司的整体情况进行披露,其中包括的信息不仅关系到公司的财务状况,还涉及企业的各方面的情况。在以上四类文件中,年度报告是我们进行财务分析时最常用的信息,其中包含许多有用的信息,中国证监会要求上市公司向外报告的财务报告中除了上市公司的三大财务报表还有其他一些有用的信息,这些信息将对我们的分析有很大帮助,而且上市公司的年度报告也很容易得到,是一种便利的资料来源。主要介绍年度报告的内容及其在报表分析中的作用,关于其他内容,只作简略分析。按照中国证监会发布的《年度报告的内容与格式(试行)》,年度报告的内容包括:(1)封面及目录;(2)年度报告正文:1.公司简介;2.会计数据和业务数据摘要;3.股本变动及股东情况;4.股东大会简介;5.董事会报告;6.监事会报告;7.重要事项;8.财务会计报告;9.公司的其他有关资料。(3)备查文件。下面就其中主要的部分进行讨论。

报表附注一般包括:企业在会计年度内执行的会计政策以及采用的主要会计处理方法;会计处理方法的变更情况、变更原因以及对财务状况和经营成果的影响;非常项目的说明;企业财务报表中有关重要项目的明细资料;其他有助于理解和分析报表需要说明的事项等等。

一、主要会计政策

关于会计政策的含义,我们可以考察一下《国际会计准则》的见解。《国际会计准则》关于会计政策的披露要求,原来集中体现在《国际会计准则第 1 号——会计政策的说明》,后变更为《国际会计准则第 1 号——财务报表的列报》。《国际会计准则》指出:会计政策是指企业在编报财务报表时采用的原则、基础、惯例、规则和实务。这里所说的"所采用的原则、基础、惯例、规则和实务",主要是指企业财务报表编制所执行或依据的特定的会计准则、惯例、规则等。比如,青岛啤酒股份有限公司既在中国内地上市,又在香港上市,因而在其按香港要求编报的报表的附注中注明"本公司及其附属公司之财务报表乃按香港会计专业准则、香港普遍采用之会计原则、香港公司法及香港联合交易所有限公司上市规则之披露要求而编制。"这就明确告诉读者:本报表的口径是香港口径! 有了这种明示,既可表明企业的编表依据,又可解释依不同准则编表而出现的口径差异。《国际会计准则》认为,企业可以考虑列报的会计政策包括(但不限于)如下方面:(1)收入确认;(2)合并原则,包括对子公司和联营企业;(3)企业合并;(4)合营企业;(5)有形和无形资产的确认和折旧、摊销;(6)借款费用和其他支出的资本化;(7)建造合同;(8)投资性房地产;(9)金融工具和投资;(10)租赁;(11)研究和开发;(12)存货;(13)所得税,包括递延所得税;(14)准备;(15)雇员福利费用;(16)外币折算和套期;(17)产业分部和地区分部的定义以及在分部之间分配费用的基础;(18)现金及现金等价物的定义;(19)通货膨胀会计;(20)政府补助。

二、会计政策、会计估计的变更情况、原因及变更对财务状况和经营成果的影响

我们已经知道,企业的会计方法、会计估计在不同年度之间应尽量保持一致,以使会计信息具有可比性。但是,当企业已选用的方法或估计严重不适用

时，企业就应考虑变更其他更适用的方法或估计。在这种情况下，企业就应将会计方法的变更情况、变更原因以及这些变更对企业财务状况和经营成果的影响在附注中列示。

三、非常项目的说明

非常项目是指企业由于特殊的原因引起的有别于企业正常经济活动的非正常的和不经常发生的事项和经济业务。这些事项和经济业务会使企业发生非常损失或取得非常收入。可能导致非常损失的事项有地震、洪水、火灾和其他偶发的自然灾害、财产没收，等等。可能导致非常收入的事项如企业出售经营过程中从未使用过的资产（如企业原购入一块土地的使用权，准备建厂房，后因计划改变而将土地出售）的收入，等等。这些非经常性项目如对企业的财务状况和经营成果产生重大影响时，为了便于报表使用者清楚了解企业财务状况，报表附注就应对其做出详细说明。

四、关联方关系及其交易的披露

在企业存在关联方的条件下，由于企业存在着利用关联方关系操纵交易的可能性。因此，企业应当披露其关联方、企业与关联方的主要交易等事项。

五、资产负债表日后事项的披露

资产负债表日后事项一般是指在资产负债表日后和审计报告日之间发生的、影响读者对企业报告期及其以后财务状况和经营成果进行评价的事项。企业对此类事项，应当予以处理或披露。

六、报表重要项目的明细资料

从世界各主要资本主义国家以及我国的会计实践看，报表主体部分的内容越来越概括，而在附注中对报表主体进行说明的内容越来越丰富。通过对报表附注中这部分材料的阅读，读者可以充分了解企业各主要报表项目的情况。

七、或有项目

或有项目既包括或有负债，也包括或有收益。从一般会计惯例看，附注中仅对或有负债进行说明,对或有收益则根据稳健性原则不予列示。

我国股份有限公司报表附注的主要内容,主要受中国证券监督管理委员会发布的《会计报表附注指引(试行)》的制约。中国证券监督管理委员会发布的《会计报表附注指引(试行)》规定的企业报表附注内容,共有10项,包括:

1. 公司简介应简述公司历史、所处行业、经营范围、主要产品或提供的劳务、生产经营概况等。

2. 主要会计政策:(1)执行的会计制度。(2)会计期间。(3)合并会计报表的编制方法。如有境外被合并公司,应披露外币报表折算方法。(4)记账原则和计价基础。(5)外币核算方法。(6)坏账核算方法。(7)存货核算方法,包括存货分类、计价以及低值易耗品、包装物的摊销方法。(8)长期投资核算方法,按照债券投资、股票投资和其他投资分类披露。(9)固定资产核算方法,包括固定资产的标准、分类、计价方法和折旧方法等。(10)在建工程核算方法,包括在建工程确认为固定资产的时点。(11)无形资产核算方法,包括摊销方法。(12)递延资产核算方法,包括摊销方法。(13)收入确认原则。(14)税项。应披露主要税种和税率以及所得税会计处理方法。在企业存在税负减免的条件下,应说明批准机关、文号、减免幅度以及有效期限。(15)利润分配方法。公司应披露提取法定盈余公积金、公益金、任意盈余公积金的依据、比例以及股利分配政策。在本年度内,公司的上述会计政策如有变更,应当披露会计政策变更的性质、原因;变更后的会计政策对本年度的财务状况和经营成果若有重要影响,应予说明。

3. 公司应披露其控制的境内外所有子公司包括:全称、注册地、法定代表人、注册资本和经营范围等。境内外所有子公司中,纳入合并会计报表范围的,应明确说明;未纳入的,应明确说明原因。

4. 比较合并会计报表项目注释规定了公司至少应披露的报表的项目及其内容。如果公司在两个会计期间的数据变动幅度达到30%(含30%)以上,且占公司报表日资产总额5%(含5%)以上或报告期利润总额10%(含10%)以上的,应明确说明原因。

5. 少见的报表项目、报表项目的名称反映不出项目的性质、报表项目金额异常的(例如递延税款、合并价差、资产项目金额为负数),应披露项目金额。

6. 分行业资料公司的经营涉及不同行业的业务,若行业收入占主营业务收入10%(含10%)以上的,则应按行业类别披露有关数据。

7. 关联方关系及其交易的披露凡涉及关联方及其交易,应按财政部《企业会计准则第36号——关联方披露》及其指南披露。

8. 承诺事项、或有事项应披露基本情况包括金额以及对报告期或报告期后公司财务状况的影响。

9. 期后事项。

10. 其他有必要披露的内容。

第五节　财务指标分类分析

财务比率通常分为两大类：一类是财务结构比率（Financial Structue Ratio），另一类是获利能力比率（Profitability Ratio）。每一个比率由于所使用的项目不同，可以说明公司财务状况的不同方面的问题。但是必须注意虽然比率本身很重要并且可以说明一些问题，但是作为求得比率的相关项目也很重要，特别是当比率很重要，或者比率异常时，更需要从相关项目来分析比率。还必须强调的是，单个的比率一般是针对某一个方面进行的分析，可以反映这个方面的问题，但是由于它通常是通过两个项目计算出来的，而这两个项目不能代替这个方面的所有相关项目，于是不能全面地说明问题，最好与其他比率结合起来进行分析。

下面就针对每一个重要的比率来分析，从公众关心的几个方面来分类介绍：

一、偿债能力比率

偿债能力比率是反映企业用现有资产偿还短期债务的能力的比率，也就是分析企业目前是否存在不能偿还短期债务的风险。偿债能力比率主要包括流动比率和速动比率。

（一）流动比率（Current Ratio）

流动比率是流动资产与流动负债的比率，计算公式是：流动比率＝流动资产/流动负债。流动比率反映企业运用其流动资产偿还流动负债的能力。因为流动负债具有偿还期不确定的特点，流动资产具有容易变现的特点，正好可以满足流动负债的偿还需要，所以流动比率是分析短期清偿能力的最主要的指标。实践当中，将其保持在 2：1 左右是比较适宜的，这是一个经验数据。但是由于所处行业及季节性因素，或者企业处在不同的发展阶段，这一数据会有很大的差别。通常是将这个数据与往年同期的该数据比较，或者和行业数据进行比较，排除这些因素的干扰。需注意的是，在全部流动资产中，各项目在清偿债务时的"可用性"并不相同,所谓的"可用性"是指资产及时、不贬值地转变为可以清偿债务的现金、银行存款的能力。例如,对于以赊销为主的企业,其存货首先应转化为债权,在回收债权后才能用于偿债。因此,流动比率仅是一个较为粗略的评价企业短期偿债能力的比率。

（二）速动比率（Quick Ratio）

为了更精确地评价企业短期偿债能力,就需要剔除流动资产中"可用性"差的项目,就出现了速动比率,也叫酸性测试比率（Acid-test Ratio）。速动比率＝速动资产流动负债速动比率中分子的"速动资产"是指可以及时的、不贬值的转换为可以直接偿债的资产形式的流动资产。在实践中一般是将存货、待摊费用从流动资产中剔除就得到速动资产。一个企业的速动比率为1∶1通常是恰当的,即便是流动负债要求同时偿还,也有足够的资产用来及时偿债。这两个比率是用来衡量一个企业的短期偿债能力的,一般来说,比率越高,对流动负债的偿还能力越强。但是这两个比率也不是越高越好,因为流动资产流动性比较强,但是通常收益性差,或者根本没有收益,比如现金。如果一个企业流动资产占用了过多企业资产,就会降低企业的整体盈利能力。所以这两个比率在某种程度上反映了企业的管理经营能力和企业的经营风格,将这两个比率与企业往年的该比率进行比较或者与行业的正常水平进行比较,看是否有较大的变动,并分析这一变动是为何产生的,将有利于了解企业的战略和经营风格。

（三）杠杆比率（Leverage Ratio）

杠杆比率反映的是企业的负债与所有者权益之间的对比关系,是用来评价企业长期偿债能力和继续举借债务的能力的指标。企业可以用来偿还债务的资金来源除了自身拥有的财产,经营过程中赚取的利润,还包括向外部债务人举借债务所获得的资金。而在评估企业的举债能力的大小时,债务人通常会考虑企业的债务与权益的相对比率。一般来说,企业股东权益与企业负债的比率越大,企业进一步举债的能力就越大。是因为债务人在借出资金时主要考虑贷款的风险,债务与股东权益的比率越小,企业用来偿还负债的资产越有保障,风险越小。具体的比率有:（1）资产负债率（Total Debt/Total Assets）等于负债总额除以资产总额,表示企业全部资金来源中有多少来源于举借债务。这个指标也是衡量企业财务风险的主要指标。资产负债率＝负债总额/资产总额×100%。资产负债率是对企业负债状况的一个总体反映。（2）权益比率（Equity Ratio）等于所有者权益除以资产总额,表示资产中股东权益的比例。权益比率＝所有者权益/资产总额×100%。这两个比率应该是多大,通常没有定论。这两个比率的大小除了受企业所在行业、所处经营周期等经营因素的影响,还与企业管理层的经营方针有关系。不过通常认为,比较高的权益比率(也就是比较低的资产负债比率)的企业财务风险比较小。但是并不是权益比率越高越好,因为企业的目的是股东财富最大化,利用财务杠杆可以利用经营机会,借用债务人的资金为企业赚取更多的利润。所以,对于不同的企业,根据企业自身的实际情况,采取不同的融资策略,这个指标在不同企业之间会存在很大的差异。杠杆比率只是在分析企业偿债能力时作为一个衡量长期偿债能力的指标,从总体上说明企业用权益性资产为债务人提供保护的状况。这个指标只要在一个合理的范围里就可以了。

（四）其他相关比率

除了以上比率,还有利息保障倍数和固定支出保障倍数两个指标是用来评价企业的偿债能力的。但是这两个比率与以上比率的评价的角度是不同的,以上的比率是从评价企业偿还债务本金的能力的角度出发的,而这两个比率是从评价企业每年支付利息和固定支出的能力的角度出发。这也是由长期负债的自身特点决定的,长期负债除了要求到期偿还本金之外,每年还要支付利息,如果企业出现不能及时偿还利息的情况,就会影响企业的信誉,企业的举债能力就会受到打击。所以,这两个比率通常也作为评价企业清偿能力的指标。

1. 利息保障倍数（Interest Coverage）

利息保障倍数＝息税前利润/利息费用。息税前利润是指扣除利息和税务支出之前的利润,可以用总利润加利息费用求得。用来说明是否有足够的利润支付到期的利息,这个指标一般来说一定会大于1,通常认为,这个指标越大越好。但是在计算时可能存在一个问题,就是企业的利息费用的数据难以得到,我国的会计实务中将利息费用记入财务费用并不单独记录,所以作为外部使用者通常得不到准确的利息费用的数据,实践中分析人员通常用财务费用代替利息费用进行计算,这样就存在误差。一般教科书认为,利息保障倍数反映了企业偿还利息的能力。此倍数越大,表明企业还息能力越强。只要此比率大于1,企业即可举债。但是,企业偿还利息的能力,在短时间内,应主要取决于企业的现金支付能力,与利息保障倍数无关。实际上,如果利息保障倍数小于1,则表明企业的财务成果不足以回报债权人,从长期来看,将最终损害股东的利益。因此,我们认为,利息保障倍数的真正作用在于,从股东的角度评价企业当前的借债政策是否有利。

2．固定支出保障倍数（Fixed Charge Covered）

固定支出保障倍数＝息税前利润总额/固定支出费用。这个比率是考虑到企业中除了利息费用之外，还有一些固定的支出，无论企业是否盈利都会发生的支出，比如优先股的股利、为了保证到期偿还负债而设立的偿债基金要求每年提取的费用等。在计算这个比率时必须注意的是如果是税后支付的固定费用，比如优先股股利，要折算成税前的数值进行计算。用这个比率评价企业的偿债能力比利息保障倍数更保守、更稳健。

二、盈利能力比率（Profitabilty Ratio）

对企业报表的使用者来说，最关心的通常是企业赚取利润的能力，如果有足够的利润就可以偿还债务、支付股利和进行投资等。评价企业盈利能力的指标有很多，主要有两类：另一类是经营活动赚取利润的能力；另一类是企业的资产对企业利润的贡献。

（一）毛利率（Gross Profit Ratio）

毛利率＝销售利润/销售净值×100％，分子中的销售利润等于销售收入减去销售成本。这个比率用来计量管理者根据产品成本进行产品定价的能力，也就是企业的产品还有多大的降价空间。但是要注意由于各个企业所处行业和会计处理方式的不同，产品成本的组成有很大的差别，所以在用这个指标比较两个企业时要注意分析具体情况。

（二）营业利润（对销售收入）率（Operating Profit（to sales）Ratio）

营业利润率＝息税前收益/销售净值×100％，营业利润率可以用来评价管理层的管理经营能力，息税前收益不考虑企业的负债情况，剔除了与企业经营无关的利息费用，是对企业经营能力的直接评价。

（三）总营业费用率（Total Operating Expenses Ratio）

总营业费用率＝总营业费用/销售净值×100％，这里的营业费用，不包含利息费用，仅包含销售费用（经营费用）和管理费用等。因此，还可以在分析时用上述各项费用单独与销售收入对比，形成不同的费用率指标，以分析各项目占总收入的比重及发展趋势。这个比率可以与企业以前期间的该比率进行比较，找出企业成本控制的变化情况，可以进一步了解企业的经营策略。还可以用来和企业所在行业的平均值或者相似企业的该比率进行比较，可以了解企业所在行业的情况和企业在该行业的地位。这些对企业财务状况的全面了解是非常重要的。

（四）销售净利率（Net Profit Margin）

销售净利率＝净利润/销售净值×100％，这个比率是用来衡量企业销售收入给企业带来利润的能力，这个比率比较低表明企业经营管理者未能创造出足够多的销售收入或者没有成功地控制成本，可以用来衡量企业总的经营管理水平。但是由于这个指标过于综合，所以一般要结合其他指标进行分析。

（五）总资产报酬率（Return on Total Assets）

总资产报酬率＝息税前利润/平均总资产×100％，这个比率反映不考虑利息费用和纳税因素，只考虑经营情况时，管理层对能够运用的所有资产管理好坏的程度。也就是说，管理层利用公司现有资源创造价值的能力。这个比率是对企业经营盈利能力的衡量，没有考虑公司的财务结构和税收影响。

（六）股东权益回报率（Return on Common Equity）

股东权益回报率＝可供普通股股东分配的净利润/平均普通股股东权益，这个比率的计算要注意以下问题：首先，分子是息税后净利润减去支付给优先股股东的股利后得到的，也就是考虑了企业的资本结构的影响而后得到的数据。其次，分母是期初数加上期末数除以2得到的，考虑了普通股股东权益的变化。这个数据对普通股股东是非常有意义的，股东可以用这个数据和自己的要求收益率相比，决定是否继续投资该企业，另一方面，对管理层来说这个数据也有实际意义，用这个数据和企业的贷款利率相比较，如果比贷款利率高，那么说明企业很好地利用了财务杠杆为股东创造了更多价值。

三、资产管理能力比率

（一）存货周转率（Stock Turnover Ratio）

存货周转率＝销售成本/平均存货，分母中的平均存货可以是年平均存货、季平均存货或者月平均存货，分子中的销售收入净值是对应的年销售收入、季销售收入和月销售收入。最常用的是年销售收入除以年平均存货，平均存货是年初存货加上年末存货的和除以2。使用这个指标时做了如下假设，即假设存货在一年当中是匀速使用的，不会发生波动。很显然，这种假设对很多企业是不适用的，因为很多企业的存货存在季节性。比如商业企业，在年末是旺季，存货比其他季节的存货要多，这样计算得到的存货周转率就会比实际的存货周转率要小，会发生对该指标的扭曲。实践中常用的另一个数据是存货平均周转天数，它实际是存货周转率的另一种表达方式，是一个问题的两种表述。不过存货周转天数比存货周转率更直观，更容易理解。存货周转天数＝平均存货/平均月销售成本。

（二）应收账款周转率（Accounts Receivable Turnover）

应收账款周转率＝净赊销额/平均应收账款，分母中的平均应收账款是年初应收账款和年末应收账款之和除以 2 得到的。分子应该是通过赊销取得的收入，通常企业是通过赊销和现金销售两种方式进行销售，应收账款是在赊销过程中产生的，所以计算应收账款周转率时应该用赊销额。但是通常赊销额只有内部人员才能够得到，作为外部报表使用者很难得到这个数据，所以实践中常用销售收入代替赊销额来计算这个比率。在用销售收入代替赊销额时，将现金销售视为回收期为零的应收账款。所以如果企业销售中赊销比例较小，得到的周转率就会较大。实践中常用的数据是平均收账期，和存货周转天数一样是应收账款周转率的另一种表达方式，也比应收账款周转率容易理解。平均收账期＝平均应收账款平均日赊销额平均收账期＋存货周转天数＝企业经营周期。

（三）总资产周转率（Total Assets Turnover）

总资产周转率＝销售收入/平均总资产，平均总资产是期初总资产和期末总资产的和除以 2 得到的，这个指标可以粗略地计量企业资产创造收入的能力，反映企业管理层管理企业资产的能力。但是资产的组成很复杂，所以这个指标只是一种粗略的描述，还要具体考虑企业资产的情况才能做出合理细致的评价。

四、现金流量比率

下面，我们介绍与现金流量表有关的财务比率。

（一）经营活动现金流量净额与现金股利比率

经营活动现金流量净额与现金股利比率，是指企业一定时期经营活动现金流量净额（即经营活动现金流入量减去经营活动现金流出量）与同时期企业股利分配中的现金股利之间的比率。用公式表示就是：经营活动现金流量净额与现金股利比率＝经营活动现金流量净额/同时期现金股利。我们知道，企业利润的两大主体是营业利润（经营利润）和投资收益。但是，企业的投资收益中，只有成本法确认的投资收益和投资出售价格与购入价格之间的差额形成的投资收益才能基本上形成等额的现金流入，而权益法确认的投资收益则往往与其所对应的现金流入量相差甚远。因此，企业经营活动现金流量净额就往往成为了支付现金股利的主力军。这就是说，如果经营活动现金流量净额与现金股利比率大于 1，则当期企业经营活动的现金流量净额除了可以用于支付现金股利以外，还有可能用于支付利息、补偿固定资产折旧和无形资产摊销等。

（二）经营活动现金流量净额与流动负债比率

经营活动现金流量净额与流动负债比率是指企业一定时期经营活动现金流量净额（即经营活动现金流入量减去经营活动现金流出量）与同时期期末企业流动负债之间的比率。用公式表示就是：经营活动现金。流量净额与流动负债比率＝经营活动现金流量净额/同时期期末流动负债经营活动现金。流量净额与流动负债比率反映了企业用一定时期积累的经营活动现金流量偿还流动负债的能力。在企业经营活动较为稳定、流动负债波动不大的情况下，该比率越大，说明企业经营活动偿还流动负债的能力越强。

（三）每股经营活动现金流量净额

每股经营活动现金流量净额，是指按照企业发行的平均股份数量计算的一定时期每股股权带来现金流量的能力，用公式表示就是：每股经营活动现金流量净额＝（一定时期经营活动现金流量净额－优先股利）/企业发行在外的平均普通股股份数。每股经营活动现金流量净额越大，说明企业经营活动产生现金的能力以及支付现金股利的能力越强。

（四）现金比率

现金比率是指企业的现金与流动负债的比例，计算公式为：现金比率＝现金余额/流动负债。由于现金是流动性最强的资产，这一比率最能直接反映企业的短期偿债能力。现金同时也是盈利能力最低的资产，所以过高的现金比率会降低企业的获利能力。例如，刚上市的新股由于融得大量资金，现金比率很高，偿债能力自然没问题，但如果很长一段时间内都保持过高的现金比率则意味着资金没有很好地投入到新项目中，企业的盈利能力值得怀疑。这一比率通常与流动比率和速动比率结合起来进行分析。

第六节　财务指标综合分析

以上的分析是针对企业财务状况的一个方面进行的。用几个比率来衡量企业财务状况的某一个方面，总的来说是用两个数据得出一个比率，然后用几个相关的比率分析企业的财务状况的一个侧面，或者用一系列的比率得到企业财务状况的每一个方面，然后综合起来得到企业整体财务状况和管理状况的分析。通常这种分析只告诉我们这个企业怎么样，有什么问题，而很难反过来分析为什么是这样，可以怎样改进。杜邦公司的经理提出了一套分析方法，叫杜邦分析法,通常通过图示来表示杜邦分析的思路,实际是一种层层分解的思路,从一个比率出发,通过一个关系体系来将不同的许多比率和数据联系在一起进行分析。是从一个综合性数据出发,分解到细节的过程。杜邦分析的原理图如图 5-1 所示:

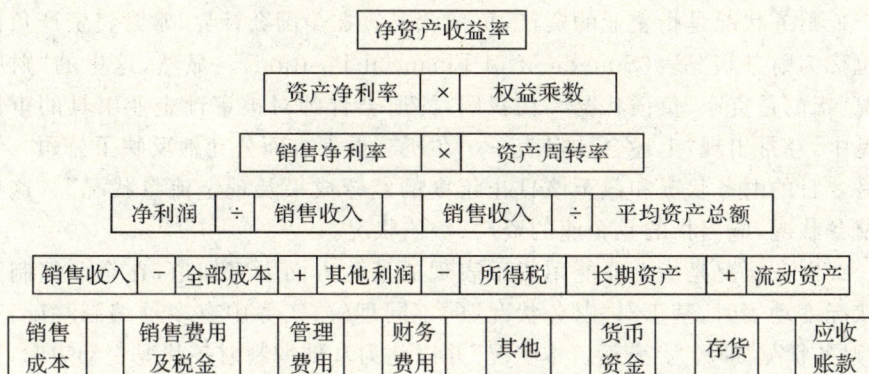

图 5-1　杜邦分析图

杜邦分析法从净资产收益率出发,分析造成这个结果的因素,最终可以拓展到企业的各方各面情况的分析。杜邦分析法另外一个重要的作用是可以帮助制定预算,也就是制定盈利目标,然后确定各方面的指标。比如原来的净资产收益率是 12%,分解为销售净利率×资产周转率×权益乘数＝3%×2×2＝12%,由于经济形式稳定,产业发展状况良好,企业有一定的财务实力,所以要求下年的净资产收益率上升 2 个百分点,变为 14%。由分解的公式得知,可以从三个方面提高净资产收益率,提高销售净利率、加快资产周转和提高企业的财务杠杆,还可以进一步从影响企业这三个比率的方面进行分析,确定需要提高哪些方面。可以说杜邦分析法的主要用途是两个,一个是分析造成过去财务结果的原因,另一个是分析提高将来财务成果的方法。后来,研究人员对杜邦分析法进行了变形和扩展,加强了它的分析功能。

在对企业财务状况质量进行分析时,信息使用者经常受到诸多问题所困扰。例如,怎样才能称为财务状况好?应当如何对企业财务状况质量进行综合分析?在面对上市公司的财务报表时,应该从哪里入手,又应该关注哪些重要方面?本节将回答这些问题。

一、财务状况以及良好的财务状况所具有的特征

（一）财务状况

关于财务状况的概念，从目前的情况来看，主要有以下几种认识：

1.财务状况是指企业的资产、负债状况。在美国会计界，常常将资产负债表也称为财务状况表（Statement of Financial Position）。显然，这里的"财务状况"指的是资产、负债状况。在我国，注册会计师对被审计企业出具的审计意见中，经常出现"上述会计报表……在所有重大方面公允地反映了公司×年×月×日的财务状况和截至该日止年度的经营成果及现金流量状况"。这里的财务状况，应当指的是企业的资产、负债状况。

2.财务状况是指企业能用货币表现的某些方面大家知道，在企业编制财务状况变动表时，基于对"财务状况"的不同理解，实务中有多种编制基础：在将"财务状况"理解为"营运资本状况"并以此为基础编制财务状况变动表时，财务状况变动表实际为"营运资本状况变动表"；在将"财务状况"理解为"现金以及现金等价物状况"并以此为基础编制财务状况变动表时，财务状况变动表实际为"现金以及现金等价物变动表"（也即现在的现金流量表）；等等。我们认为，应当对财务状况做比较广义的理解。这是因为，在上市公司的三张基本报表之间，存在着十分重要的数量联系：利润及利润分配表中的最后项目"未分配利润"的金额一定等于资产负债表所有者权益项目中的"未分配利润"的金额；现金流量表中"现金及现金等价物的净增加额"项目的金额一定等于资产负债表中的"货币资金"项目的年末与年初金额之差与"短期投资"项目中属于现金等价物部分的年末与年初金额之差的和（在上市公司没有短期投资或者短期投资中没有现金等价物的情况下，现金流量表中"现金及现金等价物的净增加额"项目的金额一定等于资产负债表中的"货币资金"项目的年末与年初金额之差）。这就是说，企业的利润表是资产负债表中"未分配利润"项目的展开说明，现金流量表则是对资产负债表中"现金及现金等价物"年度内数量变化的展开说明——三张报表原来是一张报表！因此，不管出现多少张报表，它们都是一张基本报表——资产负债表和说明其某些方面的其他报表的组合体。因此，我们除了可以将资产负债表称为"财务状况表"外，我们也可以将利润及利润分配表称为"盈利状况及利润分配状况表"、将现金流量表称为"现金流量状况变动表"。据此，我们可以进一步认为，企业的财务状况，既可以指企业某张报表所反映的企业特定侧面的"状况"，也可以指企业特定报表的特定项目"状况"。概言之，凡是能用货币表现的企业相关方面的状况，我们都可以称之为是"财务状况"。

（二）良好的财务状况所具有的特征

那么，良好的财务状况具有什么特征呢？实际上，在到目前为止的专业文献中，我们还没有见到关于此问题的系统化论述。这是因为，这个问题就像是"健康的人的身体具有什么特征"一样难以回答。在这里，我们只能根据我们的理解，对良好的财务状况的特征进行描述。

良好的财务状况应该具有如下特征：

1. 企业具有一定的盈利能力，利润结构基本合理

在这里，我们所说的"一定的盈利能力"是指，在企业会计政策保持一贯性的条件下，在绝对额上，企业具有大于零的净利润；在获利能力比率上，其净资产收益率、总资产报酬率、营业利润率等指标在同行业中处于平均水平以上。而"利润结构基本合理"有以下两层含义：第一，在企业的利息和税前利润（即净利润加上所得税和利息费用）的构成中，其投资收益与"利息和税前利润减除投资收益以后剩余的其他利润"（下称"其他利润"）之间的数量结构与企业资产总额中的对外投资与"资产总额减去对外投资以后剩余的其他资产"（下称"其他资产"）之间的数量结构相匹配，没有出现在对外投资结构没有实质性变化的情况下，在利润表中出现营业利润下跌的同时，投资收益的数额按照净利润稳定增长的要求来"救驾"、投资收益与营业利润在金额上出现"互补性"变化的情形。我们的基本思路是：企业的资产总额带来了利息和税前利润，其中，对外投资带来了投资收益，其他资产带来了其他利润。因此，利润表中的利润结构应该与资产负债表中的资产结构相适应。第二，企业的费用在年度之间没有出现不合理的下降。我们知道，企业的营业费用、管理费用等期间费用，其金额总量的变化按照与企业经营业务量水平的关系可以分为变动费用和固定费用。其中，总额随着企业经营业务量水平的高低成正比例变化的费用为变动费用；总额不随企业经营业务量水平的高低变化而保持固定的费用为固定费用。这就是说，在企业各个年度可比同类费用的走势上，其总额应该与经营业务规模相适应，即一般情况下，企业的期间费用会随着经营业务规模的提高而增长。但是，在企业经营业务规模因为竞争加剧的原因而下降的情况下，期间费用的规模由于参与竞争需要更多费用投入的原因也不一定会降低。因此，我们应该对企业在年度间费用下降（直接对利润增长或不降低做贡献）的合理性进行分析。

2. 企业各类活动的现金流量周转正常

从现金流量的角度来说，良好的企业财务状况的表现应该是各类活动的现金流量周转正常，现金流转状况体现了企业短期与长期的发展目标。第一，稳定发展阶段企业经营活动现金净流量应该对企业的利润有足够的支付能力。对于那些商品经营活动占有较大比重的企业来说，经营活动的现金流量是企业短期内最稳定、最主动、最可以寄予希望维持企业经常性资金流转的现金流量。在投资收益所对应的现金流入量经常表现为具有较强的波动性的情况下，企业经营活动的现金流量可能会主要用于下列用途：(1)支付利息费用；(2)支付本年现金股利；(3)补偿本年度固定资产折旧和无形资产摊销等摊销性费用；(4)补偿本年度已经计提、但应由以后年度支付的应计性费用；(5)如果还有剩余的现金流量，则剩余的净现金流量可以为企业对内扩大再生产、对外进行股权和债权投资提供额外的资金支持。也许有读者会问，投资收益也会产生现金流量，也可以用于上述各个用途。为什么对经营活动的现金流量提出如此高的要求？确实，投资收益也会产生现金流量，也可以用于上述各个用途。但是，除了投资的出售价格高于买入价格所引起的投资收益(主要发生在短期投资和对长期投资的处置上)企业可以直接获得现金流量以外，不论是债权投资收益(利息收益)，还是股权投资收益(既可以权益法确认，也可以成本法确认)，其所引起的现金流量取决于被投资者的现金支付能力。对投资者而言，完全不像经营活动的现金流量那样有直接的控制能力。因此，在正常的分析中，对投资收益所引起的现金流入量作为"意外的惊喜"来处理，可能有利于掌握对现金流量规划的主动性。第二，投资活动的现金流量体现了企业长期发展的要求。从企业投资活动引起的现金流出量来看，企业的投资活动明显地分为两类：(1)为对内扩大再生产奠定基础，即购建固定资产、无形资产和其他长期资产支付的现金；(2)对外扩张，即对外股权、债权支付的现金。上述两类投资活动，将为企业未来的发展奠定基础，因而应该体现企业长期发展战略的要求。因此，此类活动的现金流量应有较强的计划性，并应该与企业的发展战略之间有较为密切的内在联系。

筹资活动的现金流量应该适应企业经营活动现金流量、投资活动现金流量周转的状况，为上述两类活动服务。在企业经营活动现金流量、投资活动现金流量周转的结果为小于零、需要其他途径的现金来源，而企业又没有累积的现金的时候，筹资活动应该适时展开，以满足上述两类活动的现金需要；在企业经营活动现金流量、投资活动现金流量周转的结果为大于零、需要其他途径的投资活动来消耗现金，以获取更多利润的时候，筹资活动应该积极寻找投资方向，以消耗上述两类活动积累的现金，为企业创造效益。

3. 资产质量较好，企业的资产结构能够满足企业短期和长期发展以及偿还债务的需要

这里的资产质量，不是指特定资产的物理质量，而是指特定资产在企业管理的系统中发挥作用的质量,具体表现为变现质量、被利用质量和与其他资产组合增值的质量等方面。换句话说,资产对不同的企业而言,具有相对有用性。一项资产,即使是物理质量再好,如果在特定企业中不能发挥作用,也不能算作该企业的优质资产,而只能算作不良资产。但是,如果该资产在另外的企业中能够得到较好利用,发挥较好作用,则应作为这个另外企业的优质资产。从不同资产的功用来看,不同的资产有不同的功用,因而其质量的表现也各不相同:第一,企业的经营性流动资产(流动资产减去短期投资)是企业短期内最具有活力的资产,也是经济增长的主要来源、偿还短期债务的主要保障。因此,高质量的经营性流动资产,应该表现为较为适当的流动资产周转率(注意存货周转率与应收款项(即应收账款与应收票据指和的周转率)周转率的反向关系)以及较强的偿还短期债务的能力。应该特别注意的是:(1)在利润表中的毛利率呈现下降的态势下,如果企业的存货周转率下降、存货积压,则企业未来的经营活动将极有可能面临价格跳水、营业利润大幅下降的局面;(2)其他应收款与待摊费用,是经营性流动资产的主要不良资产区域,其规模将直接影响企业的经营活动的成效。第二,企业的对外投资,体现了企业谋求对外扩张或者赚取非主营业务利润的努力。因此,高质量的短期投资,应该表现为短期投资的直接增值;高质量的长期投资,则应该表现为:(1)投资的结构与方向体现或者增强企业的核心竞争力,并与企业的战略发展相符;(2)投资收益的确认导致适量的现金流入量;(3)外部投资环境有利于企业的整体发展。第三,企业的固定资产和无形资产,是企业从事长期发展的物质基础和技术装备水平。因此,固定资产和无形资产的质量评价,主要应取决于这两项资产所能够推动的企业经营活动状况。高质量的固定资产和无形资产,应当表现为:(1)其生产能力与存货的市场份额所需要的生产能力相匹配,并能够将符合市场质量需要的产品推向市场,并获得利润;(2)周转速度适当,资产的闲置率不高。

4. 资本结构较为合理,资本结构质量较好

在日常活动中,对资本的理解,有多种多样,主要有:(1)资本是指企业的实收资本,即拥有分红权的股东入资;(2)资本是指企业吸收的股东入资;(3)资本是指企业的所有者权益总额;(4)资本是指企业有代价的负债(即贷款以及融资租赁固定资产所引起的负债等)与所有者权益之和;(5)资本是指企业的负债与所有者权益之和。在这里,我们所说的资本,是指企业的负债与所有者权益的和。因此,资本的结构,是指资产负债表右边的结构。至于什么是合理的资本结构,在一般的财务管理的书籍中,是难以直接得到答案的。但是,从财务管理书籍中关于资本成本以及资本结构与企业价值之间的关系的讨论内容中,我们至少可看到以下几点:(1)合理的资本结构应该具有较低或者最低的资本成本;(2)合理的资本结构应该能够导致企业的股权价值较高或者最高。但是,在企业管理的实际中,发现一些资不抵债或者资产质量严重不良的企业,仍然能够筹集到负债资金。而一些具有发展潜力或者发展前景的企业,则会举借使得企业资本成本明显提高的债务。这些现实值得深思:如何看待企业资本结构的合理性问题? 实际上,在企业筹资的过程中,企业首要考虑的问题,并不是我们前面提到的资本成本和企业股权的市场价值因素,而是企业的生存和发展。这就是说,在面临生存问题的时候,企业筹资时首要关注的是通过筹资解决企业眼前的困境;在涉及发展问题的时候,企业在筹资时首要关注的不是增量筹资对企业资本成本的影响是高还是低,而是该增量筹资所对应项目在未来提供经济效益的能力;如果该增量筹资所对应项目在未来提供的经济效益足以补偿筹资成本,则该筹资在经济上就是可行的。因此,考虑资本结构的合理性,主要应关注资本结构的质量。资本结构的质量是指企业资本结构与企业当前以及未来经营和发展活动相适应的质量。具体来说,企业资本结构质量主要应关注以下几个主要方面:第一,企业资金成本的水平与企业资产报酬率的对比关系;第二,企业资金来源的期限构成与企业资产结构的适应性;第三,企业的财务杠杆状况与企业财务风险、企业的财务杠杆状况与企业未来融资要求以及企业未来发展的适应性;第四,企业所有者权益内部的股东持股构成状况与企业未来发展的适应性。下面分别进行讨论。

第一,企业资金成本的高低与企业资产报酬率的对比关系。一般来说,资金成本是指企业取得和使用资本所付出的代价,主要包括筹资过程中的筹资费用和使用过程中的使用费用。其中,筹资费用是指企业获取资金来源(如发行债券、股票以及其他筹资方式)过程中发生的申请、登记、印刷等费用;使用费用则是指企业在一定时期内因使用资金而支付给资金提供者的报酬,如利息、股利等。这样,从财务管理的角度来看,除去筹资费用外,企业从债权人处筹集的资金(负债)与从股东处筹集的资金(资本),均存在资金成本的问题。企业的资金成本,应该是指企业的负债成本与股东入资成本的加权平均成本。因此,从成本效益关系的角度来分析,只有当企业的资产报酬率(应当为企业的利息和税前利润与企业总资产之比)大于企业的加权平均资金成本时,企业才能在向资金提供者支付报酬以后使企业的净资产得到增加,企业净资产的规模得以扩大。反之,在企业的资产报酬率小于企业的加权平均资金成本时,企业在向资金提供者支付报酬以后,将缩减企业的净资产,企业净资产的规模将逐渐缩小。这就是说,在企业的加权平均资金成本大于企业的资产报酬率时,企业的资本结构将导致企业的净资产逐渐萎缩。在这种情况下,我们只能认为企业的资本结构质量较差。

第二,企业资金来源的期限构成与企业资产结构的适应性。从期限构成的角度来看,企业资金来源中的所有者权益部分,在有限责任公司的条件下,属于永久性资金来源。企业资金来源中的负债部分,则有流动负债与长期负债之分。按照财务管理理论,企业筹集资金的用途,决定了筹集资金的类型:企业增加永久性流动资产或增加长期资产,应当通过长期资金来源(包括所有者权益和长期负债)来解决;企业由于季节性、临时性原因造成的流动资产中的波动部分,则应由短期资金来源来解决。如果企业的资金来源不能与资金的用途相配比,在用长期资金来源来支持短期波动性流动资产的情形下,由于企业长期资金来源的资金成本相对较高,企业的效益将会下降;在企业用短期资金来源来支持长期资产和永久性流动资产的情形下,由于企业的长期资产和永久性流动资产的周转时间相对较长,企业可能经常会出现急迫的短期偿债的压力。这就是说,企业资金来源的期限构成与企业资产结构相适应时,笔者认为企业的资本结构质量较好,企业的资本结构质量较差。

第三,企业的财务杠杆状况与企业财务风险、企业的财务杠杆状况与企业未来融资要求以及企业未来发展的适应性。企业的财务杠杆,一般可以表现为三种关系:即负债与资产的对比关系(即资产负债率)、负债与所有者权益的对比关系或长期负债与所有者权益的对比关系。实际上,上述三种关系所表现的实质内容是一致的:即表现在形成企业资产的财务来源中,负债所占有的相对规模。按照一般的财务管理理论,企业财务杠杆比率越高,表明企业资源对负债的依赖程度越高。在企业过高的财务杠杆比率的条件下,企业在财务上将面临两个主要压力:一是不能正常偿还到期债务的本金和利息,二是在企业发生亏损的时候,可能会由于所有者权益的比重相对较小而使企业债权人的利益受到侵害。受此影响,企业从潜在的债权人那里获得资金的难度会大大提高。这就是说,企业在未来进行债务融资以满足未来正常经营与发展的难度会因企业较高的杠杆比率而提高。因此,较高财务杠杆比率的企业,其财务风险相对较高。

第四,企业所有者权益内部的股东持股构成状况与企业未来发展的适应性。企业所有者权益内部的股东持股构成状况,主要是指两个方面:一是指在企业的所有者权益的结构中,普通股与优先股的构成比例;二是指在企业的普通股份的构成中,控制性股东、重大影响性股东和非重大影响性股东的持股者的构成状况。由于优先股份一般没有表决权，因而在下面的讨论中，将主要针对第二种股东构成进行讨论。按照企业股权持有者对企业的影响程度，一般可以将企业的股东分为控制性股东、重大影响性股东和非重大影响性股东三类。其中，控制性股东将有权决定一个企业的财务和经营政策；重大影响性股东则对一个企业的财务和经营政策有参与决策的权力，但并不决定这些政策；而非重大影响性股东则对被持股企业的财务和经营政策几乎没有什么影响。显然，控制性股东、重大影响性股东将决定企业未来的发展方向。因此，在对企业的资本结构进行分析时，必须关注企业的控制性股东、重大影响性股东的背景状况：谁在控制（和重大影响）着某一特定企业？控制（和重大影响）着某一特定企业的股东有没有能力将企业引向光明的未来。

二、上市公司财务状况质量的综合分析方法

（一）综合浏览

在面对一张企业的财务报告（年度报告、半年度报告或季报时），分析者或者信息使用者首先应当对该报告进行综合浏览。在进行综合浏览时，主要应当关注下列方面：

1. 企业所处的行业以及生产经营特点

了解企业所处的行业以及生产经营特点非常重要。这是因为，企业所处的行业以及生产经营特点在很大程度上决定了企业的资产结构、资本结构、收入的确认方式、费用的结构、盈利模式以及现金流量的特征等。此外，了解企业所处的行业以及生产经营特点，还可以为企业间财务状况的比较奠定基础。

2. 企业的主要股东，尤其是控制性股东

了解企业的主要股东，尤其是控制性股东，可以使分析者或者信息使用者掌握分析对象的股东"背景"或者"后盾"。分析者或者信息使用者可以根据企业的主要股东，尤其是控制性股东来判断：这些主要股东，或者控制性股东对企业的支持是什么呢？除了资本投入以外，在企业的发展中是否还有其他贡献？

3. 企业的发展沿革了解企业的发展沿革等信息

分析者或者信息使用者可以在一定程度上对企业未来的发展轨迹做出判断。分析者或者信息使用者应当特别关注下述问题：（1）企业控制性股东的变化情况；（2）企业所从事的产业结构、产品结构的发展变化情况；（3）企业组织结构的变化情况；等等。

4. 企业高级管理人员的结构及其变化情况

通过对企业高级管理人员的结构及其变化情况的了解,分析者或者信息使用者可以对企业高级管理人员的背景、能力以及协作性等方面进行分析。

（二）比率分析

在对企业的财务报告进行综合浏览以后,分析者或者信息使用者就可以进行初步的财务比率分析了。可以重点考察的比率包括:(1)获利能力比率,包括毛利率、营业利润率、净资产收益率、资产报酬率、利息保障倍数以及每股利润(收益)等;(2)财务状况比率,包括流动比率、速动比率、资产负债率、商业债权周转率(应该考察应收票据与应收账款合在一起的回收期)、存货周转率、流动资产周转率、固定资产周转率、总资产周转率(在对外投资占总资产比重较大的条件下,总资产中应该减去对外投资)、商业债务(应付票据与应付账款之和)平均付账期等。在计算出来上述主要比率以后,就可以进行年度间的相同比率比较了。

（三）结合报表附注中的详细披露材料,对三张报表进行比较分析

通过前两步的分析,分析者或者信息使用者已经对企业的财务状况有了初步的认识。但是,上述分析只对企业财务状况进行质量分析、透视企业的管理活动还远远不够。要达到对企业财务状况净性质量分析、透视企业的管理活动等目的,就必须结合报表附注中关于报表主要项目的详细披露材料,对三张报表进行比较分析。

1. 对利润表(含利润分配表)进行分析

利润表是企业财务成果及其分配过程的集中体现。因此,该表代表了企业的"面子"。正是由于"面子"的原因,才使得利润表(含利润分配表)成为了企业操纵财务信息的重灾区。对利润表(含利润分配表)进行分析,应当关注以下几个方面:第一,关注毛利率的走向。企业整体的毛利率下降(如近几年的家电企业),或者意味着企业所生产的同类产品在市场上竞争加剧,或者意味着企业所从事的产品的生产和经营活动的进入壁垒较低。在毛利率下降的情况下,企业要想获得营业利润的稳定增长,就必须在扩大市场份额上下功夫。第二,对企业营业收入的结构进行分析。主要关注营业收入的产品结构、地区结构等构成。第三,关注企业各项费用的绝对额在年度间的走向以及各项费用与营业收入相对比的百分比走势。这种分析,可以将企业各项费用发生的不正常因素迅速地找出来。第四,关注企业的营业利润与投资收益之间是否出现了互补性变化趋势。当然,营业利润与投资收益之间出现互补性变化并不一定就是利润操纵的结果。但是,读者有充分理由对营业利润低迷时

的投资收益增长保持警惕。第五，关注企业的现金股利分配政策。企业现金股利分配政策，既可以在一定程度上反映企业利润的质量，也可以在一定程度上反映企业的管理层对企业未来的信心程度：利润质量不好、对利润支付能力较差，以及对未来盈利能力信心不足的企业，是难以考虑支付大规模的现金股利的。

2. 对现金流量表进行分析

现金流量表反映了企业与利润表相同会计期间货币资金与现金等价物之和的收支汇总情况。该表反映了企业的"日子"。正是由于"日子"的缘故，我们才更应该关注现金流量表的情况。这是因为，造利润较为容易，造现金流量较为困难。对现金流量表进行分析，重点应该关注以下内容：第一，经营活动中现金流量的够用程度。前已述及，经营活动的现金流量，最好能够完成：(1)补偿固定资产折旧与无形资产摊销费用；(2)支付现金股利；(3)支付利息费用。在经营活动中现金流量难以完成上述支付的条件下，企业或者收款出现了问题，或者付款出现了问题。当然，也有可能是企业编错了报表。第二，投资活动的现金流出量与企业投资计划的吻合程度。作为投资流出，除了短期投资以外，不论是购建固定资产、无形资产，还是对外股权和债权投资支出，都不应该是"心血来潮"的结果，而应该是在进行充分的研究与论证以后决策的结果。因此，应该关注投资活动的现金流出量与企业投资计划的吻合程度。一般来说，投资活动的现金流出量代表了企业的扩张态势。第三，筹资活动的现金流量与经营活动、投资活动现金流量之和的适应程度。

3. 对资产的结构、变化、资产质量以及资本结构进行分析

应该重点关注企业资产与企业经营特点的吻合性、企业资产负债表中重大的变化项目、变化的原因以及变化结构对企业财务状况的影响、企业的税务环境、融资环境等内容。

(四)对合并报表的分析和利用

在对公司个别报表进行上述分析以后，信息使用者和分析者还可以结合合并报表进行进一步分析。第一，合并报表可以揭示内部关联方交易的程度。我们这里的内部关联方，是指以上市公司为母公司所形成的纳入合并报表编制范围的有关各方。内部关联方交易的特点是：在进行合并报表编制时均被剔除，在合并报表中不予包括。这样，存在内部关联交易的有关项目，将会越合并越小。主要体现在应收款项、存货、长期投资、应付款项、营业收入、营业成本、投资收益等项目。第二，合并报表可以展示以上市公司为母公司所形成的纳入合并报表编制范围的企业集团所"存在"的资源规模及其结构。在上市公司较少进行经营活动、以对外股权投资为主的条件下,仅仅分析上市公司自身的报表将难以分析企业的资产结构。此时,对合并报表的分析将十分重要。第三,可以通过比较相关资源的相对利用效率来揭示企业集团内部管理的薄弱环节。例如,可以通过比较合并报表与上市公司报表的固定资产、存货、货币资金、营业收入、营业成本等项目,了解在上市公司和上市公司以外的其他纳入合并报表编制范围的公司之间,哪一部分资产的利用效率更高一些。

第七节　每股收益分析

与上市公司有关的比率主要有:

(一)每股盈余(Earnings per Share)

每股盈余,也称每股盈利、每股收益。反映了企业一定时期平均对外发行的股份所享有的净利润。用公式表示是:每股盈余＝可供普通股股东分配的净收益/发行在外的普通股。一般来说,每股盈余指标值越高,在利润质量较好的情况下,表明股东的投资效益越好,股东获取较高股利的可能性也就越大。这个指标是普通股股东最关心的指标之一,而且这个数值直接影响了公司支付普通股股利的多少,如果没有足够的收益就不能支付股利,当然股利的实际支付还要受公司现金状况的影响。

(二)股票收益率(Dividend Yield)

股票收益率,即股利与市价的比率,是指企业普通股每股股利与普通股每股市价间的比率,用公式表示就是:股票收益率＝普通股每股股利/普通股每股市利。从上式分子、分母的构成可以看出,股票价格的波动和股利水平的任何变化均会导致股票收益率的变化。它粗略地计量了当年投资当年回收的情况下收益的比率。

(三)市盈率(Price Earnings Ratio,PE ratio)

市盈率也就是市价与每股盈余的比例,它是普通股市价与每股盈余之比,即:市盈率＝普通股每股市价/普通股每股盈余。市盈率是反映市场对公司的期望的指标,比率越高,市场对公司的未来越看好。但是,这个比率不能用于不同行业间公司的比较,因为市盈率与公司的增长率相关,不同行业的增长率也不同,所以不同行业的公司之间去比较这个数据是没有意义的。市盈率的问题之一是会计利润会受各种公认会计政策的影响,这将使公司间的比较发生困难。

（四）股利支付率（Dividend Payout Ratio）

股利支付率是每股股利与每股盈余的比例，即：股利支付率＝每股股利/每股盈余。股利支付率反映普通股股东从全部获利中实际可获取的股利份额。单纯从股东角度的眼前利益讲，此比率越高，股东所获取的回报越多。可以通过该数据分析公司的股利政策，因为股票价格会受股利的影响，公司为了稳定股票价格可能采取不同的股利政策。我国的情况比较特殊，通常支付现金股利的公司股票价格不会迅速增长，配股或者送股的公司股票价格反而上涨很多，这与其他国家的情况有很大的不同。

（五）每股净资产（Net Assets per Share）

每股净资产是企业的净资产与普通股股数之比，即：每股净资产＝净资产/普通股股数。每股净资产在理论上提供了企业普通股每股的最低价格。

（六）股利保障倍数（Times Dividend Earned）

这一比率是指用利润金额与股利成本所进行的比较。这是安全性的一种计量，显示股利和盈利的关系，并指示盈利超过股利的情况。据此，信息使用者可以分析在什么条件下公司的盈利仍能保障目前股利的分配。股利保障倍数＝属于普通股的税后净利/股利支付金额。股利保障倍数反映了企业的净利润与股利支付数间的比例关系。此比率越大，表明企业留存的利润越多。如果资产质量较好，企业有好的投资项目，将利润更多地留作投资资金对企业的将来的发展是有利的，未来企业的发展潜力越大，是有利于公司股东的。

第八节　合并财务报表分析

从各国的会计实践来看，当企业采用集团化经营的方式时，母公司在对外编报其自身的财务报表时，还要对外编报该集团的合并财务报表（Consolidated Financial Statements）。

一、合并财务报表的特征

从合并报表的编制过程来看，合并报表至少有如下特征：

1. 合并报表所反映的会计主体，是会计意义上的“主体”，合并报表不反映任何现存企业的财务状况和经营成果。从合并报表的概念来说，在投资方以对外出让资产、形成对子公司的控制性股权为代价而形成集团的条件下，合并报表是以整个企业集团为单位，以组成企业集团的母公司和子公司的个别会计报表为基础,在抵销了个别会计报表有关集团内的重复项目的数额后编制的、体现企业集团整体财务状况的报表。这就是说,组成集团的母公司、子公司均是独立核算、有各自独立的财务、经营体系,独立对其股东出具财务报告的经济实体。集团内的各个母公司、子公司等均有效地支配着各自报表所展示的资源,并运用各自报表所披露的资源来取得各自的财务成果。整个机缘内的母公司与子公司之间,以股权关系为纽带,有机地联系在一起。但是,并不存在一个支配合并报表所列示的资源、并通过对着这种资源的有效运用或支配来谋求经济利益。

2. 合并范围、合并报表编制方法的可选择性以及合并报表的"表之表"特点,使得合并报表的外在表现呈现出弹性化的特性,合并报表编制的正确性不再体现为个别报表的"可验证性",而是体现为编制过程逻辑关系的正确性。在这里,合并范围是指在母公司编制合并报表中所涉及的公司范围。从我们所了解的情况看,各国与《国际会计准则》对合并范围均作了规定,其共同点是合并范围均排除一些不宜纳入合并报表的企业。例如,按照《合并会计报表暂行规定》,我国在母公司编制合并会计报表时,下列子公司可以不包括在合并会计报表的合并范围之内:①已关停并转的子公司;②按照破产程序,已宣告被清理整顿的子公司;③已宣告破产的子公司;④准备近期售出而短期持有其半数以上的权益性资本的子公司;⑤非持续经营的所有者权益为负数的子公司;⑥受所在国外汇管制及其他管制,资金调度受到限制的境外子公司。但是,是否把某个特定的子公司排除在合并范围以外,主要取决于母公司对该子公司是否符合上述条件。在一定条件下,母公司可能出于某种考虑,而故意把某些子公司排除在合并范围以外。就合并报表的编制方法而言,受编制合并会计报表理论(母公司理论、实体理论、所有权理论)的影响,不同国家、同一国家的不同企业有可能选择不同的合并报表编制方法。对于同一个企业集团来说,选用不同的报表编制方法,将使得合并报表有不同的外在表现。合并报表的"表之表"特点,是指合并报表是母公司以合并范围内的母公司、子公司的报表为基础编制的。在个别报表的条件下,企业的报表与账簿、凭证以及实物等有"可验证性"的对应关系。报表编制的正确与否,可以通过这种"可验证性"来检验。但是,在合并报表的条件下,由于在编制过程中的集团内部交易的抵销,合并报表与分散在企业集团各个企业的账簿、凭证以及实物不可能存在个别企业报表的那种"可验证性"性关系。合并报表的正确性也仅仅具有逻辑关系正确与否的意义。

3. 编制过程中对集团内部交易的剔除以及大部分项目的直接相加,使得对个别报表有意义的信息在合并报表中或者消失，或者失去意义。在合并报表的编制过程中，要对集团内的内部交易进行剔除。主要包括：①母公司对子公司的投资与子公司股东权益（所有者权益）中属于母公司的部分互相抵销；②母子公司之间的债权债务互相抵销；③"存货"项目中，集团内公司间的内部销售所产生的未实现内部销售利润的抵销等。但是，上述被剔除的项目，对个别企业是有意义的：债务企业的债务仍然需要偿还、实现销售的企业也已经将实现的收入计入了利润表等。结果，合并报表中的数字在很大程度上具有了"汇总"味道，失去了其原有的"鲜活"味道。

二、合并财务报表的作用

合并报表的信息主要对母公司的管理层，母公司的债权人以及母公司的股东有意义。对母公司的管理层而言，合并报表可以帮助他们评价经营的效率和收益能力，还可以帮助他们判断企业的资源是如何有效使用的。一般来说，销售费用率和毛利率都可以反映经营的效益和收益能力，但对于高度多元化的公司而言，这些指标都应该按照公司各个部门分别计算。资产周转率和资产回报率可以帮助判断企业的资源是如何有效使用的，同时因为这两个比率本身反映的都是总括的概念，所以对多元化或者非多元化的公司都是适用的。至于其他的各种比率，对于多元化的公司来说，分析的意义都不大。只有把这些比率和其他的有类似业务组合的公司，或者同公司以往年度的比率来进行比较，才可以得到有价值的判断。对母公司的债权人而言，任何可以得到的经济资源都是有价值的，因此合并报表是非常有用的信息来源。对于债权人来说，首先关注的是公司的经营状况。对于正常经营的公司，债权人会首先关注公司的自由现金流，以此判断企业是否能够依靠自身的生产经营成果来解决债务问题。在这之后，企业的流动比率、速动比率、利息保障倍数和资产负债率都是他们关心的内容。在中国，流动比率和速动比率是最有价值的。因为中国的企业往往会轻易地将那些流动性不强的资产作为抵押物或者质押物来换取银行贷款。对于母公司的债权人来说，在这种情况下，合并报表比单独报表更能够反映母公司的真实偿债能力。对于那些已经半停止经营或停止经营、长期不还贷款、债权人已经准备起诉的企业，债权人首先关心的是母公司的债务组成情况（总债务是多少？ 其他债权人是谁？ 谁是最大的债权人？）；然后是公司的资产组成情况（厂房设备价值多少？ 办公楼价值多少？ 有多少土地使用权？ 在建工程有多少？）；接下来关注的是子公司的组成、业务分布和经营情况；最后才是母公司的资产负债率已及其对外的贷款担保等情况。之所以会有这样的顺序,是因为对面临清算或者重组的企业而言,持续经营的会计假设已经不存在了,相应的常规比较方法也就失去了比较的基础。对母公司的股东而言,投资的回报是他们关心的焦点。他们可以通过合并报表来计算股东权益回报率、每股收益、股利支付率和市盈率等指标,并借此对投资的数目和组合进行控制。对股东而言,合并报表与单独报表的效果是一样的。此外,有时市场监管部门也需要企业提供合并报表来进行一些市场监管的工作。

三、企业合并及合并财务报表的合并范围

企业的合并通常可以分为三类,即:(1)横向合并;(2)纵向合并和;(3)跨行业合并。三种合并如图 5-2 所示:

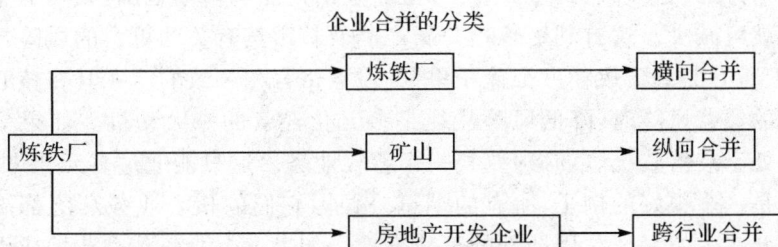

图 5-2 企业合并分类图

这就是说:横向合并或组合是从事同样生产或服务的企业单位的合并;纵向合并或组合是从事直接相关的生产或服务的企业单位的合并;跨行业合并是从事无直接联系行业的生产或服务的企业单位的合并。

企业合并的主要目的是创造协同优势(这就是说结合后主体的价值大于组成它的个别部分的总和)。具体来说,就是:

(1)实现增长这是合并最普遍的动机。一个希望通过进入新的地区性市场来实现增长的公司,可以在新的地区里雇用更多的销售人员和营销研究人员、租用办公楼和展厅。这种通过公司内部的努力来实现增长的方式可描绘成内部或有机增长。而通过合并则是另一种实现增长的方法。与其耗费资源强行拓展新市场,不如将资源用于购买这个市场现有的公司。这是外部增长,即用收购取得增长。如果单纯为增长而增长,则没有任何价值。增长的价值在于获得经济利益,通过收购来实现增长,必须创造出协同优势。

（2）规模经济可以通过消除重复作业（如生产或建设）来取得规模经济。要成功地取得有效的规模经济就必须有果断的管理当局和优秀的领导。如果两个或更多公司未能充分利用它们的资源，合并就可以帮助清除过剩的生产能力而使生产更加有效率。

（3）消除竞争收购、竞争对手，使企业对市场取得更广泛的控制。这正是各国管理机关严格监管收购的原因。这些法规可以抑制任何工业可能出现的垄断，并限制任何工业中特大经营者的权力。管理部门对可能导致垄断行为的主要收购的审批，显然会在一定程度上制约旨在垄断的收购。

（4）确保原料来源不断。如果一个企业在原料或部件供应上遇到困难，它可能决定对供应商进行收购以控制供应品的供应时间、数量和质量。例如，炼铁厂可以购买矿山。

（5）分散经营风险。（多元化）分散企业的产品和市场范围，公司的整体经营风险就可减少。这有利于承担与新产品及新市场有关的更大的风险。这与"不要把所有的鸡蛋放在一个篮子里"的古老格言相一致的。尤其在核心业务有很高的经营风险时，降低风险往往是多元化经营的一大动机。如果一个特殊行业处于衰落状况，就必须要找一个替代业务。这只能通过多元化来实现。烟草业是一个很好的例子，所有的烟草公司因它们的核心业务衰落都搞多元化。与此有关的是消除周期性的不稳定性。如果一个业务是季节性或周期性的，收购另一个具相反周期和季节性的业务，能有助于稳定生产和利润，也有助于减少企业中的经营和财务风险的水平。

合并报表是以整个企业集团为单位，以组成企业集团的母公司和子公司的个别会计报表为基础，在抵销了个别会计报表有关集团内的重复项目的数额后编制的、体现企业集团整体财务状况的报表。

在我国会计实践中广泛流传、广泛编制的报表之一就是汇总报表。汇总报表主要是指由行政管理部门根据所属企业报送的报表，各项目进行加总编制的报表。在编制汇总报表时，行政管理部门对本部门所属企业报送的报表，采用将所有汇总范围内的企业相同报表相同项目简单相加的方法进行汇总。这样，汇总报表与合并报表的主要区别至少有两点：第一，报表涉及的企业范围不同。汇总报表所涉及的企业范围，主要是以企业的行政隶属关系作为确定的依据，即以企业是否归其管理，是否属于其下属企业作为确定编报范围的依据，凡属于其下属企业，在行政上归其管理，均包括在汇总报表的编报范围之内。合并报表所涉及的企业并不是集团内的所有企业，而是以母公司对另一企业的控制关系作为确定编报范围（即合并范围）的依据，即凡是通过投资关系或协议关系能够由其控制的企业,一般均属于合并会计报表的编制范围。第二,报表数据的形成方法不同。汇总报表主要采用简单加总方法编制。而合并报表则必须采用抵销内部投资、债权债务以及内部销售等内部会计事项对个别会计报表的影响后编制,它剔除了集团内交易对报表整体的影响。

合并报表与个别报表的差异更大。这里的个别报表,是指以集团内各母、子公司为单位(会计主体)编制的、体现各独立法人单位财务状况与经营成果的报表。合并报表与个别报表差异的主要表现有:第一,个别报表的编制以独立的企业法人为单位,而合并报表则以母公司与子公司所组成的企业集团中符合合并范围(合并范围问题将在后面讨论)的企业为"单位"编制的。这个合并范围所形成的"单位"不是独立的企业法人,而仅是观念上的会计主体。第二,由于个别报表出自于各独立的企业法人,因而其生成过程大体均经历从凭证到账簿再到报表的会计循环过程。而合并报表则没有这种形成机制,它是以合并范围内的企业个别报表为基础、在剔除各项集团内部交易后编制的。

集团以有关国际惯例为依据,集团是母子公司的有机集合体。从我国目前的情况看,由于历史的原因,其组建方式多种多样,因而其经济关系也十分复杂。按照我国有关部门的分类,在我国,目前存在的企业集团有产供销关系或科工贸一条龙所形成的企业集团,"六统一"的企业集团,行政性关系所形成的企业集团,以产权关系所形成的企业集团,等等。由产供销关系所形成的企业集团,是指相互之间建立有比较固定的供货销货、生产与销售关系的企业所结成的企业群体这种集团类似于我们前面讨论的纵向合并问题。但是,集团内各公司之间并不是通过投资关系形成的,而是行政设立的。在这种企业集团中,每个企业均是法人,在财务和经营政策方面各自独立,企业相互之间不存在着严格意义上控制与被控制的关系。科工贸企业集团,是指由企业之间通过科研、生产与销售之间的联系结成的企业群体。在科工贸企业集团中,各成员企业都是独立的法人企业,相互之间在生产技术、销售等方面联系在一起,各成员企业之间也没有直接的经济利益联系,某一成员企业经营状况的好坏并不对另一成员企业发生直接影响。"六统一"的企业集团,是指成员企业在财务、生产、销售等六个方面在企业集团内部实行统一。各成员企业在这种企业集团中已丧失法人资格,而不是一个真正的企业,只是作为"企业集团"这一大企业内部的一个非独立核算单位。这种企业集团对外只是一个法人,名义上是企业集团,实际上是一个企业。以产权关系所形成的企业集团中,核心企业持有其他成员企业的股权,处于控制地位,企业集团内的其他企业则处于被控制地位。

处于控制地位的企业就是母公司,处于被控制地位的企业则是子公司。在母公司与子公司所结成的企业集团中,母公司经营决策直接制约着子公司的经营状况,子公司的经营成果也直接影响到母公司的财务状况,母子公司形成一个利益共同体。在上述各类集团中,不论是由产供销关系所形成的企业集团、科工贸企业集团、还是"六统一"企业集团,均不涉及合并报表的编制问题。只有以产权关系所形成的企业集团,才涉及合并报表编制问题。在这种集团中,母公司能够直接或间接控制子公司的经营决策和财务政策。因此,为了全面反映整个企业集团的财务状况和经营成果,就有必要编制合并报表,提供企业集团整体的会计信息。

关于合并范围,各国与《国际会计准则》对合并范围均作了规定,其共同点是合并范围均排除一些不宜合并的企业。

(一)国际会计准则

《国际会计准则》在其 27 号准则——《合并财务报表和对子公司投资的会计》中规定,合并财务报表中包括由母公司控制的全部企业。但下列情况下的子公司,通常不在合并编报之列:(1)购入和持有子公司,是专门为了在近期内卖出,因此控制是暂时性的;(2)在严格的长期性限制条件下营业,大大削弱其向母公司转移资金的能力。对于这类子公司,应当根据《国际会计准则第 25 号——投资会计》,视同投资进行会计处理。

(二)中国会计准则的规定

我国对合并报表的理论研究、法规制定以及企业实践均起步较晚。直到 1995 年 2 月 9 日,财政部才颁发了《合并会计报表暂行规定》。我国目前企业的合并报表实践均以此作为指导文献。下面将以该规定为基础说明我国企业报表的合并问题。《合并会计报表暂行规定》(下称《规定》)的主要内容有:(1)合并报表编制公司与合并范围《规定》的这部分内容,我们已在前面有关内容中作了介绍,在此不再重复。(2)合并报表的内容合并报表主要包括:①合并资产负债;②合并利润表;③合并财务状况变动表(后被合并现金流量表所取代);④合并利润分配表。

(三)合并报表所需资料

《规定》指出,合并会计报表以母公司和纳入合并范围的子公司(以下凡涉及子公司,即为纳入合并范围的子公司)本身的会计报表以及其他有关资料为依据,合并各项目数额编制。为编制合并会计报表,子公司向母公司提供的其他有关资料包括:(1)子公司所采用的与母公司不同的会计政策;(2)与母公司及与母公司的其他子公司业务往来、债权债务、投资等资料;(3)子公司利润分配有关资料;(4)子公司所有者权益变动的明细资料;(5)其他编制合并会计报表所需要的资料。

（四）会计期间与会计政策《规定》

对会计期间与会计政策的选择做出了限制性规定,指出,母公司为了编制合并会计报表,应当统一母公司与子公司的会计报表决算日和会计期间,使子公司会计报表决算日和会计期间与母公司会计报表决算日和会计期间保持一致。不一致时,母公司应当按照母公司本身会计报表决算日和会计期间,对子公司会计报表进行调整,以调整后的子公司会计报表编制合并会计报表,或者要求子公司按照母公司的要求编报相同会计期间的会计报表。母公司应当统一母公司和子公司所采用的会计政策,使子公司采用的会计政策与母公司保持一致。当子公司所采用的会计政策与母公司不一致时,母公司应当按照母公司本身规定的会计政策对子公司会计报表进行必要的调整。但当子公司与母公司所规定的会计政策差异不大,并且对财务状况和经营成果的影响不大时,母公司也可直接利用该会计报表编制合并会计报表。

（五）要求母公司对其权益性投资用权益法核算

母公司为编制合并会计报表,对子公司进行的权益性资本投资必须采用权益法进行核算,并以此编制个别会计报表,为编制合并会计报表提供基础数据。

（六）对境外子公司以外币表示的报表的规定

对于境外子公司以外币表示的会计报表,母公司应当按照规定将境外子公司会计报表各项目的数额折算为母公司记账本位币,并以折算为母公司本位币后的会计报表编制合并会计报表。对于境内子公司采用与母公司记账本位币以外的货币编报的会计报表,也应当按照规定将其会计报表折算为母公司记账本位币表示的会计报表。

我国合并报表所涉及的企业范围受财政部发布的《合并会计报表暂行规定》的制约。按照《合并会计报表暂行规定》,在我国目前条件下,凡设立于我国境内,持有一个或一个以上子公司的母公司,应当编制合并会计报表,以综合反映母公司和子公司所形成的企业集团的经营成果、财务状况及其变动情况。母公司在编制合并会计报表时,应当将其所控制的境内外所有子公司纳入合并会计报表的合并范围。具体来说,主要有:

1. 母公司持有其过半数以上(不包括半数)权益性资本的被投资企业

在这里权益性资本是指对公司有投票权或表决权。能够据此参与公司经营管理决策的资本部分,如股份制企业中的普通股,有限责任公司中的投资者出资份额等。在会计实务中，母公司持有其半数以上权益性资本的情形，主要有以下三种：

（1）母公司直接持有被投资企业半数以上权益性资本。例如，甲公司直接持有乙公司发行的普通股总数的51％。此时，乙公司就成为甲公司的子公司，甲公司在编制合并报表时，必须将乙公司纳入其合并范围。母公司直接持有被投资企业半数以上权益性资本的结构图（图5-3）如下：

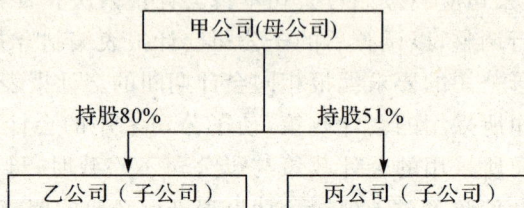

图5-3　母公司直接控制图

（2）间接持有半数以上权益性资本。间接持有半数以上权益性资本，是指通过子公司而对子公司的子公司持有半数以上权益性资本。例如，甲公司持有乙公司80％的股份，而乙公司又持有丙公司80％的股份。此时，甲公司通过其子公司间接持有丙公司80％的股份，丙公司也是甲公司的子公司。甲公司编制合并会计报表时，也应包括丙公司。间接持有半数以上权益性资本的结构图（图5-4）如下：

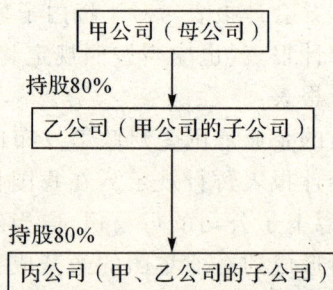

图5-4　母公司间接控制图

（3）直接和间接方式合计持有半数以上权益性资本。直接和间接方式合计持有半数以上权益性资本，是指母公司直接持有被投资企业半数以下的权益性资本,但通过与子公司一起,共同持有该被投资企业 50％以上的权益性资本。例如,甲公司持有乙公司 80％的股份,持有丙公司 30％的股份,乙公司持有丙公司 40％的股份。此时,乙公司为甲公司的子公司,甲公司通过子公司乙公司间接持有丙公司 40％的股份,与直接持有的 30％的股份合计,甲公司共持有丙公司 70％的股份,丙公司也是甲公司的子公司,甲公司编制合并报表时,应当包括丙公司。直接和间接方式合计持有半数以上权益性资本的结构图(图 5-5)如下:

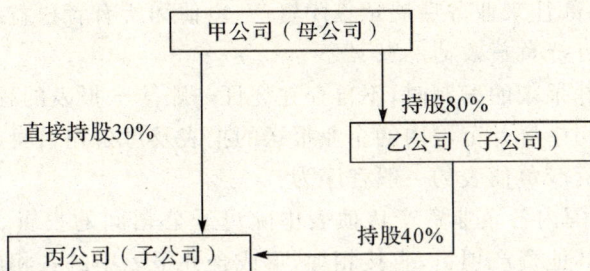

图 5-5 母公司直接和间接方式合计持有半数以上权益性资本的结构图

2. 其他被母公司所控制的被投资企业

母公司对于被投资企业虽然不持有其过半数以上的权益性资本,但母公司与被投资企业之间有下列情况之一的,应当将该被投资企业作为母公司的子公司,纳入合并会计报表的合并范围。

(1)通过与该被投资公司的其他投资者之间的协议,持有该被投资公司半数以上表决权;

(2)根据章程或协议,有权控制企业的财务和经营政策;

(3)有权任免董事会等类似权力机构的多数成员;

(4)在董事会或类似权力机构会议上有半数以上投票权。

在母公司编制合并会计报表时,下列子公司可以不包括在合并会计报表的合并范围之内:①已关停并转的子公司;②按照破产程序,已宣告被清理整顿的子公司;③已宣告破产的子公司;④准备近期售出而短期持有其半数以上的权益性资本的子公司;⑤非持续经营的所有者权益为负数的子公司;⑥受所在国外汇管制及其他管制,资金调度受到限制的境外子公司。

在股份制企业中,有两类股东。一类是取得公司控制权的股东,称为控股股东;另一类是掌握非控制权股份的少数股东。少数股东在企业中的权益称为少数股权。在合并报表中，少数股权主要体现在两个方面：一是在合并资产负债表中，代表少数股东对集团净资产的要求权；二是在合并利润表中，代表少数股东对集团利润的应享份额。

合并报表一般包括合并资产负债表、合并利润表以及合并现金流量表。

四、合并资产负债表

合并资产负债表是母公司编制的、以合并范围内企业的资产负债表为基础、剔除集团内部往来业务后展示集团资产、负债和所有者权益状况的报表。

（一）合并资产负债表的一般程序

在进行合并报表的编制时，不再存在凭证—账簿—报表的程序，而只是由母公司根据集团中合并范围内的企业报送的报表及母公司自身的报表在账外完成的。合并资产负债表的一般程序为：

1. 合并范围内各企业资产负债表中除母子公司间的投资、债权债务、所有者权益外的其他资产项目，直接相加，形成合并报表中的各相应项目金额；

2. 将母公司对子公司的投资与子公司股东权益（所有者权益）中属于母公司的部分互相抵销。具体来说：第一，在股权取得日，母公司的投资形成子公司股本（所有者权益）的一部分，由于经常会出现母公司的投资作价与子公司净资产（所有者权益）相应份额之间出现差异——这两者之间的差即为子公司相应净资产所包含的商誉，因而母公司的投资与子公司所有者权益中的相应份额抵销后，将分解为子公司的净资产相应份额与商誉。第二，在股权取得日后，由于母公司按权益法对其长期投资进行处理，子公司在控股权变更后新增税后净利均在投资方（母公司）的长期投资与投资收益中做出了相应调整，因此，股权取得日后母公司长期投资新增部分可直接与受资方受资后新增所有者权益的相应份额对销。

3. 母子公司之间的债权债务互相抵销。这主要涉及母子公司间的"应收账款"与"应付账款"、"应收票据"与"应付票据"、"长期投资——债券投资"与"应付债券"、"应收股利"与"应付股利"等项目。

4. "存货"项目中，集团内公司间的内部销售所产生的未实现内部销售利润的抵销。集团内各公司之间均是独立法人，他们之间的交易通常也按市场交易价结算，形成卖方的利润。但是，从集团的角度来看，买卖双方的存货交易仅是存货的空间发生了位移，只有当买方所购存货卖予集团外时，整个集团才实现了利润。否则，即使卖方实现了利润，集团整体也不能认为实现了利润。这就是说，如果买方将购入的商品存货在当期全部销售，则其期末资产负债表中的存货,不包括从集团内部公司购入的存货价值;如果买方只是部分将其售出,或全部未售出内部购入的存货,则在其期末资产负债表的存货项目内,包括从集团内公司中购入存货中包含的毛利,对这部分内部交易毛利,在合并时应予以剔除。

5. 合并资产负债表所有者权益中的股本,仅包括集团母公司的股本。合并报表中所有者权益的其他项目,则包含母公司所有者权益的相应项目与子公司相应项目属于集团(剔除少数股东权益后)部分之和,这主要包括将子公司在母公司取得其控制权后取得的未分配利润与母公司的未分配利润等加在一起,构成集团合并报表中的未分配利润等内容。

(二)合并资产负债表编制需注意的几个问题

编制合并资产负债表时,有下列各项需要说明:

1. 集团内所有公司的固定资产和流动资产直接相加,成为合并资产负债表相应项目的金额。

2. 合并报表中的股本仅为母公司股本。

3. 合并报表的盈余公积为母公司的盈余公积与子公司受资后新增的盈余公积中属于集团的部分。

4. 母公司对子公司的长期投资,一部分与子公司当日所有者权益中属于母公司所有的部分对销后,尚有差额即商誉。

五、合并利润表

合并利润表是母公司编制的、以合并范围内企业的利润表为基础、剔除集团内部交易后展示集团损益状况的报表。

与合并资产负债表相比,合并利润表的编制较为简单。其一般程序是:

1. 将母子公司利润表各项目(税后利润各项目)直接相加,得到集团的税后利润;

2. 在税后利润基础上,减除少数股东权益部分,即得到集团净利润;

3. 在对第(1)项进行处理时,应注意抵销有关内部交易事项:(1)母公司与子公司存货销售的抵销在按成本出售存货时,只需剔除出售公司(卖方)的销售收入与销售成本。在高于成本出售存货时,除将卖方销售收入与销售成本剔除后,还应考虑买方所购买的存货是否已销往集团外部:①当买方购入的存货全部未销时,应将买方存货中含有的高于卖方成本部分的毛利全部剔除。此时在合并报表中应减少存货一部分价值(即毛利部分),同时减少合并报表中的利润。②当买方所购入的集团内部公司销售的商品全部销售时,此时集团已实现内部销售的利润。此时利润并未重复计算。剔除时只需剔除卖方的销售收入与和买方的销售成本中相当于内部购销部分的金额。③当买方只对集团外销售一部分内购商品时,应在合并时,将集团合并报表中的存货冲减一部分价值(相当于未实现的利润)同时冲减相等数量的合并利润。(2)母公司与子公司相互持有债券或借贷款项而发生的利息收入与利息费用的抵销母子公司间的利息收入与利息费用,在集团外部来看是不存在的。因此,在编制合并利润表时,应将利息费用(债务人)与投资收益(债权人)集团内部交易部分对销。(3)母公司与子公司、子公司之间的固定资产交易所产生的未实现内部销售利润的抵销母公司与子公司、子公司相互之间发生的固定资产交易是指母公司与子公司之间、子公司相互之间发生的一方销售自身的产品,另一方购买对方产品作为固定资产使用的固定资产购售活动。①不计提折旧固定资产中包含的未实现内部销售利润的抵销。A.将内部销售收入与该内部销售成本和固定资产原价项目中所包含的未实现内部销售利润相互抵销,即在合并销售收入项目中抵销该产品销售收入的数额;在合并销售成本项目中抵销该产品的销售成本的数额;在合并固定资产原价项目中抵销未实现内部销售利润的数额。B.在该固定资产的使用期间内,每期编制合并会计报表时都必须将该固定资产原价中所包含的未实现内部销售利润抵销,直至该固定资产退出企业集团止。抵销时,应减少"年初未分配利润"项目,同时减少"固定资产原价"项目,其数额为上一会计期间该固定资产原值中抵销的未实现内部销售利润的数额。②计提折旧的固定资产中包含的未实现内部销售利润的抵销A.在发生该固定资产交易的会计期间,应当进行如下抵销处理:在发生固定资产交易的当期,应当将内部销售收入与该内部销售成本和固定资产原价中所包含的未实现内部销售利润相互抵销,即在合并销售收入项目中抵销该固定资产交易的销售收入的数额;在合并销售成本项目中抵销该固定资产交易的销售成本的数额;在合并固定资产原价项目中抵销该固定资产原价中未实现内部销售利润的数额。在计提折旧时,还应当将该固定资产计提的折旧中包含的未实现内部销售利润的数额抵销。抵销数额为该固定资产当期计提的折旧额减去按照不包含有未实现内部销售利润的固定资产原价计提的折旧额的差额。在采用直线法时,即该固定资产原价中包含的未实现内部销售利润总额除以该固定资产的使用期间。B.在发生该固定资产交易以后的会计期间到该固定资产清理报废时止,应当进行如下抵销:将内部销售固定资产所包含的未实现内部销售利润的数额予以抵销。抵销时,减少"年初未分配利润"项目,同时减少"固定资产原价"项目。将内部购进固定资产计提的折旧中包含的未实现内部销售利润的数额抵销。其抵销数额为该固定资产当期计提的折旧额减去按照不包含有未实现内部销售利润的固定资产原价计提的折旧额的差额。抵销时,减少"累计折旧"项目,并同时减少"管理费用"等项目。将内部销售固定资产原价所包含的未实现内部销售利润中以前会计期间已计入累计折旧的数额抵销。抵销时,减少"累计折旧"项目,同时增加"年初未分配利润"项目。C.在固定资产报废清理时,应当将该固定资产原价中包含的未实现内部销售利润总额减去报废清理以前固定资产原价中包含的未实现内部销售利润中已计入以前各期折旧费用的数额(即已实现内部销售利润的数额)后的余额予以抵销。抵销时,应减少"年初未分配利润"项目,减少"管理费用"项目和"营业外支出"(或"营业外收入")项目。其中抵销管理费用项目的数额为该固定资产当期计提的折旧额减去按照不包含有未实现内部销售利润的固定资产原价计提的折旧额的差额。③母公司与子公司、子公司相互之间固定资产交易发生不多,或其交易对企业集团财务状况和经营成果影响不大的,也可将其固定资产交易视为企业集团外交易,不按照上述规定进行抵销处理。

六、合并现金流量表

在我国企业的合并报表中,还有合并现金流量表。合并现金流量表反映一定时期由母公司和子公司有机组成的会计主体——企业集团的现金流入、现金流出的构成及其增减变化的报表。合并现金流量表可以有两种编制方法:一是以合并资产负债表和合并利润表为基础,借鉴个别现金流量表的编制方法来编制;二是以纳入合并报表编制范围的母、子公司的个别现金流量表为基础,剔除合并范围内的企业间的内部现金流量往来因素后编制而成。在纳入合并范围的子公司为非全资子公司的情况下,在合并现金流量表上,应单独列示子公司与其少数股东之间的现金流入以及现金流出问题。子公司与其少数股东之间的现金流入以及现金流出的主要业务有:少数股东对子公司增加权益性投资、少数股东依法从子公司抽回权益性投资、子公司向少数股东支付现金股利等。在合并现金流量表上,少数股东对子公司增加权益性投资的列示,是通过"吸收权益性投资所收到的现金"项下增列"其中:子公司吸收少数股东权益性投资收到的现金"完成的;对子公司抽回权益性投资的列示,是通过"减少注册资本所支付的现金"项下增列"其中:子公司依法减资支付给少数股东的现金"完成的;而对子公司向少数股东支付现金股利,则是通过"分配股利或利润支付的现金"项下增列"其中:子公司支付少数股东的股利"完成的。

合并会计报表除附注会计报表应附注的事项外,还应当附注如下事项:

1. 纳入合并会计报表合并范围的子公司名称、业务性质、母公司所持有的各类股权的比例；

2. 纳入合并会计报表的子公司增减变动情况；

3. 未纳入合并会计报表合并范围的子公司（即《规定》所规定的不纳入合并范围的子公司）的情况（包括名称、持股比例）、未纳入合并会计报表合并范围的原因及其财务状况和经营成果的情况，以及在合并会计报表中对未纳入合并范围的子公司投资的处理方法；

4. 纳入合并会计报表合并范围的非子公司（即《规定》规定的纳入合并范围的其他被投资企业）的有关情况，包括名称、母公司持股比例以及纳入合并会计报表的原因；

5. 子公司与母公司会计政策不一致时，在合并会计报表中的处理方法：在未进行调整直接编制合并会计报表时，应在合并会计报表中说明其处理方法；

6. 纳入合并会计报表合并范围，经营业务与母公司业务相差很大的子公司的资产负债表和利润表等有关资料；

7. 需要在合并会计报表附注中说明的其他事项。

与一般合并报表相比，我国企业合并报表有下列特点：(1)合并方法既与购买法不同，也与权益集合法不同。我们已经看到，在购买法下，必须明确的问题是股权取得日投资方的投资与被购股权企业净资产相应价值之差。同时，在合并中应确认企业合并时的商誉。而在权益集合法下，投资企业的投资按增发股票的面值计算，报表合并时不确认商誉。在我国的《规定》以及合并报表的格式中，未出现上述内容及相应规定。因此，我们很难套用国际上流行的方法来认识我国的合并报表。(2)合并报表中出现"合并价差"项目。我国合并报表中的合并价差项目，是指母公司对子公司权益性资本投资数额与子公司所有者权益总额中母公司所持有的份额抵销时所发生的差额（这有些类似于一般合并方法中的商誉）。在母公司对子公司权益性资本投资数额大于子公司所有者权益总额中母公司持有的份额时，则产生合并价差借方发生额（即资产方有正余额），其抵销的会计处理为：减少"实收资本"、"资本公积"、"盈余公积"、"未分配利润"，增加"合并价差"项目，减少"长期投资"项目。在母公司对子公司权益性资本投资数额小于子公司所有者权益总额中母公司持有的份额时，则产生合并价差贷方发生额（即资产方有负余额）其抵销的会计处理为：减少"实收资本"、"资本公积"、"盈余公积"和"未分配利润"项目，减少"长期投资"、"合并价差"项目。从性质上来说，合并价差属于长期投资项目的调整项目。(3)合并资产负债表与合并利润表中的"少数股东权益"项目符合一般列示惯例。在合并资产负债表与合并利润表中,均有"少数股东权益"项目。其中,合并资产负债表中的"少数股东权益"项目是指除母公司以外的其他股东对集团中合并范围内的子公司所有者权益中所持有的份额。按照一般会计惯例,我国将其列示于合并资产负债表的"负债"与"股东权益"之间。合并利润表中的"少数股东权益"项目,也可称为"少数股权本期收益"或"少数股东损益",是指合并范围内子公司在某特定会计期间内属于少数股东的损益部分。它应根据少数股东持有权益性资本的比例和公司章程的规定,以及合并范围内子公司本期净损益计算确定。在子公司发行优先股的情况下,计算少数股东损益时,应当以扣除优先股股利后的净利润为计算依据。少数股东损益作为企业集团总利润的减项,应在合并利润表中单独列示。

合并报表分析中存在的主要问题:

(一)常规的比率分析方法在很大程度上失去意义

就个别企业而言,对其财务状况的分析,可以采用常规的比率分析方法来进行。但是,在合并报表条件下,合并报表不反映任何现存企业的财务状况和经营成果。因此,再对合并报表进行常规的比率分析将在很大程度上失去意义。例如计算 GE 公司的毛利率,因为 GE 公司拥有数目众多的子公司和业务部门,计算出来的毛利率是各个不同行业毛利率的一个加权平均值,基本没有任何比较的意义。

(二)合并报表不具有决策依据性

对于信息使用者而言,他们需要作的决策(如交易、借贷、投资等决策)是针对集团内的母公司和子公司的,而不是针对并不实际开展经营活动的虚拟的"集团"这一会计主体的。因此,合并报表对信息使用者的决策并不具有重要参考价值。

案例分析 1:甬成功的现金陷阱

(本案例引用了申草:甬成功的现金陷阱,中国会计视野)

甬成功(000517)2005 年 11 月 1 日发布公告称:因未能及时对公司以往年度的会计差错进行更正,公司将于今日起停牌。甬成功发生了怎么样重大会计差错,竟然搞得公司都停牌了? 带着好奇心,笔者浏览了公司的公开信息,发现一代名所浙江天健掉进了甬成功设置的低劣现金陷阱。

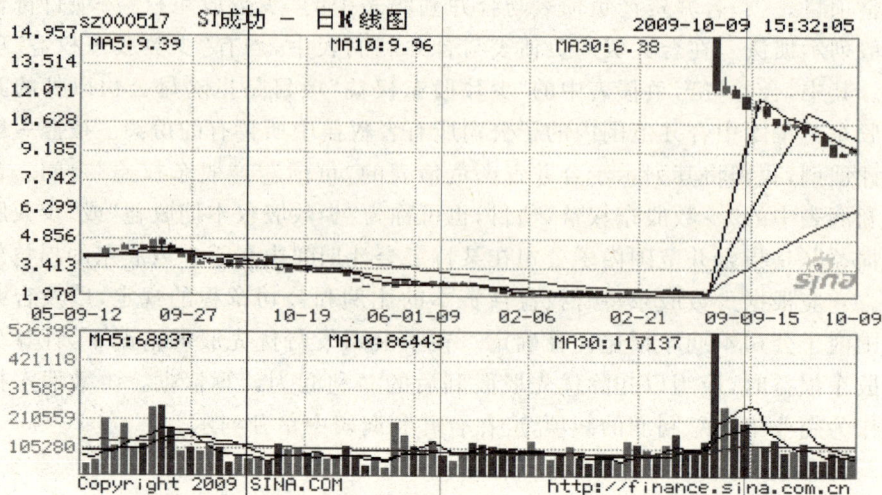

一、甬成功重大会计差错来龙去脉

2005 年 2 月 5 日，甬成功发布《关于 2004 年巡回检查整改情况的公告》称：中国证监会宁波监管局于前期对本公司进行了巡回检查，并于 2004 年 12 月 30 日下发了甬证监发〔2004〕78 号《关于要求成功信息产业（集团）股份有限公司限期整改有关问题的通知》，通知指出：

1. 关联方占用公司资金

深圳市成功通信技术有限公司（以下简称"成功通信"）2004 年 3 月—5 月向银行贷款共 1 亿元，都于当日转汇给控股股东关联方深圳汇通发实业公司。在资金划拨时仅通过"银行存款"借贷方反映，未在短期借款和应收款项反映。

2. 为关联方提供担保

截止现场检查结束日，成功通信为关联方深圳新明星公司提供担保共 1.5 亿元。

3. 2004 年 2 月 16 日，公司控股股东深圳市新海投资控股有限公司将其所持公司股权 3183.39 万股进行质押，公司直至 3 月 12 日才予以公告。

4. 2003 年 12 月 29 日，公司控股子公司北京成功通信电子工程有限公司与中国光大银行宁波分行签订《有追索权保理业务协议》，北京成功通信电子工程有限公司以对中国联通有限公司、中兴通讯股份有限公司 1.28 亿元的应收账款收款权利作为抵押，向中国光大银行宁波分行借款 8000 万元，借款期限为 2003 年 12 月 29 日至 2004 年 5 月 20 日，上述协议标的都超过了公司

2002 年底净资产 7.9 亿元的 10%,但公司直至 2004 年 4 月 25 日年报披露时才予以披露。

5. 成功通信于 2003 年 7 月 20 日向控股股东关联企业深圳天子福投资有限公司提供资金 2400 万元。公司会计处理未按《企业会计制度》要求进行会计核算(增加"其他应收款"及减少"银行存款")。借出时未作账务处理,而是在对方归还时直接通过"银行存款"借贷方反映。

2005 年 4 月 30 日,甬成功发布《关于重大会计差错更正的公告》称:2003 年,公司控股子公司宁波成功投资控股有限公司(以下简称成功投资控股)之联营企业宁波网通信息港发展有限公司(原名宁波网通信息港有限公司,以下简称宁波网通)确认语音网络资产交易净收益 67114177.08 元,公司相应确认投资收益 19248345.99 元。2004 年宁波网通与中国网络通信有限公司(以下简称中国网通)签订《语音网络资产收购协议补充协议(二)》,《语音网络资产收购协议》中确认收购的网络资产中原值为 17027000.00 元的部分改为中国网通委托宁波网通运营。经双方确认,该部分语音资产的原值及最终清算差异合计 17951650.00 元直接从收购价中扣减,相应调减宁波网通 2003 年度净利润 12354405.68 元。

根据宁波市国家税务局甬国税函〔2004〕153 号文件,宁波网通 2003 年度企业所得税享受全免的优惠政策。但宁波网通实际并未享受此项政策,2003 年宁波网通应交所得税金额为 26437343.31 元,相应调减宁波网通 2003 年度净利润 26437343.31 元。上述调整后,宁波网通共计减少 2003 年度净利润 38791748.99 元。

2005 年 8 月 31 日,甬成功发布《关于公司重大会计差错更正及风险提示性公告》称:自 2005 年 7 月 29 日宁波证监局立案调查以来,本公司董事局积极配合证监局立案调查工作,经本公司自查,发现存在以下重大会计差错:

(1) 公司 2003 年度智能化楼宇系统集成等项目收入确认差错共计 220 万元。相应调减期初未分配利润 220 万元,调减期初应收账款 220 万元。

(2) 截至 2004 年末公司原未入账银行账户涉及资产共计 8990 万元。相应调减期初未分配利润 702.23 万元,调增期初其他应收款 8287.77 万元,调减期初货币资金 8990 万元。

(3) 公司 2004 年度业务费用核算差错 461 万元。相应调减期初未分配利润 461 万元,调减期初预付账款 461 万元。

(4) 截至 2004 年末公司以上重大会计差错更正相应调增期初坏账准备共计 392.39 万元。

（5）公司控股子公司重大会计差错更正相应调减期初长期股权投资权益法 2746.77 万元。

1. 公司控股子公司北京成功通信电子工程有限公司（以下简称北京成功电子）重大会计差错更正调减期初未分配利润共计 581.71 万元,公司按股权投资比例 98.36％计入期初未分配利润共计 572.17 万元。

（1）北京成功电子 2004 年度通信业务收入确认差错共计 588 万元。其中调减期初未分配利润 588 万元,调减期初应收账款 588 万元。

（2）北京成功电子账面发出商品中为扬州中兴代发货的手机共计 109.46 万元,应向扬州中兴收回,其中调增期初其他应收款 109.46 万元,调减存货 109.46 万元。

（3）截至 2004 年末北京成功电子以上重大会计差错更正相应调减期初坏账准备共计 6.29 万元。

2. 深圳市成功通信技术有限公司（以下简称深圳成功通信）重大会计差错更正调减期初未分配利润共计 2009.05 万元,公司按股权投资比例 98％计入期初未分配利润共计 1968.87 万元。

（1）深圳成功通信 2002 年度通信业务收入确认差错共计 1060.92 万元。其中调减期初未分配利润 1060.92 万元,调减期初应收账款 1060.92 万元。

（2）截至 2004 年末深圳成功通信原未入账的财务费用共计 1274.66 万元,相应调减期初未分配利润 1274.66 万元,调减期初其他应收款 1274.66 万元。

（3）截至 2004 年末深圳成功通信账面拆借资金利息核算差异 122.09 万元,相应调减期初未分配利润 122.09 万元,调减期初其他应收款 122.09 万元。

（4）截至 2004 年末深圳成功通信以上会计差错更正相应调减期初坏账准备 448.62 万元。

3. 深圳市成功电气技术有限公司（以下简称深圳成功电气）重大会计差错更正调减期初未分配利润共计 215.60 万元,公司按股权投资比例 95.42％计入期初未分配利润共计 205.73 万元。

（1）深圳成功电气 2004 年度银网通收入确认差错共计 220 万元。其中调整期初未分配利润 220 万元,调减期初其他应收款 220 万元。

（2）截至 2004 年末深圳成功电气以上会计差错更正相应调减期初坏账准备 4.4 万元。公司 2005 年半年度报告已据此调整年初数,调减期初未分配利润 4522.39 万元。但目前尚无法确认追溯调整所涉及的具体年度及每年度的具体金额,根据中国证监会证监会计字〔2003〕16号文《公开发行证券的公司信息披露编报规则第19号——财务信息的更正及相关披露》,本公司将在45天内披露经具有执行证券、期货相关业务资格的会计师事务所审计的更正后的以前年度财务报告。

上述追溯调整有可能导致公司出现2003年、2004年两个会计年度连续亏损,如果调整后2003年、2004年两个会计年度连续亏损,本公司股票交易将因此被实施退市风险警示。

二、一代名所浙江天健掉入现金陷阱

据甬成功2004年报披露:自2001年开始至今,公司聘任浙江天健会计师事务所为本公司审计机构。2005年公司应支付给浙江天健会计师事务所2004年度财务审计费用68万元。笔者打开其近三年财报,发现甬成功货币资金明显存在陷阱:

单位:万元

	2002.12.31	2003.12.31	2004.12.31	2005.06.31
货币资金	43769	44192	52227	26637
其中:银行存款	40477	37979	42286	6903
受限银行存款	无	无	50.4 定存无质	4880 定存质押

2005年半年报对货币资金期初数进行调减,2004年底货币资金从52227万元调至43237万元,调减8990万元。其实,2004年虚增的货币资金绝不仅仅只有8990万元,2005年半年报银行存款只剩下6903万元,而且其中4800万元是定期存款质押。甬成功2002年、2003年、2004年分别实现收入59063万元、65025万元、55295万元,很明显4个多亿元货币资金远远超过其正常的现金需求,这里面大量的货币资金怀疑已受限。如果说2002年、2003年高现金陷阱会计师没有发现还情有可原的话,可是2004年货币资金没降反升竟然没有发现令人感到不可思议。迫于证监会调查,甬成功年底虚拟关联方还款导致其货币资金余额虚增,会计师竟然没有发现这个事实。甬成功除了虚构货币资金、隐瞒货币资金受限事实外,还隐瞒现金流的实质,如"深圳市成功通信技术有限公司(以下简称"成功通信")2004年3月—5月向银行贷款共1亿元,都于当日转汇给控股股东关联方深圳汇通发实业公司。在资金划拨时仅通过"银行存款"借贷方反映,未在短期借款和应收款项反映。"以及"成功通信

于 2003 年 7 月 20 日向控股股东关联企业深圳天子福投资有限公司提供资金2400 万元。公司会计处理未按《企业会计制度》要求进行会计核算（增加"其他应收款"及减少"银行存款"）。借出时未作账务处理，而是在对方归还时直接通过"银行存款"借贷方反映。"，这些违规事实在 2004 年报审计时会计师不可能不知道，但会计师竟然还认为 42286（除 50.4 万元受限外）无受限货币资金是真实存在的。

甬成功如今的策略是能瞒则瞒，证监局发现多少则披露多少，事实上笔者怀疑该公司还有大量的潜在违规还没有披露。但通过上述一大堆已公开的重大会计差错事实，你会发现甬成功存在大量的虚构收入、隐瞒费用的事实，这些不是本文讨论的重点，略过。

笔者在《四大现金陷阱》中概括了上市公司四大现金陷阱：高现金陷阱、受限现金陷阱、流水陷阱及募集资金使用陷阱。甬成功 2004 年增发募集 49968万元现金，笔者怀疑大部分被挪用或被关联方占用，目前披露违规事实只是甬成功财务造假的冰山一脚，甬成功同时出现四大现金陷阱，包括虚构现金（已承认）、隐瞒现金受限（未承认）、流水作弊（已承认）及挪用募集资金（未承认）。

三、现金造假泛滥成灾，审计师及监管层岂能熟视无睹

笔者用概括出来的四大现金陷阱去发现潜在问题的上市公司，一般发现一家不超过 5 分钟，像锦化氯碱笔者只花了 5 秒钟。根据笔者目前对西部、东北等省份上市公司的分析，存在现金陷阱的公司大概占 5%～10%，这只是 5分钟之内能发现的一个比例数，如果再深入下去估计这个比例会更高，再加上相当一部分无法通过公开信息发现现金陷阱的公司，笔者估计中国上市公司存在现金陷阱的比例不会低于 1/4，也就是说中国 1400 家上市公司中，存在现金陷阱的公司不会少于 300 家，浮在水面上大概有 100 家左右，像甬成功也属于浮在水面上的公司，只是笔者一直认为发达省份的上市公司造假概率相对较小，所以还未对浙江上市公司现金陷阱进行分析。

如此大比例的现金陷阱，迄今仍未引起监管层及审计师的高度关注，尽管笔者已揭发了十来家类似公司，但这些公司无一保持沉默，"沉默是金"是对质疑最好的回应。笔者认为，当前我国会计师对现金审计关注不够，现金审计程序及方法存在严重缺陷是导致现金造假成风的重要成因，审计准则存在缺陷也是导致现金舞弊难以发现的原因之一，如操纵现金流粉饰收益的典型案例＊ST 哈慈。

＊ST 哈慈（600752）2005 年 8 月 31 日发布盈利的半年报，可是 9 月 7

日,该公司发布公告称:2005 年 9 月 5 日江苏天华大彭会计师事务所对其所出具的审计报告进行了更改,审计意见类型由原来的"非标无保留意见"更改为"无法表示意见"。"无法表示意见"称:贵公司于 2005 年 8 月 26 日和 8 月 30 日先后收到关联方还款 6000 万元和 3000 万元。我们在对上述款项实施函证程序并获取贵公司有关声明的基础上,于 2005 年 8 月 30 日出具了无保留意见加强调事项说明段的审计报告(苏天会审二〔2005〕180 号)。本着注册会计师应有的职业谨慎态度,我们要求对贵公司已收到的 9000 万元还款进行追加查验,发现上述款项已被贵公司划出,而我们无法实施满意的审计程序以合理确信贵公司大股东及关联方上述还款的真实性,从而使我们无法判断大股东及关联方欠款的可收回性。2005 年 9 月 20 日,上交所发布公告称决定哈慈股份自 2005 年 9 月 22 日起终止上市。天华大彭"回马枪"体现了审计师应有"职业怀疑"态度,但这种补充审计目前在审计准则中找不到直接依据,中注协《审计技术提示第 2 号——会计报表公布日后发现的事实》明确规定:在会计报表公布日后,注册会计师没有义务对已审计会计报表作进一步的询问。

笔者认为:以前我们过于强调盘点、询证,对现金审计没有给予足够的重视,导致客户现金舞弊即使手法非常粗糙也容易得逞。项目负责人要对现金审计分配更多的审计资源,现金审计技术及程序也要顺应中国上市公司财务舞弊特点而作实质性调整,不要追求形式上的完善及程序上的完美,而要根据常规舞弊手法设计有效的审计程序,发现重大舞弊才是审计的终极目标,而不是完善底稿,企图以审计底稿对抗审计失败的指控,那是一种形式主义。财务舞弊在不同时期不同国家差异很大,当前现金舞弊成风,过几年可能就不流行了,而流行数字游戏了,搞主观造假,不搞单据造假。现金审计不但强调余额还强调流水,发现余额造假不难,发现流水作弊有相当难度,因为流水太多,需要审计软件支持进行初步分析,可以借鉴反洗钱的侦查思路,发现异常的流水。当然还包括对受限现金及未达账项的审计。

浙江天健一直是笔者最敬仰的事务所之一,如今也掉进如此低级的现金陷阱,一世英名就此毁掉。笔者怀疑 72 家证券所很少有能逃过上市公司现金陷阱。作为行业形象的证券市场审计竟然存在如此大面积的审计失败,笔者在此强烈呼吁中注协要行动起来,召开"现金审计"专题研讨会,发布"现金审计操作指南",亡羊补牢,否则整个行业都有可能毁在"现金陷阱"上;证监会也要紧急行动起来,对上市公司的现金陷阱进行一次彻查,如此大面积的现金舞弊还熟视无睹,对投资者是一种渎职。

案例分析 2：美国 HPL 技术公司财务黑洞案例

与安然、施乐、世通等财务舞弊案相比，HPL 的造假规模似乎显得有些微不足道，但 Lapejian 在公司上市第一年就采用各种手段虚构了 80％的销售收入，其胆大妄为令人触目惊心，下面我们来分析一下这个案例。

一、案例简介

HPL 技术公司（HPL Technologies，Inc.，以下简称 HPL）是美国硅谷的一家软件制造商，创建于 1989 年，主营半导体软件的个性化开发、销售以及售后咨询和维护等业务。2001 年 7 月 31 日，HPL 以每股 11 美元的价格发售了 690 万股股票，筹措了 7 590 万美元，并在纳斯达克上市交易。在此后的连续三次季报中，HPL 均报告了优异的业绩，股价也一度攀升至每股 17.85 美元。然而，好景不长，HPL 上市一年后便被钉在财务舞弊的耻辱柱上，其股票已于 2002 年 7 月 29 日被纳斯达克摘牌。根据 HPL 审计委员会和美国证券交易委员会（SEC）的调查，在 HPL 首发股票的前后 5 个季度内，其创始人、董事会主席兼首席执行官 David Lepejian（以下简称 Lepejian）虚构了逾 2800 万美元的销售收入。HPL 股票上市后，他又指使公司内部的高管人员借股价上扬之机抛售他们个人持有的 85500 股公司股票。SEC 在对 Lepejian 的起诉状中详细揭示了他的各种造假手法。归纳起来，主要有五种：伪造顾客订货单、伪造发运凭证、修改销售合同、篡改银行对账单和伪造询证回函等。这些手法既无新意、也不高明，但却轻易地欺骗了大名鼎鼎的普华永道会计师事务所（PwC），确实发人深思。该案例的特殊之处在于：Lepejian 在采用上述手法虚构销售收入时，运用了一系列高科技的舞弊手段。通过这些手段，在一年多的时间内，他一手遮天，既欺骗了公司的股东和董事，也愚弄了注册会计师和 HPL 的财务人员。

二、HPL 技术公司造假的主要手法

1. 移花接木，虚构收入

2001 年 1 月 1 日至 2002 年 3 月 31 日，在连续 5 个季度内，Lepejian 伪造了数十张来自佳能公司和微电公司的订货单，金额从 161 万美元到 1134 万美

元不等。由于佳能公司和微电公司是 HPL 的两大客户,与其有长期的业务往来,对信息技术驾轻就熟的 Lepejian 轻易地从以往与上述两个客户的真实订货单中提取了相关负责人的签名,在电脑上将其粘贴至伪造的订货单上。之后,他又修改了 HPL 一台传真机的程序,将伪造的订货单以佳能公司和微电公司的名义发至 HPL 的另外一台传真机。

仅有订货单,还不足以确认销售收入。根据美国的收入准则以及 SEC 发布的首席会计师办公室文告(SAB)第 101 号的要求,上市公司确认收入应同时具备四个具体条件:1. 有确凿的证据表明销售交易存在;2. 货物已经发送或劳务已经提供;3. 卖方的成本和费用能够可靠地加以计量;4. 货款的收回是可能的。为了满足"货物已经发送"这一基本条件,Lepejian 接着伪造发运凭证:他为每份假订单起草了一份电子邮件,并以佳能公司和微电公司的名义向 HPL 发出电子邮件,确认 HPL 发出的软件已经运抵佳能公司和微电公司。

除了伪造顾客订货单和发运凭证,精通电脑技术的 Lepejian 还在 2002 年度多次伪造佳能公司的销售补充协议,提前确认本应分期确认的演示软件销售收入。美国注册会计师协会(AICPA)在其发布的立场声明书 SOP97-2 "软件的收入确认"中规定:软件销售与服务收入应根据企业与客户签订的有关协议,在产品开发完毕并在应收账款回收、客户接受产品等方面不存在重大不确定性的情况下方可确认。如果是一揽子软件开发协议,收入的确认应在企业所应提供的全部产品与服务中分摊;如无分摊基础,必须将有关款项递延至所有产品和服务完成后再确认为收入。SAB 第 101 号也明确规定:如果被发送商品的所有权已经转移给了买方,但交易的实质却是一种寄售或筹资行为时,即便商品的所有权已经转移给了买方,销售收入仍然不可以确认。SAB 第 101 号还列举了几种不能确认销售收入的情形,其中包括以演示为目的出售给买方商品的情况。作为 HPL 的审计师,PwC 也曾判断:对于 HPL 研制的演示软件的销售收入应在几年内分期加以确认。但若该产品被证明已经出售给了终端客户,则 HPL 可以在二次销售完成时按协议中规定的金额全数加以确认。在 2002 年度,HPL 对佳能公司有过几次演示软件的销售行为,为了不让公司的财务人员和 PwC 的注册会计师"为难",Lepejian 伪造了佳能公司已将演示软件全部销售完毕的证明。"齐全"的交易凭证最终促使 HPL 的财务人员将这些虚构的交易在"发生的当期"就确认为收入。

正是通过上述这些简单却很管用的伪造和变造手法,Lepejian 在 5 个季度内虚构销售收入逾 2800 万美元,虚构金额约等于 HPL 这 5 个季度真实销售额的 4 倍。

2. 处心积虑,掩盖造假

来历不实的应收账款和银行存款。如果说伪造、变造订单和发运单是收入造假行为,那么,篡改应收账款和银行存款记录,就是收入造假后续的掩盖行为。为了避免造假阴谋败露,Lapejian 处心积虑,采用下列四种方法试图掩盖造假行为。

(1)用公司的资金冒充虚构销售的回款。为了掩盖虚构销售收入的事实,Lepejian 精心设计了一个流程来"收回"子虚乌有的应收账款。2001 年 9 月,他以公司的名义出资 500 万美元在日本注册成立了一家子公司——HPL 日本。紧接着,他私下与佳能公司协商,先由佳能公司购买 HPL 价值 320 万美元的软件,之后,佳能公司可再将该软件以 400 万美元的价格销售给 HPL 日本。有了这 80 万美元的利差,佳能公司欣然应允。而这一循环销售当然被 Lepejian 全部隐瞒了。当佳能公司将 320 万美元汇入 HPL 公司账户时,Lepejian 将其解释为 2002 年度前 3 个季度 HPL 对佳能公司销售的部分应收账款的收回,并要求财务人员据以入账。

出于掩饰其造假行为的需要,Lepejian 将 HPL 日本提交给他的银行对账单扫描进电脑,用图片程序删除了 HPL 日本对佳能公司的交易,使其账户余额保留在创立时的 500 万美元。用同样的手法,Lepejian 修改了 HPL 日本提供给 HPL 的季报和年报,并将修改后的报表交由 HPL 的财务人员编制合并报表。

(2)自己垫款"收回"虚构的应收账款。为了让自己一手虚构的 2800 万美元销售收入不露破绽,Lepejian 甚至不惜以个人的资金充当虚构的应收账款收回。在 2001 年 9 月和 2002 年 6 月,他两次以自己在 HPL 公司的股票期权为质押,向其经纪公司借款 330 万美元存入其朋友的账户,再从该账户转入 HPL 公司的账户;2002 年 3 月,他又向朋友借款 100 万美元存入 HPL 公司账户。当然,Lepejian 不会忘了修改银行对账单,让其显示这三笔存款分别来源于佳能公司和微电公司。

(3)篡改 HPL 日本提交的银行对账单和报表,编造 920 万美元的交易充当虚构应收账款的收回。2002 年 4 月,Lepejian 再一次篡改了 HPL 日本寄给他的银行对账单和季度报表,虚构了一笔 HPL 日本与佳能公司之间的业务交易,总值 920 万美元。随后,他立即指示 HPL 的财务人员将这 920 万美元以 2002 年度前三个季度对佳能公司的 8 笔"销售应收款"已收回的名义入账。

(4)伪造应收账款和银行存款询证回函,误导并欺骗注册会计师。PwC

在对 HPL 的销售收入进行审计的过程中,对应收账款实施了询证程序,但却因为 Lepejian 提供了精心伪造的客户地址和银行地址而没有察觉任何问题。结果佳能、微电、PL 以及 HPL 日本的开户行均未收到 PwC 的询证函。PwC 收到的回函实际上是 Lepejian 蓄意伪造并通过修改了程序的 HPL 传真机发回的函件,理所当然地,这些回函均声称 HPL 的应收账款及银行存款的余额是正确的。

更荒唐的是,当有一次邮递人员阴差阳错地将 PwC 按照假地址发出的询证函投递至佳能公司的正确地址时,佳能公司曾致函质疑,明确指出佳能公司只欠 HPL 货款 62.1 万美元,而不是询证函上所载明的 1180 万美元。被吓出一身冷汗的 Lepejian 慌忙用尽一切办法说服 HPL 的首席财务执行官和 PwC 的注册会计师,称该询证函被寄错了。紧接着,他迅速伪造了佳能公司的一封信,信中称:该询证函被寄到了佳能公司的一个分支机构,该机构与 HPL 并无任何往来。为了进一步让 PwC 的注册会计师相信这一谎言,Lepejian 还特意安排了一次电话会议,让他的一个朋友假扮成佳能公司的官员,证实 1180 万美元的销售应收款余额是真实的。

Lepejian 自导自演的骗局是在 2002 年 7 月被戳穿的。就在 HPL 对外公布其 2002 年度的财务报告后不久,该公司董事会收到了佳能公司法律顾问的质疑报告。报告指出佳能公司与 HPL 的大部分款项往来是不存在的,并质问 HPL 为什么不对他们曾经提出的有关询证函金额不实的事实表示应有的关注。至此,Lepejian 的阴谋彻底败露。

三、HPL 技术公司案例点评与启示

类似 HPL 这样的案例在中国的上市公司中也可能会出现。上市公司的高管人员在发行新股(IPO)阶段,面对上市的种种业绩压力,迫切需要虚构销售收入来美化其经营业绩,而在 IPO 阶段,改制公司"检查与制衡"等内控制度的缺失,往往为其高管人员进行财务舞弊提供了机会。随着电脑科技的发展和普及运用,企业的经营业务和会计信息系统的无纸化运作日臻普及,或许有一天,这些企业的某些"高手"可能会做得比 Lepejian 更"周到"。针对这种审计环境的变化,注册会计师应当对可能存在的虚构销售收入行为保持高度警惕,本着谨慎执业的原则,执行更为详尽的审计程序,以防止审计失败。这个案例给我们的启示是:

1. 提防"询证陷阱",倡导眼见为实

强化对应收款项、银行存款的审计,特别是通过实施询证程序证实销售收

入发生额和销售条件(如有无退货的补充协议)的真实性,是发现虚假收入的有效手段。然而,HPL案例表明,注册会计师很容易掉进被审计单位设下的"询证陷阱"。常规的询证程序确实存在局限性。比如,注册会计师一般是根据被审计单位提供的询证地址寄发询证函,若被审计单位不提供真实的地址,则询证程序就可能完全失效。

为此,注册会计师在取得被审计单位提供的询证地址时,应保持应有的职业谨慎。对应收款项,注册会计师应将被审计单位提供的客户名称、地址与有关记录(如销售发票上的记录)相互核对。此外,还应亲自致电或通过电子邮件等方式询问被询证者是否收到询证函,回函是否已经寄出;在取得电子媒介的询证回函后,注册会计师还应当索取书面回函,保留回函信封作为审计证据,并充分关注回函来源。为免于上当受骗,注册会计师还可自行通过其他途径(如Intenet等)获取被询证单位的地址、电子邮件地址、传真、电话等,并与被审计单位提供的相关询证地址进行核对。如果核对结果存在差异,注册会计师应当警觉被审计单位是否存在舞弊行为。

值得注意的是,如果被询证者以传真、电子邮件等方式回函,由于存在被篡改内容和来源的可能,故注册会计师除应直接接收外,还应当要求被询证者在审计报告日之前寄回询证函原件。

2. 牢记"现金为王",甄别单证真伪

"现金为王"是理财学中的信条,也是审计学中的至理名言。重视对货币资金的审计,是发现虚假收入等财务舞弊线索的捷径。银行存款是企业资产的重要组成部分。企业的现销收入和赊销应收款项的收回是它的两大来源。因此,银行存款余额真实与否也会从另一个侧面印证企业销售收入的真实性。

获取银行对账单等单证是注册会计师审查银行存款的一项标准取证程序。然而,HPL案例表明,随着现代造假手段越来越"高明",加之银行单证属于在被审计单位内部流转过的外部证据,其可靠性应被审慎评价,切不可为貌似真实的印章签字和电脑记录所蒙蔽。对重大银行存款余额的确认应当以询证程序为主。为保证询证的有效性,避免被审计单位利用高科技手段篡改、变造和伪造银行对账单等单证,对于重要和异常的银行账户,注册会计师应当寻求被审计单位的配合,亲自前往银行询证。

3. 关注"物流信息",避免"重账轻物"

追查存货的永续盘存记录,关注企业实物流转,也是发现虚假销售收入的重要手段。许多财务舞弊案例表明,"重账轻物",重视财务信息,忽略物流信息,很容易导致审计失败。注册会计师为了确定销售收入的真实性,通常实施的主要审计程序是：审阅主营业务收入明细账中大额或非正常交易的会计记录并追查至相应的销售合同、销售发票、发运凭证等原始凭证。然而若像HPL案例所描述的那样，上述凭证均属经过精心伪造而成，肉眼凡胎的注册会计师就很可能发现不了任何问题。

因此，当注册会计师对其中特别重要的销售交易或对原始凭证（如发运凭证等）的真实性有质疑的时候，就有必要再进一步追查存货的永续盘存记录，测试存货余额的真实性。凭空捏造的销售收入一般不会伴随着真实的存货流转，因此抽查存货盘存记录往往能够有效地揭露虚假销售收入。

4. 宁可"舍近求远"，不可"因小失大"

上市公司一般都有为数不少的子公司，且其地域分布广泛。注册会计师对这类公司进行审计时，往往"舍远求近"，甚至以"重大性"为由，省略对一些不重要子公司的审计程序，或者只指派少数经验不足的"新手"对被审计单位的子公司进行审计。有一些会计师事务所根本没有指派注册会计师前往子公司进行现场审计，而只是代之以往来款、银行存款询证等一些简单的程序。注册会计师对子公司的审计重视不足，经常被别有用心的被审计单位所利用。PwC在对HPL的审计中，最大的失误就在于没有派注册会计师前往HPL日本进行审计。目前，它和HPL的券商正面临1亿美元的民事赔偿诉讼。

HPL案例给我们的另一个启示是，为了防止被审计单位利用一些表面看起来不重要的子公司进行财务舞弊，注册会计师应当采取非常规的审计手段，结合专业判断，"舍近求远"，强化对子公司的审计。AICPA于2002年11月颁布的第99号准则"财务报表审计中对舞弊的考虑"，明确要求注册会计师实施非常规审计程序，专门针对被审计单位没有料到会被检查的子公司、工作场所和账户进行审计，就是因为认识到许多被审计单位已经"洞悉"了注册会计师的"心态"，"吃透"了注册会计师惯用的审计方法并采取相应的规避措施。

5. 重视"控制僭位"，因应无纸化趋势

无纸化会计信息系统在交易授权、执行方面与手工会计系统大相径庭。最典型的区别是：在手工系统中，对一项经济业务的每个环节都要经过某些具有相应权限人员的授权签章，但在无纸化会计系统中，职员可利用特殊的授权文件或口令获得某种权利或运行特定程序进行业务处理，由此导致系统失控或"控制僭位"并最终诱发舞弊的案例不在少数，HPL就是典型。Lepejian正是利用了自己是HPL公司创始人兼主席和CEO的身份，掌控着内部控制各个模块的操作密码，使他可以轻易地进出各个模块，肆意伪造、变造会计和业务数据。

　　因此，注册会计师在对无纸化会计信息系统进行审计时，应注重对企业内部控制的了解和测试。应特别注意对系统操作方面的一些控制程序进行了解和测试（如网络系统安全的控制、系统权限的控制和修改程序的控制等），必要时需要电脑专家的配合。特别是在金融、保险和证券等高度依赖电脑信息系统处理业务和会计数据的行业中，如果审计小组中没有配备精通电脑系统的专家，注册会计师很有可能只是对经过电脑系统"精心梳理"过的信息进行形式审计，而不能发现被审计单位利用高科技手段从事舞弊的行为。

　　（本案例引用了黄世忠、叶丰滢著：《会计数字游戏——美国十大财务舞弊案例剖析》，电子工业出版社 2005 年版）

第六章

销售收入舞弊识别

按照 JosephT. Wells(2001)的总结,会计舞弊手段一般包括"虚构收入、滥用时间性差异项目、少计漏计费用、欺诈性资产评估"等;Treadway 委员会的发起组织 COSO(The Committee Of Sponsoring Organization)也在《舞弊财务报告:美国公司的分析 (1987—1997)》中指出,财务舞弊主要通过高估收入和资产,低估费用和负债来实现。这些都是关于作弊方式的概括性总结。但是,随着时间的推移,在不同上市地点,对于"虚构收入、滥用时间性差异项目、少计漏计费用、欺诈性资产评估"这些方式的具体运用,又是各有特点、不尽相同的。

第一节　销售及收款概述

主营业务收入项目核算的是企业在销售商品、提供劳务及让渡资产使用权等日常活动中所产生的收入。

按照《企业会计准则第 14 号——收入》的要求,企业商品销售收入,应在下列条件均能满足时予以确认:(1)企业已将商品所有权上的主要风险和报酬转移给购货方;(2)企业既没有保留通常与所有权相联系的继续管理权,也没有对已售出的商品实施控制;(3)与交易相关的经济利益能够流出企业;(4)相关的收入和成本能够可靠的计量。

企业依据上述四个条件确认产品销售收入,考虑具体的销售方式,有如下几点需注意:

1. 采用交款提货方式销售货,应于款项已经收到或取得收取货款的权利,同时已将发票账单和提货单已交给购货方时确认收入实现。

2. 采用预收账款方式销售,应于商品已经发出时,确认收入的实现。

3. 采用托收承付方式销售,应于商品已经发出,劳务已经提供,并已将发票账单提交银行、办妥托收手续时,确认收入的实现。

4. 委托其他单位代销商品的,如果代销单位采用视同买断方式,应于代销商品已经销售并收到代销单位代销清单时,按企业与代销单位确认的协议价确认收入的实现。

5. 采用分期收款方式销售,应按合同约定的收款日期分期确认收入。

6. 对长期工程合同收入,一般应当根据完工百分比法确认收入。

7. 委托外贸企业代理出口、实行代理方式的,应在收到外贸企业代办的发运凭证和银行交款凭证时确认收入。

8. 对外转让土地使用权和销售商品房的,通常应在土地使用权和商品房已经移交,并将发票结算账单提交对方时确认收入。如果企业事先与买方签订了不可撤销合同,按合同要求开发房地产,则应按建造合同的处理原则处理。

我国《企业会计制度》规定:"企业应当合理确认营业收入的实现,并将已实现的收入按时入账。企业应当在发出商品、提供劳务,同时收讫价款或者取得索取价款的凭据时,确认营业收入。"根据这一收入确认的基本原则,与营业收入确认有着密切关系的日期有三个:一是发票开具日期或者收款日期;二是记账日期;三是发货日期(服务业则是提供劳务的日期)。这里的发票开具日期是指开具增值税专用发票或普通发票的日期;记账日期是指被审计单位确认营业收入实现并将该笔经济业务记入营业收入账户的日期;发货日期是指仓库开具出库单并发出库存商品的日期。

坏账是指企业无法收回或收回的可能性极小的应收账款(包括应收账款和其他应收款)。由于发生坏账而产生的损失称为坏账损失。

企业通常应采用备抵法按期估计坏账损失,形成坏账准备。与直接转销法相比,备抵法将预计不能收回的应收账款作为坏账损失及时记入费用,能够避免企业虚增利润;在会计报表上列示应收账款的净额,有助于会计报表使用者了解企业真实的财务状况;并且,使得应收账款实际占用资金更接近实际,消除了虚列的应收账款,有利于加快企业资金周转,提高企业经济效益。

在市场经济的社会信用制度尚未完善时期,企业间交易形成的款项部分或全部无法收回的情形司空见惯。因此,企业应当定期或者至少于每年年度终了,对应收款项进行全面检查,预计各项应收账款可能发生的坏账,对于没有把握能够收回的应收账款,应当计提坏账准备。

按照《企业会计制度》的规定,企业只能用备抵法核算坏账损失,计提坏账损失的具体方法由企业自行确定。企业应当列出目录,具体注明计提坏账准备的范围、提取方法、账龄的划分和提取比例,按照管理权限,经股东大会或董事会,或经理(厂长)会议或类似机构批准,并且按照法律、行政法规的规定报径有关各方备案,并备置于公司所在地,以供投资者查阅。坏账准备提取方法一经确定,不得随意变更。如有变更,仍然应按上述程序经批准后报经有关各方备案,并在会计报表附注更变的内容和理由,变更的影响数等。

用备抵法核算坏账,首先要进行估计坏账损失。估计坏账损失主要有账龄分析法,余额百分比法等方法。采用账龄分析法计提时,收到债务单位当期偿还的部分债务,应当逐笔认定收到的是哪一笔应收款项,如果确实无法认定的话,按照先发生先收回的原则确定,剩余应收款项的账龄按上述用一原则确定。

在采取账龄分析法、余额百分比法等方法的同时,能否采用个别人定法,应当视具体情况而定。如果某项应收款项的可回收性与其他各项应收款项存在明显的差别(例如,债务单位所处的特定地区等),导致该项应收款项如果按照与其他应收款项采用个别认定法计提坏账准备。企业应根据所持应收款项的实际可收回情况,合理计提坏账准备,不得多提或少提,否则应视为滥用会计估计,按照重大会计差错更正的方法进行会计处理。

在确定坏账准备的计提比例时,按照《企业会计制度》的规定,企业应当根据以往的经验,债务单位的实际财务情况和现金流量的情况,以及其他相关信息合理地估计。除有确凿证据表明该项应收款项不能回收,或回收的可能性不大时(如债务单位撤销,破产,资不抵债,现金流量严重不足,发生严重的自然灾害等导致停产而在短时间内无法偿还债务等,以及应收款项逾期3年以上),下列各种情况一般不能全额计提坏账准备:(1)当年发生的应收款项,以及未到期的应收款项;(2)计划对应收款项进行重组;(3)与关联方发生的应收款项;(4)其他已到期,但无确凿证据证明不能回收的应收款项。但这一规定并不意味着企业对与关联方之间发生的应收款项可以不计提坏账准备。企业与关联方之间发生的应收款项与其他应收款项一样,也应当在期末时分析其可回收性,并预计可能发生的坏账损失,计提相应的坏账准备。企业与关联方之间发生的应收款项一般不能全额计提坏账准备,但如果有确凿证据表明出现关联方(债务单位)已撤销,破产,资不抵债,现金流量严重不足等情况并且不准备对应收款进行重组或无其他收回方式的,则对预计无法收回的应收关联方的款项也可以全额计提坏账准备。

此外,企业持有的未到期应收票据,如有确凿证明不能够收回或收回的可能性不大时,应将其账面余额转入账款,并计提相应的坏账准备;企业的预付账款如有确凿证据证明其不符合预付账款性质,或者因供货单位破产,撤销等原因已无望再收到所购货物的,应将原计入预付账款的金额转入其他应收款,并计提相应的坏账准备。

如果企业的销售实现时没有收到现款,而是收到了客户的商业汇票,包括商业承兑汇票和银行承兑汇票,便产生了应收票据。应收票据是以书面形式表现的债权资产,其款项具有一定的保证,经持有人背书后可以提交银行贴现,具有较大的灵活性。企业通过应收票据进行赊销时,一般要进行销货、收取票据、计息、贴现和收款等环节。

第二节 销售收入舞弊特征及常用手法

销售收入舞弊是形成上市公司财务黑洞的一个重要方面,国内外的一些学者对此也进行了一些研究,综合自己的研究成果及其他人的观点,可以将上市公司销售收入舞弊特征表述为:持续时间长、舞弊金额巨大、舞弊手法多样化、涉案公司众多。国内外上市公司销售收入舞弊的手法是惊人的相似,其最常见的销售收入舞弊手法是虚构收入、高估收入和提前确认收入。

1. 与关系单位对开增值税专用发票,虚拟购销业务,虚增收入及资产,引起增值税销项税与增值税进项税对等,即不增加税负,又增加了收入。

2. 虚开产品销售发票,虚增收入,不惜付出真纳税的代价。因为是虚构收入,所以货款是收不回来的,只能将货款挂在"应收账款"中,通过坏账准备的提取等方法处理。

3. 伪造购销合同、出口报关单,虚开增值税发票,伪造免税文件和金融票据,虚增收入。形式上核算齐全,实际上根本没有业务发生,从而虚增收入和利润。这种欺诈多伴随着伪造会计凭证及合同等,如麦科特采用伪造材料和产品的购销合同、虚开进出口发票、伪造海关印章等手段虚构收入 30118 万港元。东方电子 1997—2001 年期间通过伪造销售合同、虚开销售发票方式,将股票交易所得计入主营收入,虚增主营收入 17.0475 亿元。

4. 企业为了虚构销售收入,将产品从此仓库发运至另一仓库或者公开仓库,凭出库单及运输单据作为销售收入入账,而实际上商品只是从此仓库移入另一仓库,销售根本没有发生,从而虚构收入虚增利润。

5. 有些企业为了虚增收入,在风险和报酬尚未全部转移给客户之前确认销售收入。比如:有些大型设备需要安装和检验,在未安装和检验完毕前不应确认收入。但企业为了增加收入就会提前确认收入。国嘉实业控股的北京国软科技有限公司在尚未完全履行合同约定义务、商品所有权没有转移的情况下,将在 1998 年才能确认为收入的 9600 万元提前确认为 1997 年度收入。

6. 有些企业在产品销售后,会签订一些补充协议,协议中规定了由于特定原因买方可以退款的条款。在这种情况下,企业尽管已经售出商品,货款也已收到,但还不能确认是否会退货,所以不能确认销售收入,当退货期期满时才可以确认收入。但企业为了提前确认收入就会按原销售合同条款而不顾及补充协议的规定。

7. 企业有时采用代销方式销售货物,当受托单位将货物提走时,货物所有权上的风险和报酬并未转移给受托人,所以在交付货物时不能确认收入,只有当受托方将货物售出后并收到受托方的代销清单时按实际售价确认收入。而企业为了操纵销售收入就会在未收到代销清单时提前确认了收入。

8. 企业售出的商品已经确认收入,因质量或品种不符合要求等原因发生退回时,不论销售的是当年的还是以前年度的都应冲减退回当月的销售收入。但企业为了不减少收入,对退回的商品不入账,形成账外商品。

9. 企业采用售后回购方式销售商品时,即在销售商品的同时,销售方同意日后重新购回这批商品。企业在销售时若附有回购协议的情况下,不应当确认收入,应将发出商品的实际成本与销售价格及相关税费之间的差额,记入"待转库存商品差价"中。而企业为了多计收入便会不顾协议的规定或将协议单放。

10. 企业有时会利用关联企业之间的交易来调整收入,在确定交易价格上显失公允,或在确认收入时手续不全而虚增收入和利润。

第三节 销售收入舞弊常用识别方法

投资者是财务信息的外部使用者,其使用的财务信息是上市公司公开披露的信息,公众投资者没有信息方面的任何优势,其可行的做法就是认识销售收入舞弊的常用手法、掌握销售收入舞弊的识别方法。

一、分析公司行业政策尤其是近期公司大的方针政策,发现不合理的财务指标,揭示舞弊的征兆

行业是影响财务报告舞弊的一个重要因素。充分了解国家宏观经济环

境,尤其是尽可能捕捉、搜集同行业竞争对手资料,进行横向比较,易发现舞弊问题。因为,任何宏观经济环境的变化或行业竞争对手政策的改变都会或多或少地影响着公司的竞争力甚至决定着公司的命运。那些国家产业政策不支持、行业政策变化又较快、发展中或竞争时对新资金有大量需求、对单一或少数产品、顾客或交易过分依赖的夕阳工业、因经济或其他情况导致的产能过剩濒临倒闭的上市公司更容易造假。这类上市公司实际业绩都很差,但为了圈钱和炒作需要,或者利用会计手段调节业绩,或者直接虚构业绩,使之三年微利或保配然后一年大亏,这类企业业绩有太多的粉饰,没有可信性。据实证研究表明,计算机及数据处理服务行业、科学和医药仪器制造行业、家庭用具及电气设备制造业和计算机制造业等行业的公司财务报告舞弊比较集中。

当上市公司融资能力(包括借款及增资)降低,营业扩充的资金来源只能依赖盈余,为维持现有债务的需要必须获得额外的担保品,订单显著减少,未来销售收入下降,成本增长超过收入的增长,应计利润与总资产之间呈反比例相关,应收账款急剧增长,现有借款合约对流动比率、额外借款及偿还时间的规定缺乏弹性,盈余品质逐渐恶化,上述恶化的财务状况表明公司迫切需要维持有利的盈余记录以维持股价,其财务报告比非舞弊公司有更高的财务杠杆、更低的资本周转率,其流动资产的比例更高,其中绝大部分是存货和应收账款。如银广夏舞弊案中有两个比较有趣的同步增长:(1)公司 2000 年度末的货币资金和应收款项合计比 1999 年末的该合计余额增加 6.67 亿元,而短期借款同期也增长 5.86 亿元;(2)公司的收入和应收款项也保持大致比例的快速增长,如公司合并报表的销售收入,1999 年为 3.83 亿元,2000 年为 9.08 亿元;公司的合并报表显示的应收款项 1999 年末为 5.05 亿元,2000 年为 9.09亿元。如果我们稍加分析,就不难看穿:在公司宣称的高科技生物制品大量高价外销的情况下,这样的大致同比例的增长,本身就显示了公司已经存在比较大的财务风险了。

下面再对安然公司和 Sunbeam 公司进行分析。我们选取了 Enron 公司和 Sunbeam 公司的五组财务数据,通过对这些异常变动的财务指标的分析,引导读者对财务报表舞弊方面的关注。

(1)总收入和营业收益的变动幅度过大

安然公司的合并损益表报告了 1994—1996 年 3 年的收益情况,如表 6-1所示:

表 6-1　1996 年安然公司收入相关账户对比数据表　　　（单位：百万美元）

年份	1996	1995	1994
总收入	13289	9189	8984
营业收入	690	618	716
净收入	584	520	453

资料来源：1996 年 Enron Annual Report

我们可以相应的设置表 6-2 表示对应年份的变动幅度比例：

表 6-2　变动幅度比例表　　　（单位：%）

年份	1996—1995	1996—1995	1996—1994
总收入变动幅度比例变动%	44.62	2.28	47.92
营业收入变动幅度比例变动%	11.65	(13.69)	(3.63)
净收入变动幅度比例变动%	12.31	14.79	28.92

很显然，安然的收入递增，1994—1996 年上升了约 48%，但营业收益实际上下降了。净收入上升了约 29%，总收入和净收入的相对变动幅度比 G＝1.66。说明其发展速度比收入要慢。这表明公司可能增长过快，其成本可能超支或收益确认过于积极。

（2）与坏账准备增幅相应的应收账款增幅明显不协调

安然为使收入增长，对其客户进行赊销，应收账款有较大增长。但其应收账款坏账准备却没有相应的增长，详见表 6-3。

表 6-3　1996 年安然公司应收账款和坏账准备对比数据表

	年　份		变动（百分比）
	1996	1995	
应收账款（百万美元）	1841	1116	64.96
坏账准备（百万美元）	600	1200	(50)

资料来源：1996 年 Enron Annual Report

可以看出，1996 年安然的应收账款比 1995 年增长了约 65%，而坏账准备减少了约 50%。计算应收账款和坏账准备的相对变动幅度比 G＝－1.3.这表明一个问题：安然可能通过不计提足额坏账准备而夸大收益。

（3）应收账款与销售收入、存货变动趋势不一致

这是 Sunbeam 公司的销售收入数据，见表 6-4：

表 6-4　应收账款与销售收入、存货变动对比数据表

	年　份		变动(百分比)
	1997	1996	
销售收入(百万美元)	1168.2	984.2	18.7
应收账款(百万美元)	295.6	213.4	38.5
存货	256.2	162.3	57.9

资料来源：1997 年 Sunbeam Annual Report

应收账款(赊销金额)增长是销售增长的两倍多。表明 Sunbeam 公司的收账政策可能不很有成效。更大的问题是与销售相关的存货增长,1997 年存货增加了约 58%。其存货和销售收入的相对变动幅度：G＝3.1。这表明公司不能销售其生产的产品,有可能使公司通过记录无法收回款项的销售或生产不可用于销售的产品而夸大了收入。

在评估一家公司的收益质量过程中,准备账户可能更重要。通常,销售变动率、应收账款和坏账准备之间应该有一致的关系,如果这些数量正以不同的速度改变或者向相反方向变动,这就提出了一个警示:坏账准备计提不足是收入夸大的原因之一。

(4)现金流量异常

安然公司 1994—1996 年度净收入和营业净现金流量数据详见表 6-5：

表 6-5　1996 年安然公司净收入和营业净现金对比数据表

(单位：百万美元)

年份	1996	1995	1994
净收入	584	520	453
营业净现金	1040	(15)	460

资料来源：1996 年 Enron Annual Report

安然在 1995 年报告有利润产生,但其营业现金流量为负。这可能要求安然为偿还债务和支付股息举借更多的债务。

(5)净收入和营业现金净流量相对变动幅度过大

安然公司 2000 年净收入和营业现金净流量数据见表 6-6：

表 6-6 2000 年安然公司净收入和营业现金净流量对比数据表

（单位：百万美元）

年份	2000—1999	1999—1998	2000—1998
净收入（变动%）	9.6	27.03	39.26
营业现金流净值	289	(25.12)	191

资料来源：2000 Enron Annual Report

我们可以相应的设置表示对应年份的变动幅度比例表（表 6-7）：

表 6-7 2000 年安然公司净收入和营业现金净流量变动幅度比例表

年份	2000	1999	1998
净收入	979	893	703
营业现金流净值	4779	1228	1640

可以计算出 1999—2000 年的营业现金流净值和净收入的相对变动幅度比：G＝30.1，1998—1999 年的营业现金流净值和净收入的相对变动幅度比：G＝0.93，1998—2000 年的营业现金流净值和净收入的相对变动幅度比：G＝4.87。不难看出，安然营业现金流净值比净收入的相对变动幅度比如此之大，但该公司并没有在附注或报表中给予合理解释。

二、分析有关联交易的子公司财务报告及其附注，若不符合披露的充分性及重要性原则，则明显有对投资者欺骗的嫌疑

识别关联方交易是分析的重要方面。银广夏编制合并报表时，未抵销与子公司之间的关联交易，也未按股权协议的比例合并子公司，从而虚增巨额资产和利润。有的上市公司通过关联交易将巨额亏损转移到非上市的关联企业中，从而隐瞒其真实的财务状况。有的上市公司则与其关联企业杜撰一些复杂交易，大股东截留货款，转为对上市公司的应收款项，长期拖欠不还，造成上市公司资金拮据，周转不灵，最终陷于困境。如下交易则明显有对投资者欺骗的嫌疑：（1）一些非同寻常的大额和获利丰厚的交易，如以远高于账面价值的价格将下属公司转让给控股股东，但收取少量或未收取现金；（2）在未花费代价或很少代价的情况下，收购控股股东下属的子公司；（3）将大量的款项贷给控股股东，款项回收不理想，或者以高于市场利率计息；（4）控股股东减少客户的利息费用或减免债务；（5）控股股东以非现金资产认缴股份，而且作价远高于账面价值；（6）股东以向公司借款认缴股份或虚构银行进账单认缴股份；

（7）巨额的法律诉讼。

对关联交易的分析通常采用交集原则和重要性原则并存的手法揭示异常情况。在分析时,往往采用比较分析法(本月与上月比较)从增长额(绝对数)、增长率(相对数)两方面比较以揭示异常情况。假定分别对费用增长额前十位(定义为集合 A)及增长率前十位(定义为集合 B)的子公司进行排名,并定义集合 C＝A∩B,则集合 C 中子公司将是重点分析的对象之一,这就是"交集原则"。然而,交集原则并非一定能够揭示出全部费用异常的子公司,为此遵循"重要性原则"显得必不可少。

银广夏有重大作弊嫌疑的正是在年报中不符合披露重要性的天津广夏公司。在报表附注资料中,明知银广夏公司的总部没有一分钱的业务收入和业务成本,纯属于一个投资控股公司,却没有披露包含公司最重要业务收入和利润来源的报表及其说明,倒是对投资者判断公司用处不大的数十家子公司股权投资和其他股权投资概况做了大篇幅的列示,不符合披露的重要性原则,明显有对投资者欺骗的嫌疑。

三、盈余减去经营活动所产生的现金流量的差值指标分析

在舞弊发现前的年份里的盈余要比发现后年份的盈余高很多,但经营活动的现金流量则是舞弊发现前的年份比发现后的年份低,所以在舞弊发现前盈余减去经营活动现金流量的值为正,舞弊公司通常比非舞弊公司报告更高的盈余。因此认为:盈余减去经营活动所产生的现金流量的差值指标为负值,负的现金流量表明现金短缺或信用短缺,影响营运周转,是潜在舞弊的一个信号。当然,这一信号只是发现财务报告舞弊的第一步,如果结合存货(如存货大量增加超过销售所需,尤其是高科技产业的产品过时的严重风险)、应收账款等项目的分析,将会产生更好的效果。

在银广夏舞弊案中,公司在会计报表附注中对公司的货币资金 2000 年年末比 1999 年同期增加 2.27 亿元,增长 69.39％的原因表述为"公司本年度的销售增加,且回笼现金较多所致"。但是从公司的资产负债表和现金流量表可以知道:(1)公司 2000 年比 1999 年增加短期借款 5.86 亿元。(2)在公司的现金流量表中,显示公司的现金净流量主要来源于公司的借款。即公司的净现金流量增加 2.27 亿元,来自于公司经营活动为 1.24 亿元,来自于公司的筹资活动(借款)为 3.45 亿元,来自于公司的汇率变动形成货币资金增加 0.14 亿元,适用于公司的投资活动(主要是购买固定资产、在建工程等)等使现金流量减少 2.56 亿元。(3)从公司的资产负债表可知,公司 2000 年度的经营和其他

活动,使公司的应收款项增加 4.4 亿元,增长 96.5%。因此,从上面的判断来说,公司 2000 年度的销售及销售货款回笼并不理想,公司资产负债表货币资金的增加绝不是主要来自于公司的销售而是来自于借款,公司希望以囤积巨额的货币资金来显示销售及货款回笼情况。尽管有各种所谓高科技生物技术炫目的光环在掩护银广夏,但是在银广夏的 2000 年年报里,盈余减去经营活动所产生的现金流量的差值指标为负值,这已经露出许多作弊的马脚。

四、内部控制制度及环境的分析

健全的内部控制有助于预防及检查员工舞弊,如管理阶层蓄意舞弊以虚报财务报表,则内部控制将被逾越而失去功能。因此,内部控制制度对于预防及检查管理舞弊的作用不大。

在很多情况下,除了上市公司管理当局的合谋,还可能存在公司与外部相关主体的共谋。所以虚弱的内部控制制度及环境、公司的高速成长与长期趋势不一致的获利水平、管理当局对实现盈利预计的过度强调,所有权结构以及在财务报告态度的进取性和内部控制虚弱之间的相互作用情况都是财务报告舞弊中具有显著性的风险因素。其他一些现象也是舞弊可能发生的信号,比如,经常更换外部审计师、管理层频繁变动、管理阶层严格要求主管达成预算的倾向、关联交易、与客户或供应商之间不同寻常的关系等。

五、掌握运用分析性程序

企业由盛转衰,最终导致财务或者经营失败是一个逐渐累积的过程,上市公司从非 ST 变为 ST 同样有一个长期积累的过程,在这一过程中表现出来的是某些财务指标的逐步恶化。财务、经营正常的企业,它的财务指标总在某个特定范围内波动,超出这个波动范围就属不正常,当然并不是某一个指标值超出波动范围就会导致企业财务失败,但是当多个财务指标都超出正常波动范围时就可能产生由量变到质变的转换,即企业发生财务失败。

同样,一个健康、真实(没有造假)的企业,经过一年的融资、投资和经营活动,从年初的状态转换为年末状态,各项财务指标之间总是存在着一系列的均衡。年初的资金加上本期融资所增加的额外资金与本期的投资活动相匹配,本期的投资加上年初的资产总是与本期的经营活动相适应,按照财务学的观点,企业的各项财务指标之间存在钩稽关系。如果这种惯常的钩稽、均衡关系被打破,例如公司销售收入的大幅增长没有引起销售费用的上升,或者伴随着应收款项的巨额增加，则可能预示着会计造假的存在或者公司销售质量的低劣。如何才能简单有效地识破财务报告陷阱呢？分析性程序就是适应投资者、分析人员的需要应运而生、不断发展的一种工具。

1978 年，美国注册会计师协会（AICPA）在总结会计师事务所实践经验和理论研究的基础上，正式颁布了第 23 号审计准则公告（SAS）——分析性复核；1988 年，AICPA 对第 23 号准则进行了修改，并代之以审计准则第 56 号"分析性程序（analytical procedure）"，明确要求审计执业人员"在审计计划阶段和结束阶段必须实施分析性程序"。我国 1996 年 1 月 1 日开始实施的《独立审计基本准则》也明确规定了"注册会计师可以运用检查、监盘、观察、查询及函证、计算、分析性复核等方法，以获取充分、适当的审计证据"，《独立审计具体准则第 1 号——会计报表审计》《独立审计实务公告第 7 号——商业银行会计报表审计》等有关准则条款都对分析性程序做出了规定。1996 年，中注协特别制定了第 11 号具体审计准则——分析性复核，同样要求"注册会计师应当将分析性复核程序运用于审计计划和审计报告阶段中，也可运用于审计实施阶段"。

也就是说，分析性程序主要是用于注册会计师审计的，但普通的投资者完全可以掌握并运用这种方法。大量研究证实，分析性程序是一种应用十分广泛而且颇为有效的方法，尤其在发现和检查财务报告舞弊方面的作用相当明显，相当比例的财务报告舞弊的曝光最初源于分析性程序中发现的线索，而且大量财务报告舞弊案件，事后看，只要实施简单的分析性程序就可以察觉舞弊的端倪。美国《Accounting Review》1982(8)发表文章指出，通过对 281 项错报的分析，发现采用分析性程序可以查出所有错报的 45.6%，82 项重大错报的 54.9% 和非常重大错报的 69%。

何谓分析性程序？根据美国审计准则公告（SAS）第 56 号，"分析性程序是由各种财务信息评价组成的，这种信息是通过对财务和非财务资料之间的可能关系的研究而取得"，我国《独立审计具体准则第 11 号——分析性复核》表述更加具体，"分析性复核，是指注册会计师分析被审计单位重要的比率或趋势，包括调查这些比率或趋势的异常变动及其与预期数额和相关信息的差异"。上述定义都直接揭示出分析性程序针对的是数据之间存在的"可能关系"（"预期数额"），通过"可能关系"与实际关系的比较（"异常变动"）发现其中可能存在的问题。从中可以得出，分析性程序并不是万能的"灵丹妙药"，它的使用是有前提的，即被分析数据之间存在某种预期关系，"分析性程序应用的基本前提是，资料之间可能存在的各种关系在已知条件不充分的情况下可能继续存在或者延续"（SAS No. 56 号），这种预期关系就是正常、健康的企业所呈现的动态均衡。因此，注册会计师运用分析性程序时必须十分谨慎，应当首先"考虑数据之间是否存在某种预期关系"，"如果不存在预期关系，注册会计师不应运用分析性复核"（《独立审计具体准则第 11 号——分析性复核》第九条）。"任何严重的财务报告舞弊，如虚增巨额的销售收入和应收账款，都可能使得企业的财务结构出现异常的状态"（Joseph T. Wells, 2001），如果企业的偿债能力指标、盈利能力指标、成长能力指标、资产负债管理能力指标和现金流量指标以及它们之间出现异常变动，则表明企业健康状况可能出现问题，或者存在舞弊的可能。美国学者克雷沙·帕利普、维克多·伯纳德、保罗·希利（1998）总结出 11 面标示会计报表质量存在问题的"红旗"，例如，未加解释的会计政策变更，尤其当企业经营遇到危机时；未加解释的非经常性损益项目；应收款项的非正常膨胀；收益质量的下滑（经营活动产生的现金流量净额/净利润）等。Wells（2001）提出注册会计师在分析企业财务报告时，应当关注以下趋势：存货上升幅度超过销售收入；存货周转率下降；运输费用（销售费用）/存货比率下降；主营业务毛利率上升，这些都可能预示企业管理当局虚增利润。SAS No. 82 号—"Consideration of fraud in a financial statement audit"也列举了检查企业利用存货操纵利润的分析性方法：存货占资产总额比例上升、主营业务成本占主营业务收入比率下降、存货周转率下降等。

同属一个相同的行业，各个公司的财务指标之间一般不会出现非常大的差异，否则预示着公司存在舞弊的可能。Persons 研究发现，舞弊公司比非舞弊公司具有更高的财务杠杆、更低的资本周转率，其流动资产的比例更高，其中绝大部分是存货和应收账款，公司规模通常较小。Hawetal（1998）对我国上市公司盈余管理行为的研究发现，上市公司对账面利润的操纵，很大部分集中于"线下部分"，即诸如投资收益、营业外收支等"非经常性盈余"部分，如果上市公司的主营业务利润率持续降低，或者远远低于同行业水平，说明该公司存在财务报告舞弊的可能。

关联指标比较分析也是揭露可能存在财务报告舞弊的有效方法，主营业务收入增长率大于应收账款增长率就是其中一例。应收账款增长率远远大于主营业务收入增长率，可能预示公司主营业务增长的质量不高，或者存在利用应收账款调增利润的可能。1992 年，臭名昭著的"ZZZZ Best 舞弊"一案中，Barry Minkow 坦白，"对于像我这样的舞弊犯来说，应收账款的确是一个美妙的东西，它们可以立时产生巨额利润。但是，也告诉人们其他一些事情——应收账款的大幅增长也揭示了我的公司没有现金流入的原因。现金流入与应收账款增长是紧紧相连的。"所以，经营活动产生的现金流量与营业利润及应收账款之间的关系也是揭露盈余操纵的预警器。

Lee，Ingram 和 Howard 对盈余与经营活动产生的现金流量之间的关系进行研究，结果发现，在公司舞弊戳穿以前公司盈余要比之后高得多，但是经营活动产生的现金流量则相反，也就是说，在舞弊发现前盈余减去经营活动现金流量的值为正。因此，他们认为，盈余—现金流量关系的审核是诊断是否存在财务报告舞弊的优良工具。

公司财务报告舞弊手法不外乎"虚构收入、滥用时间性差异科目、少计漏计费用、欺诈性资产评估"（Joseph T. Wells，2001），这些舞弊行为通常会使得"企业的财务结构出现异常的状态"（Joseph T. Wells，2001），通过分析性复核则可以轻易发现这种异常状态，从而给投资者以严重的警示。

分析产品销售税金及附加占销售收入的比重，可以给投资者提供非常有用的信息。通常说来，一个企业产品销售税金及附加占销售收入的比重是比较稳定的，而且同行业之间不会存在太大的差异。如果企业销售税金及附加占销售收入的比重突然下降，或者显著低于同行业水平，就应当引起我们的注意。例如，L 公司 1999 年实现主营业务收入 40942.56 万元，而主营业务税金及附加仅为 82.43 万元，比例只有千分之二，同期，同行业凯诺科技为 0.728%，华茂股份为 0.745%。与期初 0.6% 相比，主营业务税金及附加占主营业务收入的比例显著下降，如此重大的变动公司没有一丝说明；利润分配表中确定应付普通股股利 1900 万元，但资产负债表应付股利科目数值为零；利润分配表中的未分配利润为 2507 万元，而资产负债表中的未分配利润为 2417 万元，孰是孰非，令人费解。如果投资者对这些疑点多留个心眼、多问些问题，L 公司的财务报告舞弊也自然暴露无遗了。

识别上市公司造假，测试其毛利率也是一种非常有用的分析手段，如果公司毛利率大大超过同行业水平或者波动较大，就有可能存在财务报告舞弊。例如，银广夏 1999 年主营业务毛利率为 42.330%，2000 年更是达到 64.17%，同属农业行业拥有高技术背景的隆平高科 2000 年主营业务毛利率也只有 36.03%。事实上，银广夏主要经营中药材的种植加工、葡萄种植酿酒，而中草药种植加工业与葡萄种植酿酒业在当前市场环境下，极少有暴利机会，不管是生产领域还是流通领域，净利润能做到 10% 就算相当优秀了，如果超过 20% 那就是顶尖高手了（郑朝晖，2001）。如此离奇的高额毛利率是否应当引起我们的关注呢？

公司产品毛利率短期内发生剧烈的波动同样预示着存在会计造假的可

能。红光实业上市前两年的经营状况就出现了产品毛利率的剧烈波动,1995年红光实业主营业务利润率竟达到118.9%(令人生疑),到了1996年,主营业务的收入大幅增长(增长率竟为344%,也是一个神话般的增长速度!)的同时,主营业务利润率却下滑至13.68%,短短一年时间核心业务收益质量居然发生如此巨大的下滑,其中难道不会存在问题吗?销售巨幅增长,可能原因有二:产品畅销,供不应求;降价促销。从公司主营业务利润率下滑的趋势判断,如果销售是真实的话,肯定缘于降价。但是,令人不解的是,一方面为了卖掉产品,不惜降价;另一方面,加班加点开工生产,使得库存显著增加(增幅为109.6%),1996年年末存货达到3.58亿元,几乎相当于1996年度的销售额。如果投资者能够注意到上述两点异常现象,再结合其他渠道得到的信息进行深入分析,也许红光造假的骗局一开始就被市场给揭穿了。

运转正常、健康的企业,它的利润增长应当与现金流量之间存在正向变动关系,如果这种正向关系被打破,则表明企业不是销售政策出现了问题,就是存在舞弊的可能。例如,分析银广夏的报表可以发现,公司利润增长与现金流量之间存在严重的脱节。1999年银广夏净利润增长43%,2000年更是达到277%,与此不相协调的是,经营活动产生的现金净流量1999年不增反而减少16.57%,2000年该指标仅比上年增加37%。这导致营业活动收益质量指标(经营活动产生的现金净流量/营业利润)持续低下,1999年为-0.048,2000年也仅为0.278。利润高速膨胀没有伴随着盈利质量的改善,不是表明公司存在造假的可能,就是说明公司的销售政策出现了严重问题。

对所得税占利润总额的比例的分析,也可以揭示出许多潜在的问题。在应付税款法下,企业所得税费用是根据税法计算而得,由于税法与企业会计制度在收入与成本的计算口径和确认时间上存在差异,根据利润表中的"利润总额"与"所得税"计算的账面税率通常不等于法定税率,如果账面税率显著小于法定税率,则说明企业的会计利润质量可能存在问题。例如,银广夏1999年利润总额1.76亿元,所得税仅508万元,账面税率为4%;2000年实现利润4.23亿元,所得税719万元,账面税率不到1.7%;以公司交纳的所得税为基数,即使按照15%的优惠税率,推算出银广夏1999年应税利润为3387万元,2000年应税利润4793万元,应税利润与账面利润两年累计相差51720万元。这么大一块利润(占账面利润的86%)税务机关居然不确认为应税利润,其中蹊跷难道不值得深究吗?

给银广夏贡献巨额利润的天津广夏也暴露出种种疑点,姑且不论萃取产品近乎荒谬的毛利率,也不说超乎寻常的生产能力,单是天津广夏在出口业务的账务处理上就露出了造假的尾巴。2000 年天津广夏出口 1.8 亿马克产品，根据现行的出口退税政策公司将获得不下 7000 万元的出口退税收入，可寻遍公司报表却难见其踪迹。

有时，我们需要运用多种分析程序，综合各种结果才能揭示出存在的财务报告舞弊。例如，"Coated sales inc"案中，Michael Weinstein 为了对外融资，迫使公司会计人员以真实的顾客为基础精心虚构了大量销售收入，因而虚增利润 5500 万美元。审计师只是通过了几步分析性程序就使之暴露出种种疑点：虽然销售收入和应收账款大幅增加，但现金流入却逐年减少；存货账户余额虽是真实准确的，但存货/应收账款的比率显示应收账款增幅异常；另外，主营业务毛利率上升。对这些预警信息进行深入仔细的分析，舞弊事件就可能大白于天下。

案例分析 1：银广夏财务黑洞案例

银广夏公司全称为广夏（银川）实业股份有限公司，1994 年 6 月上市的银广夏公司，曾因其骄人的业绩和诱人的前景而被称为"中国第一蓝筹股"。2001 年 8 月，《财经》杂志发表"银广夏陷阱"一文，银广夏虚构财务报表事件被曝光，成为中国的"安然事件"，在社会各界引起轩然大波。

一、案例简介

银广夏集团 1994 年 6 月 17 日以"银广夏 A"的名字在深圳交易所上市。开始时主营业务为软磁盘生产，然后便逐渐进入了全面多元化投资阶段。银广夏集团于 1994 年在天津成立的控股子公司——"天津广夏"，原名为天津保洁制品有限公司。天津广夏公司于 1996 年通过德国西·伊利斯公司进口了一套由德国伍德公司生产的二氧化碳超临界萃取设备。1998 年，天津广夏接到了来自德国诚信贸易公司的关于购买萃取产品的第一张订单。这张订单给天津广夏带来了 7000 多万元的收入。1999 年，银广夏利润总额 1.58 亿元，其中 76% 来自于天津广夏。在银广夏 1999 年年报中公布的每股盈利为 0.51 元，并实行了历史上首次 10 转赠 10 的分红方案。2001 年 3 月，银广夏公布了 2000 年年报，在股本扩大一倍的情况下，每股收益增长超过 60%，达到每股 0.827 元，盈利能力之强，令人瞠目结舌。

如此美丽的外衣下其实疑点重重，主要有以下几个方面：（1）利润率高达

46％（2000 年），而深沪两市农业类、中草药类和葡萄酿酒类上市公司的利润率鲜有超过 20％的。(2)如果天津广夏宣称的出口属实，按照我国税法，应办理几千万的出口退税，但年报里根本找不到出口退税的项目。2000 年公司工业生产性的收入形成毛利 5.43 亿元，按 17％税率计算，公司应当计交的增值税至少为 9 231 万元，但公司披露 2000 年年末应交增值税余额为负数，不但不欠，而且还没有抵扣完。(3)公司 2000 年销售收入与应收款项保持大体比例的同步增长，货币资金和应收款项合计与短期借款也保持大体比例的同步增长，考虑到公司当年销售及资金回笼并不理想，显然公司希望以巨额货币资金的囤积来显示销售及回款情况。(4)签下总金额达 60 亿元合同的德国诚信公司(Fedelity Trading GmBH)只与银广夏单线联系，据称为一家百年老店，但事实上却是注册资本仅为 10 万马克的一家小型贸易公司。(5)原材料购买批量很大，都是整数吨位，一次购买上千吨桂皮、生姜，整个厂区恐怕都盛不下，而库房、工艺不许外人查看。(6)萃取技术高温高压高耗电，但水电费1999 年仅 20 万元，2000 年仅 70 万元。(7)1998 年及之前的财务资料全部神秘"消失"！

　　伪装终究是伪装，再美丽也总有露馅的一天，2002 年 5 月中国证监会对银广夏的行政处罚决定书认定，银广夏公司自 1998 年至 2001 年期间累计虚增利润 77156.70 万元，其中：1998 年虚增 1776.10 万元，由于主要控股子公司天津广夏 1998 年及之前年度的财务资料丢失，利润真实性无法确定；1999年虚增 17781.86 万元，实际亏损 5003.20 万元；2000 年虚增 56704.74 万元，实际亏损 14940.10 万元；2001 年 1—6 月虚增 894 万元，实际亏损 2557.10万元。从原料购进到生产、销售、出口等环节，公司伪造了全部单据，包括销售合同和发票、银行票据、海关出口报关单和所得税免税文件。2001 年 9 月后，因涉及银广夏利润造假案，深圳中天勤这家审计上市公司财务报表最多的会计师事务所实际上已经解体。财政部亦于 9 月初宣布，拟吊销签字注册会计师刘加荣、徐林文的注册会计师资格；吊销中天勤会计师事务所的执业资格，并会同证监会吊销其证券、期货相关业务许可证，同时，将追究中天勤会计师事务所负责人的责任。

二、银广夏公司造假的主要手法

1. 伪造购入单据

　　据庭审记录，1999 年 11 月，董博接到了广夏（银川）实业有限公司财务总监、总会计师兼董事局秘书丁功民的电话，要求他将每股的利润做到 0.8 元。董某便进行了相应的计算,得出天津广夏公司需要制造多少利润,进而根据这一利润,计算出天津广夏需要多大的产量、多少的销售量以及购入多少原材料等数据。1999 年的财务造假从购入原材料开始。董博虚构了北京瑞杰商贸有限公司、北京市京通商贸有限公司、北京市东风实用技术研究所等单位,让这几家单位作为天津广夏的原材料提供方,虚假购入萃取产品原材料蛋黄粉、姜、桂皮、产品包装桶等货物,并到黑市上购买了发票、汇款单、银行进账单等票据,从而伪造了这几家单位的销售发票和天津广夏发往这几家单位的银行汇款单。

2. 伪造出口报关单等销售单据

有了原材料的购入,也便有了产品的售出。董博伪造了总价值 5610 万马克的货物出口报关单四份、德国捷高公司北京办事处支付的金额 5400 万元出口产品货款银行进账单三份。为完善造假过程,董博又指使时任天津广夏萃取有限公司总经理的阎金岱伪造萃取产品生产记录。于是,阎金岱便指使天津广夏职工伪造了萃取产品虚假原料入库单、班组生产记录、产品出库单等。最后,董博虚构天津广夏萃取产品出口收入 23898.60 万元。该虚假的年度财务报表经深圳中天勤会计师事务所审计后,并入银广夏公司年报,银广夏公司向社会发布的虚假净利润高达 12778.66 万元。2000 年,财务造假行动继续进行,只是此次已不再需要虚构原材料供货方。依旧是接受了丁功民的指示,董博伪造了虚假出口销售合同、银行汇款单、销售发票、出口报关单及德国诚信贸易公司支付的货款进账单,同时同样指使天津广夏职工伪造了虚假财务凭证。结果,2000 年天津广夏共虚造萃取产品出口收入 72400 万元,虚假年度财务报表由深圳中天勤计师事务所审计,注册会计师刘加荣、徐林文签署无保留意见后,向社会发布虚假净利润 41764.6431 万元。2001 年年初,为进一步完善造假程序,董博虚报销售收入,从天津市北辰国税局领购增值税专用发票 500 份。除向正常销售单位开具外,董博指使天津广夏公司职员付树通以天津广夏公司名义向天津禾源公司(系天津广夏公司萃取产品总经销)虚开增值税专用发票 290 份,价税合计 22145.6594 万元,涉及税款 3764.7619 万元,后以销售货款没有全部回笼为由,仅向北辰区国税局交纳"税款"500 万元。2001 年 5 月,为中期利润分红,银广夏总裁李有强以购买设备为由,向上海金尔顿投资公司借款 1.5 亿元打入天津禾源公司,又以销售萃取产品回款的形式打回天津广夏账户,随后其中 1.25 亿元以天津广夏利润的形式上交广夏公司。据董博当庭供述,在造假过程中,部分财务单据及所涉及的银行公章,是其在电脑上制作出来的。这样,依据庭审及起诉书,银广夏造假是一个由李有强同意、丁功民授意、董博实施、阎金岱协助,以及刘加荣、徐林文"明知"有假而不为的过程。

三、银广夏公司案例的点评与启示

在安然事件中的受处罚的事务所是安达信，而在银广夏事件中受处罚的事务所是中天勤。在银广夏案例中，深圳中天勤会计师事务所疏于执行已颁布的独立审计准则。在专业胜任能力和职业道德两个方面均存在重大过失。连最基本的公认审计原则都没有遵守，最基础的审计程序都没有执行，而且内部管理混乱、风险意识薄弱。

2000年7月，中天勤由原先具有从事证券业务资格的天勤和中天合并成立，成为全国最大的会计师事务所。事务所的名称合并后，没有进行业务管理的实质性的合并。为了追求规模全国第一，严重忽视了会计师事务所最重要的业务风险管理，看似"强强联合"，但却是"一人一把号，各吹各的调"，业务和客户实际上被各合伙人分割，主办业务工作人员长期不变。难以形成一个统一的业务管理体系和不同部门的交叉复核与工作轮换。在业务上，天勤和中天的审计报告书编号和业务专用章都是不同的，天勤的编号是"中天勤A"，专用章是"中天勤1"；中天的编号是"中天勤B"，专用章是"中天勤2"。代表对外业务风险由中天勤统一承担，而内部业务各自为政，没有统一的控制机制。只要两家中的任何一个合伙人的某一业务出现问题，就得由合并后的中天勤来全部承担。这样的机制客观上将纵容做假，而不能限制做假。中天勤的冤只能归责于在当初商议合并时没有考虑各自事务所的工作风格、执业道德管理等可能引来风险的承担。这也是现存较多的规模大、业务多、上档次的会计师事务所合并的顽疾之所在。

中天勤将审计失败归因于企业没有诚信，而认定对该公司所做的审计、业务经自查没有发现有关注册会计师及审计人员在审计过程中有违背职业道德的行为，中天勤也是受了8年的骗！上市以来一直担当银广夏审计师的中天勤，内部管理混乱，审计态度随意，对风险的判断近乎错误：相信银广夏是高科技公司，就应当有高额利润；因为银广夏不断进行频繁的关于高科技方面的信息披露，就认为信息是真的；因为有众多的各级领导人的视察并合影留念，就相信银广夏真的底气充足。审计人员对审计目的、目标、范围以及需要重点关注的问题，多数表达不清；内部风险控制制度不健全而且执行不力；未履行基本的三级复核制度，审核工作流于形式，审阅与签发均由刘加荣一人包办。

银广夏造假案件不仅给中天勤带来了灭顶之灾，也给广大的投资者带来了重创，冰冻三尺非一日之寒，银广夏事件的发生也不只是偶然，它让人们不得不重新审视证券市场中的存在的问题：

1. 发展证券市场要不要讲质量

中国证券市场发展取得的成就举世瞩目，但是与发展速度比，我们的上市公司素质却实在不敢恭维。美国股市指数在 20 世纪 90 年代涨了 4 倍，但股市市盈率却没涨多少，原因是上市公司业绩与股市发展同步增长。在我国，公司上市后，"一年盈，二年平，三年亏"的现象却比比皆是，原因就是其中一些上市公司本来就是劣质企业，仅凭虚假包装才得以上市。上述上市公司不讲诚信的行为在美国等发达国家是要受到重罚甚至要负法律责任的，但在我国却少有受到法规处理。我国上市公司素质低的原因还在于证券市场功能错位——只把证券市场功能定位在融资上，结果股市变成上市公司的提款机，公司法人治理结构没有真正建立起来。上市公司的素质是股市的基石，如果只讲规模发展，不狠抓上市公司的质量，发展只能是泡沫越吹越大，股市大厦盖得越高，潜在的危机就越严重。

2. 中国股市监管机制如何适应市场化

市场化是去年证券管理层为迎接"入世"挑战实施的重大政策。市场化的前提是建立了健全的法规、有效的监管体系、较强的约束机制。经过 10 年建设，中国股市的法规已基本健全，但近年拙劣的业绩造假在中国股市却一再重演。银广夏持续造假两年，监管部门竟然毫无察觉，其股价暴涨也没引起监管部门警觉，审计中介机构一而再地通过其造假财务报告，最后还是由媒体来揭开黑幕。中科、亿安事件以及银行资金违规进入股市，也都是到了事情非常严重、危及股市及银行安全时才来查处。再联想到最近大量上市公司钻政策空子恶性增发圈钱的无序行为，现行市场监管机制的有效性和约束力令人怀疑。这不能不引人思考：如不提高市场监管的有效性和对市场主体的约束力，中国股市的市场化将会导致什么后果？

3. 中小投资者的利益如何从法律上得到保护

保护中小投资者利益，是证券管理层喊得最多最响的口号，可是实践中又是那么苍白无力。证券市场实行"买者自负"原则，投资者必须承担风险。但是实行"买者自负"原则的前提是必须有一个"公开、公平、公正"的市场环境，保证投资者所得到的信息是真实、准确、公平的，没有丝毫虚假和欺骗。由市场欺诈带来的风险是不应当由投资者来承担的。这就要求建立证券市场赔偿制度，使投资者因市场欺诈行为招致的损失，可以通过法律获得赔偿，并使欺诈者受到严厉的法律制裁。应建立共同诉讼制度，采取委托诉讼，委托律师用发布公告的方式，集合分散的中小投资者为原告，对欺诈者进行群体诉讼。

案例分析 2:安然公司财务黑洞案例

2001 年 12 月 2 日,能源巨擘安然公司向美国破产法院纽约南区法院申请破产保护,包括华尔街在内的全世界金融市场都为之惊愕!安然公司的股票价格也应声下跌,流通市值由巅峰时(2001 年 8 月)的 680 亿美元跌至不足 2 亿美元,600 多亿美元的财富瞬间蒸发。这起仅次于世界通信(按申请破产时申报的资产总额排序)的破产倒闭案不仅给投资者造成严重的财务损失,还殃及安然公司大量的无辜员工。

一、案例简介

安然公司(Enron)是美国最大的天然气采购商及出售商,成立于 1930 年,于 1985 年以 24 亿美金收购了另外一家公司,并改名为安然公司。长期以来,以敢于挑战政府管制、开辟业务新领域著称的安然公司一直头顶耀眼夺目的光环:全世界最大的能源交易上,掌控美国 20% 的电力和天然气交易;经营业务覆盖全球 40 多个国家和地区,雇员超过 2 万人,营业收入突破 1000 亿美元;在《财富》杂志"美国 500 强"排行榜上傲视群雄,位居第七,其股票一直是华尔街财务分析师力荐的"蓝筹股";连续四年获得"美国最具创新精神"称号,《纽约时报》称其为"美国新式工作场所的典范"。在 1997 年至 2000 年度的财务报告中安然的业绩确实令人怦然心动:营业收入由 1997 年的 202.73 亿美元涨到 2000 年的 1007.98 亿美元,净利润由 1997 年的 1.05 亿美元涨到 2000 的 9.79 亿美元。

然而,安然公司 2001 年 2 月末公布的 2000 年度财务报告所描绘的辉煌的图像,不到一年就"变脸"了。2001 年,整个案件的关键人物,安然公司发展部副总裁雪伦·沃特金斯,写了一份揭发安然触目惊心的财务舞弊案的信给安达信会计师事务所里她过去的同事,以提醒安达信对安然的会计问题保持警惕。安达信会计师事务所在收到雪伦·沃特金斯的警告后,与安然公司展开了艰苦的谈判,要求安然公司披露过去几年内违反公认会计准则的会计处理。迫于安达信的压力,再加上此时美国股市受到"9.11"的致命冲击,安然公司发起设立的许多特殊目的实体都已无法支撑,安然公司不得不在 2001 年 10 月 16 日宣布第三季度亏损 6.18 亿美元,其中包括 5.44 亿美元处理特殊目的实体的损失。紧接着,又在 11 月 8 日向 SEC 提交了报告,承认在 1997

至 2001 年第一季度的利润被高估,负债被隐瞒的事实。这一财务丑闻立即在全世界引起轰动,新闻媒体、投资者和债权人密切关注着安然事件的后续发展状况。2001 年 12 月 2 日,安然公司向美国破产法院纽约南区法院申请破产保护,2002 年 1 月初,安然公司的股票被纽约股票交易所摘牌,被迫实行柜台交易。截至 2003 年 1 月末,安然公司普通股在柜台交易的收盘价为 0.07 美分,比历史最高价 90.75 美元下跌了 99.92%。2002 年初,损失惨重的股东在美国联邦法院德克萨斯法庭向安然公司和安达信提出集体诉讼,指控安然公司的高管人员、董事会成员以及为安然公司提供审计、法律和金融服务的会计师事务所、律师事务所和商业银行从事财务舞弊和证券欺诈。

二、安然公司造假的主要手法

1. 构造特殊目的实体(Special Purpose Entity，SPE)

SPE 是为了特定目的而构造的实体,是一种金融工具,企业可以通过它在不增加企业资产负债表中负债的情况下融入资金。安然公司为了能为他们高速的扩张筹措资金,利用 SPE 成功地进行表外筹资几十亿美元。但是在会计处理上,安然公司未将两个 SPE 的资产负债纳入合并会计报表进行合并处理,但却将其利润包括在公司的业绩之内。美国会计法规规定,只要非关联方持有权益价值不低于 SPE 资产公允价值的 3%,企业就可以不将其资产和负债纳入合并报表。但是根据实质重于形式的原则,只要企业对 SPE 有实质的控制权和承担相应风险,就应将其纳入合并范围。从事后安然公司自愿追溯调整有关 SPE 的会计处理看,安然公司显然钻了一般公认会计准则(GAAP)的空子。仅就这两个 SPE,安然公司就通过合并报表高估利润 5 亿美元,少计负债 25 亿美元。

2. 构造复杂的公司体系进行关联交易

安然公司创建子公司和合伙公司数量超过 3000 个。之所以创建这些公司是为了通过关联交易创造利润。媒体所披露的最典型的关联交易发生在 2001 年第二季度,安然公司把北美 3 个燃气电站卖给了关联企业,市场估计此项交易比公允价值高出 3 至 5 亿美元。还将它的一家生产石油添加剂的工厂以 1.2 亿美元的价格卖给另一个关联企业。而该工厂早在 1999 年被列为"损毁资产",冲销金额达 4.4 亿美元。之所以创建这么多而复杂的公司体系,拉长控制链条,是为了通过关联交易自上而下传递风险,自下而上传递报酬,在信息的披露上把水搅混。

3. 将未来不确定的收益计入本期收益

安然公司所从事的业务,许多是通过与能源和宽带有关的合约及其他衍生工具获取收益,而这些收益取决于对诸多不确定因素的预期。在 IT 业及通讯业持续下滑的情况下,安然只将合约对自己有利的部分计入财务报表,并且未对相关假设予以充分披露。

安然公司通过金融工具、关联企业制造交易的目的主要有两个:一是以较低的成本筹集更多的资金;二是创造收益和利润,维持高企的股价以迎合华尔街的需要。由于发行股票会稀释股权,于是借债成了筹资的主要选择。然而借债太多会提高资产负债率,影响资信等级,从而影响借债成本的提高,同时也会影响进一步举债。如果不将负债在资产负债表中披露,上述问题就能迎刃而解。安然利用会计手段达到了这个目的,但却同时给自己埋下了巨大的隐患。

20 世纪 90 年代,安然公司大量通过资产证券化进行筹资,其手段复杂而巧妙。安然有 800 多个信托基金,安然将资产委托出去,以资产及资产的收入作为抵押发行债券,发行所得交由安然使用。发行的债券尽管有抵押,但为了保证发行成功,安然又常使用股票作为进一步的担保。例如对一家负债达 24 亿美元的鱼鹰基金,安然所签订的合约就有下面两个担保条件:一是安然的股票价格不能低于一定的价位,否则必须购回这些债券;二是安然的债信评级必须满足要求,即如果安然的债信被评到垃圾级以下时,安然必须把这些发出的债券按发行价买回。这两个条件对安然公司是生死攸关的。由于能源市场的波动,去年 10 月底,安然的股价跌到 30 美元以下,安然必须还债的第一个条件达到了。11 月 8 日,其股价跌到 10 美元以下,美国的标准普尔公司宣布给安然降级,安然必须还债的第二个条件达到了。根据合约,安然必须拿出 34 亿美元还债,此时,安然已无力回天,只好宣布破产。

三、安然公司案例点评与启示

安然大厦的坍塌,除了损失掉安然公司员工的血汗钱和众多无辜投资者的财富外,更使安达信身陷绝境,并引发了民众对"五大"空前的信任危机。美国国会的 11 个调查组以及司法部、联邦调查局和 SEC 等部门对安然和安达信发起的规模空前的刑事调查所掌握的证据显示,安达信至少在四个重大方面存在严重问题:第一,出具严重失实的审计报告和内部控制评价报告。安然公司自 1985 年成立以来,其财务报表一直由安达信审计。2000 年度,安达信为安然公司出具了两份报告,一份是无保留意见加解释性说明段的审计报告,另一份是对安然公司管理当局声称其内部控制能够合理保证其财务报表可靠性予以认可的评价报告,这两份报告与前面所介绍的重大会计问题形成鲜明反差,已成为笑柄。第二,对安然公司的审计缺乏独立性。独立性是社会审计的灵魂,离开了独立性,审计质量只能是一种奢谈。安达信的审计失败的根本原因就是对安然公司的审计缺乏独立性。主要表现在安达信不仅为安然公司提供审计鉴证服务,而且为其提供收入不菲的咨询业务,同时安然公司的许多高管人员为安达信的前雇员,他们之间的密切关系不利于安达信形式上的独立。第三,知错不改,未及时予以纠正。美国国会调查组搜集的证据显示,安达信在安然黑幕曝光前就已觉察到安然公司存在的严重会计问题,但未及时向有关部门报告或采取其他措施予以纠正。第四,销毁审计档案,妨碍司法调查。在沸沸扬扬的安然事件中,最让会计职业界意想不到的是安达信居然销毁数以千计的审计档案。众所周知,审计最重证据,安达信销毁审计档案,是对会计职业道德的公然挑衅,也暴露出其缺乏守法意识。销毁审计档案不仅使安达信信誉扫地,也给安达信带来了意想不到的灾难。2002 年 3 月 14 日,美国司法部就安达信三个办事处销毁审计档案一事,以"妨碍司法"的罪名正式向安达信提出刑事指控。2002 年 6 月 15 日,由 15 人组成的联邦大陪审团裁定安达信"妨碍司法"罪名成立,判决后的第二天,安达信正式知会 SEC 和其他政府部门,宣布将从 2002 年 8 月 31 日起停止对上市公司的审计业务。至此,1913 年由阿瑟·安达信教授创办的一度享誉全球的安达信会计师事务所消亡了,"五大"一夜之间变成了"四大"。安达信成为安然事件的第一个殉葬品,不能不说是会计职业界的一大悲剧。安然事件给予我们的教训是深刻的,同时也给我们许多警示。

1. 既不应夸大独立审计在证券监管中的作用,也不应将上市公司因舞弊倒闭的全部责任归咎于注册会计师

独立审计是证券市场发展的基石,也是确保上市公司会计信息质量的制度安排,然而独立审计在证券监管重的作用是有限的。诚然,安达信对安然公司的破产负有不可推卸的责任,但在证券市场监管这个系统工程中,其他相关部门也脱离不了干系。布什政府的高管们以及众多国会议员都接受过安然公司的巨额捐款,且与其关系密切,在他们觉察或被告知安然公司深重的财务危机后,难道他们就没有责任向监管当局报告? SEC 口口声声要加大对上市公司和注册会计师的监督力度,但他们对安然公司的监管尽心尽责了吗? 谁来监管 SEC 这个监管者? 无限地拔高独立审计在证券监管中的作用,只会将注册会计师置于万劫不复之地。同样的,将上市公司因舞弊而倒闭的责任全部归咎于注册会计师,既不公平,也无助于我们冷静地剖析原因并从中吸取教训。

2. 不要过分崇拜市场的力量,民间自律不见得是最佳选择

经济学的大量研究结果证明,市场经济需要适度的管制,以防止市场衰败,会计准则和审计准则虽是管制的一种表现形式,但其本身看来也需要管制。安然事件表明,"看不见的手"总有失灵的时候,完全依赖市场力量和民间自律进行会计审计规范是不切合实际的。就会计规范而言,会计制度和准则完全由民间机构制定,其权威性必然遭到削弱,其监督实施效率也较低。反之,完全由官方制定,在提高权威性和监督实施效率的同时,可能会降低制定机构的独立性,也难保会计制度和准则的高质量。因此,会计规范的民间主导模式不一定是最佳选择,而会计规范的官方主导模式也不见得就是完美无缺。问题的关键在于会计规范的制定者能否真正保持独立,能否以社会公众利益为己任,真正做到客观公正。

3. 既不要迷信美国的公司治理模式,也不可神化独立董事

美国式的公司治理,历来是倍受推崇的,也是我国的重点借鉴对象。美国式的公司治理,是在股权相当分散的环境下逐步发展起来的,为了防止公司高级管理层利用股权分散滥用职权,侵犯中小股东的正当利益,美国十分注重引入独立董事制度,并要求独立董事主导提名委员会、审计委员会和薪酬委员会的工作。这种强调独立董事功能的公司治理模式,当然有其合理的成分,但安然事件表明,独立董事并非万能!安然公司的 17 名董事会成员中有 15 名独立董事,审计委员会的 7 名委员全部由独立董事组成,但现在这些独立董事们并没能替安然公司的股东们把好对高级管理人员的监督关,最终导致投资者损失惨重。这些独立董事们不仅受到社会各界的责难,而且遭到投资者的起诉。独立董事最大的弱点是不参与公司日常的经营管理,每年只花少量的时间履行其职责,对公司高管人员的监管在大多数情况下是形式重于实质,徒有其名而已。

4. 不能只重制度安排,而忽视全方位的诚信教育

证券市场是充满机会和诱惑的博弈场所,需要通过制度安排对参与者和监管者进行制约和威慑。然而,如果证券市场的参与者和监管者不讲正直诚信,制度安排将显得苍白无力。当巨额的经济利益与严肃的道德规范发生碰撞时,只有潜移默化的诚信教育,才能使天平倾向于道德规范。安然事件表明,诚信教育应当是全方位的。

第七章

采购及成本费用舞弊的识别

　　企业的运行相当复杂,各个层面都存在发生舞弊行为的可能性。会计准则在确认、计量和报告财务交易时提供了多种可接受方法的灵活性可能被管理层用来作为管理盈余的一种工具。对上市公司而言,采购及成本费用舞弊大多是以隐匿项目或少计金额的方式出现。

第一节　采购及成本费用概述

　　购货与付款业务通常要经过请购—订货—付款这样的程序,同销货与收款业务一样,在内部控制比较健全的企业中,处理购货与付款业务通常也需要使用很多凭证和会计记录。在一个企业中,如可能的话,应将各项职能活动指派给不同的部门或职员来完成。

　　财政部于 2002 年 12 月 23 日发布的财会〔2002〕21 号《内部会计控制规范——采购与付款(试行)》中规定,单位应当建立采购与付款业务的岗位责任制,明确相关部门和岗位的职责、权限,确保办理采购与付款业务的不相容岗位相互分离、制约和监督。采购与付款业务不相容岗位至少包括:请购与审批;询价与确定供应商;采购合同的订立与审批;采购与验收;采购、验收与相关会计记录;付款审批与付款执行。这些都是对单位提出的、有关采购与付款业务相关职责适当分离的基本要求,以确保办理采购与付款业务的不相容岗位相互分离、制约和监督。

　　大多数企业对正常经营所需的物资的购买均作一般授权,比如,仓库在现有库存达到再订购点时就可直接提出采购申请,其他部门也可以正常的维修工作和类似工作直接申请采购有关物品。但对资本支出和租赁合同,企业政策则通常要求做特别授权,只允许指定人员提出请购。

采购部门在收到请购单后,只能对经过批准的请购单发出订购单。对每张订购单,采购部门应确定最佳的供应来源,对一些大额、重要的采购项目,应采取竞价方式来确定供应商,以保证供货的质量、及时性和成本的低廉。订购单应正确填写所需要的商品品名、数量、价格、厂商名称和地址等,预先予以编号并经过被授权的采购人员签名。

有效的订购单代表企业已授权验收部门接受供应商发运来的商品。验收部门首先应比较所收商品与订购单上的要求是否相符,如商品的品名、说明、数量、到货时间等,然后再盘点商品并检查商品有无损坏。验收后,验收部门应对已收货的每张订购单编制一式多联、预先编号的验收单,作为验收和检验商品的依据。验收人员将商品送交仓库或其他请购部门时,应取得经过签字的收据,或要求其在验收单的副联上签收,以确立他们对所采购的资产应负的保管责任。验收人员还应将其中的一联验收单送交应付凭单部门。正确确认已验收货物和已接受劳务的债务,要求准确、迅速地记录负债及及时付款。

固定资产与商品存货同属一个交易循环,在内部控制问题上固然有许多共性的地方,同时,固定资产也有其管理的特点。固定资产在上市公司资产总额中占有很大的比重,大额固定资产的购建会影响其现金流量,而固定资产的折旧、维修等费用则是影响其损益的重要因素。所以,为了确保固定资产的真实、完整、安全和有效利用,企业应当建立和健全固定资产的内部控制制度。

预算制度是固定资产内部控制中最重要的部分。通常,大企业应编制旨在预测与控制固定资产增减和合理运用资金的年度预算;小企业即使没有正规的预算,对固定资产的购建也要事先加以计划。完善的授权批准制度包括:企业的资本性预算只有经过董事会等高层管理机构批准方可生效;所有固定资产的取得和处置均需经企业管理当局的书面认可。

《企业会计准则第4号——固定资产》规定,与固定资产有关的后续支出,如果使可能流入企业的经济利益超过了原先的估计,如延长了固定资产的使用寿命,或者使产品质量实质性提高,或者使产品成本实质性降低,则应当计入固定资产账面价值,其增计后的金额不应超过该固定资产的可收回金额。除此以外的后续支出,应当被确认为当期费用,不再通过预提或代摊的方式核算。企业在日常核算中应依据上述原则来判断固定资产后续支出是应当资本化,还是费用化。

在具体实务中,对于固定资产发生的下列各项后续支出,通常的处理方法为:

（1）固定资产修理费用，应当直接计入当期费用。

（2）固定资产改良支出，应当直接计入固定资产账面价值，其增计后的金额不应超过该固定资产的可收回金额。

（3）如果不能区分是固定资产修理还是固定资产改良，或固定资产修理和固定资产改良结合在一起时，则企业应按上述原则进行判断，其发生的后续支出，分别计入固定资产价值或计入当期费用。

（4）固定资产装修费用，符合上述原则可予资本化的，应当在"固定资产"科目下单设"固定资产装修"明细科目核算，并在两次装修期间与固定资产尚可使用年限两者中较短的期间内，采用合理的方法单独计提折旧。如果在下次装修时，该项固定资产相关的"固定资产装修"明细科目仍有余额，应将该余额一次性全部计入当期营业外支出。

固定资产可以长期参加生产经营而保持其原有实物形态，但其价值将随着固定资产的使用而逐渐转移到生产的产品中，或构成经营成本或费用。这部分随着固定资产的磨损而逐渐转移的价值就是固定资产的折旧。

在不考虑固定资产减值准备的前提下，影响折旧的因素有折旧的基数（一般指固定资产的账面原价）、固定资产的残余价值和预计使用年限三个方面。在考虑固定资产减值准备的前提下，影响折旧的因素则包括折旧的基数、累计折旧、固定资产减值准备、固定资产预计净残值和固定资产尚可使用年限五个方面。在计算折旧时，对固定资产的残余价值和清理费用只能认为估计；对固定资产的使用年限，由于固定资产的有形和无形损耗难以计算，因而也只能估计；同样，对固定资产减值准备的计提也带有估计的成分。因此，固定资产折旧主要取决于企业的折旧政策，具有一定程度的主观性。

《企业会计准则第 4 号——固定资产》中明确规定：企业应当根据固定资产所含经济利益预期实现方式选择折旧方法，可选用的折旧方法包括年限平均法、工作量法、双倍余额递减法以及年数总和法；除非由于固定资产包含的经济利益的预期实现方式有重大改变，应当相应改变固定资产折旧方法，否则折旧方法一经选定，不得随意调整；企业应当定期对固定资产的使用寿命进行复核，如果固定资产的使用寿命的预期数与原先的估计数有重大差异，则应当相应调整固定资产折旧年限。

第二节 采购、成本费用舞弊的特征及常用手法

在美国发生的会计舞弊案中,比较有代表性的是安然、施乐和世通公司事件。世通公司的问题起源于世通高层换人:2002 年 3 月,美国 SEC 调查世通 CEO 埃贝斯向公司借用 3.75 亿美元的问题,埃伯斯被迫辞职,新任首席执行官斯奇摩尔要求内部审计师对公司账目进行彻底审查;2002 年 6 月 25 日,世通审计委员会宣布,从 2001 年初至 2002 年第一季度的五个财季,世通将总额 38 亿美元的营业费用列为了资本支出,也就是说,世通公司 2001 年至 2002 年第一季度应为巨额亏损。世通公司的做法最为原始和简单,它把自 2001 年初开始五个季度的应支付给其他电话公司约 39 亿美元的网络使用费改列为资本支出,而不是作为当期费用。它这样做的目的一是虚增当期利润,另外延后入账的当期费用就以资产折旧的形式进入利润表,使得利息、税金、折旧前的利润指标达到华尔街的预期。

结合上市公司的特点,上市公司采购、成本费用舞弊的常用手法主要有:隐匿项目、费用递延处理、利用关联方交易处理等。

一、将费用递延处理或一次性冲销

减少营运费用的方法可选择将现行费用递延处理或是利用会计政策变更将费用一次性冲销。

营运成本资本化:这种手法表现为将正常的营运成本资本化,即成本被不适当地记录为可以分期摊销的资产(而非费用),营运成本资本化的多发区域存在于广告宣传成本、利息成本、软件开发成本等。如震惊华尔街的 World-Com 欺诈即是将 38 亿美元的费用错误地计为资本支出。

折旧或摊销非正常缓慢:对固定资产减少折旧或无形资产摊销期限延长均可使当期费用减少,不过明显调整折旧方法或者折旧、摊销期限易被察觉,部分公司通过拖延在建工程的结转进程使折旧减少,如锦州港由于工程完工转入固定资产不及时、折旧计提起始月份不准确等导致 2000 年度少提折旧及相应少计主营业务成本 780 万元。

企业对固定资产正确地计提折旧,对计算产品成本(或营业成本)、计算损益都将产生重大影响。在影响计提折旧的因素中,折旧的基数、固定资产的净残值两项指标还比较容易确定,但在固定资产使用年限的确定上却较难把握。

事实上,固定资产折旧除有形磨损外还有无形磨损,而且企业和行业不同,磨损情况也不相同。因此,企业往往有足够的理由变更固定资产折旧方式。例如某公司从 1995 年起对固定资产折旧由加速折旧法改为一般折旧法。折旧方法变更后,折旧率综合下降 3%,折旧方法变更增加的税前利润估计约 966 万元。其实该公司的主营业务是制造电冰箱,电冰箱的升级换代较快,从正确地计算损益来讲,电冰箱生产线使用加速折旧方法可以比较真实地反映固定资产的损耗情况。此外该公司 1995 年销售退回 2400 万元未在当年入账,导致销售利润虚增约 265 万元。以上两项虚增利润之和 1231 万元,略大于当年利润总额 1214 万元。也就是说,该公司若在 1995 年不变更固定资产折旧方法,并且将销售退回按会计制度规定入账的话,公司当年则亏损无疑。

降低资产准备:目前存货、应收账款、固定资产、委托贷款、无形资产等八项资产需要在期末根据资产减损程度计提减值准备,提取准备不足或减少准备都会虚增利润,特别是资产总额上升时相应减值准备反而下降或以前年度计提的准备发生逆转,都有进行会计欺诈的风险。如朗讯 1999 年 9 月库存大幅上升,但存货减值准备的绝对金额和相对比例都出现下降,而如果维持原先的准备比例则会使朗讯该月的每股收益减少 8 美分。

利用会计政策变更将费用一次性冲销:将正常的营运成本资本化只是帮助公司通过将营运成本转移到未来以脱离困境,而通过会计政策变更使现在的费用转移到过去的方式则可使成本永远消失。如 2001 年末财政部规定上市公司新增四项计提准备时,部分公司通过"巨额冲销"的方法(即提取巨额准备)将挂账费用一次性冲销。

二、虚减成本、费用或负债

不记录相关费用及负债:多计收入的另一渠道是不记录费用和相关负债,如大庆联谊的操纵手段之一是将获取劳务的应付未付费用未计入当年损益从而虚增利润 1058.60 万元;而中国高科则是将付给某机构的财务顾问费用从"管理费用"调账转入"其他应收款"。

利用存货计价方式减少销售成本:存货的变化对企业损益、资产总额、所有者权益和所得税数额都会产生相应影响。首先,存货计价方法的变更可以产生一定的利润调整空间,期末存货计价过高或期初存货计价过低,当期收益都可能因此而增加;反之亦然。其次,有的企业采用定额成本法计算产品成本时,在期末将产品定额成本差异在产品和库存产品之间分摊,本期销售产品却不分摊,以降低本期销售成本。此外,故意虚列存货或隐瞒存货的短缺或毁损,也可达到虚增本期利润的目的。

调整预提费用、冲减当期成本:预提费用科目反映企业所有已经预提计入成本费用而尚未支付的各项费用,预提费用也是一项带有主观性的会计科目,不可避免地存在人为判断和估计,因此预提费用的调整也可成为上市公司利润调节的工具之一。

附属、关联单位承担费用:附属、关联单位为上市公司承担费用也是降低成本费用常用伎俩之一,如蓝田股份 2000 年在中央电视台投放的巨额广告费用是由中国蓝田总公司投放的,但实际上蓝田股份的饮料产品通过集团公司销售网点销售的仅占全部销售量的 1.9%。可见,蓝田股份利用集团公司分摊高额广告费用支出的方法虚增利润。

可通过下述几个指标进行判断:

主要成本费用率大大低于竞争对手;

在某个会计期间计提了巨额的资产减值准备;

缺乏正当理由对固定资产进行评估并将评估增减值调整入账。

表 7-1 是通化金马(000766)虚减销售费用的案例。通过分析可发现其收入和费用比例严重失调,再结合该公司当年内部职工股上市的情况,首尾呼应,一唱一和,管理层的主观故意不言自明。

表 7-1　2001 年通化金马主营业务收入和营业费用对比数据表

	年　份		变动(百分比)
	2001	2000	
主营业务收入(万元)	10043	50418	(80)
销售费用(万元)	21300	6028	353

资料来源:2001 年通化金马年度财务报告。

让我们来据此计算主营业务收入和销售费用的相对变动幅度比:G=−80%/353%=−0.23。据此推断,该公司 2000 年蓄意推迟销售费用的确认以配合内部职工股上市,2001 年无法逃脱巨额亏损厄运时再将以前年度发生的广告和销售佣金补记入账。

三、利用关联交易调整利润

我国许多上市公司是由国有企业改组而成的,在股票发行数额有限的情况下,上市公司往往通过对国有企业局部改制的方式设立。股份制改组后,上市公司与改组前的母公司及母公司控制的其他子公司之间普遍存在错综复杂的关联关系和关联交易,利用关联交易粉饰会计报表,调节利润已成为上市公司乐此不疲的"游戏",利用关联交易调节利润的主要方式有:①虚构经济业务并通过将其商品高价出售给其关联企业,人为地增加主营业务收入和利润;②采用大大高于或低于市场价格的方式进行购销活动,由非上市的国有企业以优质资产置换上市公司的劣质资产和股权;③以低息或高息发生资金往来,调节财务费用;④以收取或支付管理费用,或分摊共同费用调节利润。关联交易的利润大都体现在"其他业务利润""营业外收入"等,最终将非上市公司的利润转移到上市公司上来。由于上市公司对关联交易披露的不规范性,投资者较难从财务报表和报表附注中采集出关联交易的详细数据,大多数为调整利润进行的关联交易通常不使用现金,因此其他应收款指标占流动资产(或总资产)比重是一个重要指标。其他应收款体现的是企业与正常经营业务无关的有关各方的资金往来,在某种程度上可以反映出企业与关联方的资金关系,比如出售投资给关联方后应收回的款项等。其他应收款占流动资产的比例大,说明企业与关联方可能存在比较密切的联系,利用关联方调整利润的可能性也较大。

投资者还要善于利用上市公司披露的其他信息,从这些信息里捕捉有用的信号。公司信息质量的透明度和健康度有赖于对信息的披露,而良好的信息披露是具有充分性、及时性和准确性的特点。可以说健康的公司财务报告,其信息披露的过程和行为应该是符合相关规定,并积极坚定地进行信息披露。人这种行为也很像生活中的个人行为,如果一个人没有撒谎欺骗行为,那么他会更加坦然地接受各种检查,反之,一个有欺骗行为的人,则会利用各种手段去掩饰其欺骗行为。正如,寓言中讲的:法官将疑犯关入牢中,每人执一竹筷,预言说罪犯的竹筷明晨将长长一截,而明晨会发现,无罪的人竹筷保持原有长度,而罪犯的竹筷则明显变短。这在公司信息披露的行为中,也有相似的表现。一个有舞弊行为的公司将会想尽办法在信息披露上进行掩饰,但其行为有时会产生"欲盖弥彰"的效果。在信息披露过程中的行为反应异常,从而导致"欲盖弥彰"这一结果。

如果发现上市公司有下述问题,就需要引起高度警觉:财务信息的披露与经营活动的总结或董事会会议记录存在重大差异;财务信息的披露与公司对外宣传或新闻媒体的相关报道存在严重不一致;对重大经营和非经营收益或损失的解释有避重就轻之嫌;对收购兼并,或有事项等重大事项的披露过于简明扼要;会计披露晦涩难懂;曾因信息披露原因受到证券交易监管部门等的处罚或警告;财务信息披露是文字隐晦,易产生歧义或被忽略;披露程度历来只达到监管部门的最低要求,鲜有额外的自愿性披露;对公司重大事件拖延披露的时间,事后登报公告对外公布;定期报告中,数据或文字错误明显或错误较多,或有延期披露的现象。

案例分析:世界通信公司财务黑洞案例

美国世界通信公司(WorldCom,简称世通)在会计界几乎无人不知,因为它不仅创下了利润造假的世界纪录,还成为美国有史以来最大的破产案。成为继安然事件之后美国的又一件财务舞弊的惊天大案。

一、案例简介

2002年度对于美国第二大长途电信营运商世界通信公司来说,无疑是厄运连连,利空不断的年份。2月8日,世界通信降低了2002年度的收入和盈余预测,并计划在第二季度计提150至200亿美元的无形资产减值准备;3月12日,证券交易管理委员会(SEC)正式对世界通信的会计处理立案稽查;4月3日,世界通信宣布裁员10%,拟解雇8500名员工;5月9日,穆迪斯和菲奇等信用评级机构将世界通信债券的信用等级降至"垃圾债券"级别;4月30日,世界通信公司的创始人因卷入4.08亿美元贷款丑闻而辞去首席执行官的职务;6月5日,世界通信宣布再次裁员20%,拟辞退17000名员工;6月20日,世界通信因资金周转紧张,推迟了优先股的股息支付;6月24日,世界通信的股票价格跌破一美元。正当投资者以为世界通信"利空出尽"准备抄底时,该公司又扔出了一枚重磅炸弹。

6月25日傍晚,在美国密西西比州克林顿市世界通信的豪华总部,上任不到两个月的首席执行官约翰·西择摩尔向,新闻媒体发布了一则震惊世界的消息:内部审计发现,2001年度以及2002年第一季度,世界通信公司通过将支付给其他电信公司的线路和网络费用确认为资本性支出,在五个季度内低估期间费用、虚增利润38.52亿美元。短短半年内,经历了安然、环球电信、施乐等著名公司财务丑闻的打击,华尔街已经风声鹤唳,草木皆兵了,世界通信会计造假的曝光,使投资者脆弱的信心再次受到重创,道琼斯和纳斯达克股票指数大幅下挫。世界通信的股票交易被纳斯达克紧急停牌三天,复牌的第一个交易日,世界通信的股价跌至0.06美分。6月25日晚,全世界的媒体都在报道世界通信丑闻,许多美国主流媒体甚至将世界通信的英文所写

"WorldCom"改为"World-Con"（世界骗局），世界通信变成了世界骗局！次日，因担心引火烧身而一直对安然丑闻刻意保持低调的布什总统再也沉不住气了，尽管正在加拿大进行国事访问，布什总统还是立即对世界通信的会计造假公开表示震怒，发誓将展开全面调查，将当事人绳之以法，并强调重新确立公司责任刻不容缓。

会计造假丑闻披露后，世界通信的处境更加凄惨。6月26日，SEC以超乎寻常的速度向联邦法院递交了诉状，对世界通信提出证券欺诈指控，与此同时，美国司法部和国会需阿布对世界通信的财务丑闻展开调查；7月21日，世界通信的股票被摘牌；8月1日，对财务丑闻负有不可推卸责任的世界通信前执行副总裁兼前首席执行官考特 D·苏利文以及前副总裁兼主计长大卫·迈耶斯被联邦调查局逮捕，面临着包括证券欺诈等多项指控，若罪名成立，最多可判刑65年；8月8日，世界通信再次举行新闻发布会，宣布延伸至以前年度的自查自纠发现，1999和2000年度的税前利润被高估了34.66亿美元；11月5日，世界通信第三次披露，又发现了20亿美元的虚假利润，至此，世界通信子虚乌有的利润预计将突破100亿美元，创下了空前的财务舞弊世界纪录。

二、世界通信公司财务舞弊的主要手段

世界通信尽管在造假金额上创下了纪录，但造假手法并不高明。根据SEC以及美国总检察长办公室向法院递交的起诉书，世界通信会计造假的动机是为了迎合华尔街财务分析师的盈利预测，造假手法不外乎以下两类：

1. 滥用准备金科目

利用以前年度计提的各种准备金如递延税收、坏账准备、预提费用，冲销线路成本，夸大对外报告的利润。SEC和司法部已经查实的这类造假金额高达16.35亿美元。

2000年10月和2001年2月，在审阅了第三和第四季度的财务报表后，苏利文觉得线路成本占营业收入的比例偏高，体现的利润无法满足华尔街财务分析师的盈利预期，也不符合世界通信先前向投资大众提供的盈利预测。为此，苏利文下令迈耶斯和耶特斯等下属分别将第三和第四季度的线路成本调减（贷记）8.28亿美元和4.07亿美元，并按相同金额借记已计提的递延税收、坏账准备和预提费用等准备金科目，以保持借贷方的平衡。这类操纵手法使世界通信2000年第三和第四季度对外报告的税前利润分别虚增了8.28亿美元和4.07亿美元。

2001年第三季度，为了使该季度对外报告的利润达到华尔街的盈利预

期,苏利文勒令无线通信部门将已计提的 4 亿美元坏账准备与线路成本相互冲销。此举虚增了 2001 年第三季度的税前利润。

2. 以"预付容量"为借口,要求分支机构将原已确认为经营费用的线路成本转至固定资产等资本支出账户,以此降低经营费用,高估经营利润 SEC 和司法部已查实的这类造假金额高达 38.52 亿美元

2001 年 4 月,苏利文在审阅了第一季度的财务报表后,发现线路成本占营业收入的比率仍居高不下。苏利文、迈耶斯和耶特斯商量对策时均意识到,继续沿用 2000 年度的造假花招,以准备金冲销线路成本,将难以掩盖利润持续下降的颓势。为此,他们决定改变做法,将已记入经营费用的线路成本,以"预付容量"的名义转至固定资产等资本支出账户。

为了实施这一造假伎俩,苏利文授意迈耶斯和耶特斯要求总账会计部给各地分支机构分管固定资产记录的会计人员下达指令,在各季度结账后,根据指令借记固定资产账户。例如,2001 年 4 月,诺曼德致电世界通信固定资产会计部主任,要求他以"预付容量"的名义,对 2001 年第一季度补做一笔分录,借记固定资产 7.71 亿美元,贷记线路成本 7.71 亿美元。而当固定资产会计部主任索要原始凭证和做账依据时,诺曼德告诉他,这些指令来自高层,是苏利文和迈耶斯亲自指示的。

上述会计分录对这五个季度财务报表的影响是显而易见的:固定资产被虚增了 38.52 亿美元,线路成本被低估了 38.52 亿美元,利润也被相应虚增了 38.52 亿美元。

三、世界通信公司案例点评与启示

世界通信的财务舞弊,不仅给投资者、债权人带来空前的经济损失,而且也动摇了美国引以为荣的证券市场监管体系。世界通信轰然坍塌留给世人哪些警示呢?

1. 超常规的发展往往成为财务舞弊的诱因

世界通信在 20 世纪 90 年代形成的外延扩张战略为其会计造假埋下祸根。从发展轨迹看,世界通信的发展思路是:面对放松管制导致电信市场的激烈竞争,应当壮大资本实力、保持技术更新、扩大电信网络设施以巩固客户基础。为此,应当以换股的方式,实施收购兼并等外延扩张策略。为了使这一策略奏效,应当维持高股价,保持高速成长,形成良性循环。相应的财务策略是,不惜代价迎合华尔街对世界通信的盈利预测。最终铤而走险,采用激进的会计手法。从根本上说,世界通信的会计造假是因为管理当局盲目追求发展经营规模的必然结果。超常规、跳跃式的发展固然深得华尔街的欢心，但却使世界通信承受了巨大的财务压力，滋生了会计造假的温床，并最终迫使世界通信走上不归路。从这个意义上说，世界通信的堕落是华尔街逼良为娼的结果。另一方面，苏利文之流所以屈从于华尔街的淫威，除了利益驱动外，还因为诚信缺失，道德沦丧。

2. 治理机制的缺陷销蚀了公司防错纠错的免疫能力

健全的公司治理机制是确保高质量会计信息的内部制度安排，通常包括董事会运作效率和内部控制结构。然而，世界通信用于确保财务报表真实性和完整性的公司治理机制存在致命缺陷，致使苏利文策划的造假阴谋屡屡得逞。在董事会运作效率方面，执行董事埃伯斯和苏利文在董事会中发挥了决定性的影响，人数上占绝对多数的独立董事成为摆设，沦为附庸。

3. 独立性和职业谨慎的缺失是导致重大审计失败的根源

如果说内部审计是确保会计信息真实可靠的第一道闸门，那么，独立审计就是防范重大会计差错和舞弊的最后一道防线。独立审计存在的理由是为了满足公司的高管人员和投资者等利益相关者有效利用会计信息的共同需要，并以提供信息鉴证这一专业服务实现之。但高管人员和投资者等利益相关者之间存在着严重的信息不对称和潜在的利益冲突，高管人员有提供低质量甚至是不实会计信息的动机，而投资者等利益相关者又缺乏足够的资源和专业知识来验证会计信息的质量和真伪，因此需要由独立第三方即注册会计师对高管人员提供的会计信息进行鉴证，并对财务报表发表专业意见。

尽管世界通信存在前所未有的财务作弊，其财务报表严重歪曲失实，安达信至少从 1999 年起一直为世界通信出具无保留意见的审计报告。安达信对世界通信的审计，是一项将载入史册的典型重大审计失败案例。

就目前已经披露的资料看，安达信对世界通信的财务舞弊负有不可推卸的重大过失审计责任，主要表现在以下几个方面。

（1）安达信对世界通信的审计缺乏形式上的独立性

根据世界通信 2002 年 4 月 22 日提供的"征集投票权声明"，安达信在 2001 年共向世界通信收取 1680 万美元的服务费用，其中审计收费 440 万美元、税务咨询 760 万美元、非财务报表审计（主要是外包的内部财务审计）160 万美元、其他咨询服务 320 万美元。自 1989 年起，安达信一直担任世界通信的审计师，直到安然丑闻发生后，世界通信才在 2002 年 5 月 14 日辞退安达信，改聘毕马威。安达信在过去 10 多年里既为世界通信提供审计服务，也向其提供咨询服务。

（2）安达信未能保持应有的职业审慎和职业怀疑

安达信向 SEC 和司法部门提供的 1999 至 2001 年审计底稿表明，安达信在这三年里一直将世界通信评估为具有最高等级审计风险的客户。从安达信编制 1999 至 2001 年度审计计划中可以看出，安达信的审计计划已经认识到世界通信的会计及财务报告具有重大的审计风险，这种风险主要源于世界通信制定了过于激进的收入和盈利目标，换言之，安达信已经意识到世界通信具有报表粉饰或财务舞弊的动机。尽管如此，面对如此高风险的审计客户，安达信却没有保持应有的职业审慎。

（3）安达信编制审计计划前没有对世界通信的会计程序进行充分了解

GAAS 要求注册会计师在了解被审计单位经营业务和相关内部会计控制的基础上，恰当地编制审计计划，据以合理制定和实施能够发现导致财务报表重大错报漏报的错误与舞弊的审计程序。GAAS 特别强调注册会计师在编制审计计划前，应当了解可能对财务报表产生重大影响的交易、事项、程序和惯例。但安达信没有按照 GAAS 的要求，对世界通信的下列相关会计控制和程序进行充分了解，导致其未能合理制定和实施有助于发现财务舞弊的审计程序：

1）世界通信会计和报告系统对结账后调整分录、准备金转回的规定和控制程序；

2）手工会计分录和合并试算平衡表的编制和控制程序；

3）管理当局对重组准备和其他准备金以及线路成本的估计判断及相关控制程序；

4）世界通信的内部控制结构及其在实际执行中的效果；

5）管理当局对资产减值的计提和转回的估计判断和相关控制程序；

6）世界通信会计政策在不同期间运用的一贯性，特别是线路成本在 2001 年以前均作为期间费用，而 2001 年度和 2002 年第一季世界通信却以"预付容量"的名义将 38.52 亿美元线路成本予以资本化。

4. 软资产比硬资产更具杀伤力

知识经济时代较之工业经济时代的一个显著特点是，软资产的重要性日益凸显。这里所说的软资产包括（但不限于）专利权、工业产权、商标权、专营权、商誉等无形资产（严格地说，软资产还应包括人力资源、组织资源和信息资源）。在新经济和知识经济时代，无形资产的确认和计量引起了学术界和实务界的广泛关注和争论。安然事件后，许多学者对现行财务会计体系重硬资产

（有形资产）和轻软资产（无形资产）的做法进行了无情的鞭挞，认为这是工业经济时代的产物，已经严重滞后于知识经济的发展，主张财务报表应当更多地关注无形资产。世界通信的崩溃，证明学者们确有先见之明。拥有1000亿美元资产的世界通信在财务丑闻曝光后迅速瓦解，留给世人的另一个警示是：软资产比硬资产更具杀伤力。

参考文献

[1] 单喆敏.上市公司财务报表分析[M].上海:复旦大学出版社,2005.

[2] 张学谦.会计报表分析原理与方法[M].北京:对外贸易大学出版社,2005.

[3] 马军生,薛隽,汤震宇.财务报表分析技术[M].上海:复旦大学出版社,2005.

[4] 陈淑芳.会计信息失真治理研究[M].北京:中国金融出版社,2006.

[5] 黎仁华.资本市场中舞弊行为的审计策略[M].北京:中国时代经济出版社,2006.

[6] 张超英,王东升,马葵.企业财务分析[M].北京:北京大学出版社,2006.

[7] 刘志翔.会计学[M].北京:首都经济贸易大学出版社,2001.

[8] 吴琳芳.中国上市公司会计信息披露研究[M].成都:西南财经大学出版社,2005.

[9] 张维宾.财务会计案例分析[M].上海:立信会计出版社,2006.

[10] 林万祥.现代成本管理会计研究[M].成都:西南财经大学出版社,2005.

[11] 王绍印.全面降低成本实战[M].广州:广东经济出版社,2005.

[12] 李守明.成本与管理会计[M].武汉:武汉大学出版社,2002.

[13] 胡世强.如何看懂上市公司财务会计报告[M].成都:西南财经大学出版社,2001.

[14] 马云.快速识别会计假账的96种方法[M].北京:中国经济出版社,2006.

[15] [美]扎比霍拉哈.瑞扎伊.财务报表舞弊预防与发现[M].朱国泓译.北京:中国人民大学出版社,2005.

[16] 李玉周.上市公司信息鉴别与投资策略[M].成都:西南财经大学出

版社,2004.

[17] [美]理查德.奥利弗.魏聃译.什么是公司欺瞒？[M].北京:华夏出版社,2004.

[18] 杨和茂,王霞.走出黑洞:舞弊防范与识别之道[M].广州:广东经济出版社,2006.

[19] 黄世忠.美国十大财务舞弊案例剖析[M].北京:中国经济出版社,2003.

[20] 刘峰.信息披露:实话实说[M].北京:中国经济出版社,2003.

[21] 李维安.美国的公司治理:马其诺防线？[M].北京:中国经济出版社,2003.

[22] 刘淑莲.高级财务管理理论与实务[M].大连:东北财经大学出版社,2005.

[23] 杨雄胜.高级财务管理[M].大连:东北财经大学出版社,2004.

[24] 荆新,王化成.财务管理学[M].北京:中国人民大学出版社,2005.

[25] 欧阳光中.财务报表分析[M].上海:复旦大学出版社,2001.

[26] 吴大军,牛彦秀.管理会计[M].大连:东北财经大学出版社,2004.

[27] 唐予华.内部会计控制与会计信息质量研究[M].北京:中国财政经济出版社,2003.

[28] 1997—1998年中国会计教授会年会论文集[M].北京:中国财政经济出版社,2000.

[29] 刘峰.制度安排与会计信息质量:红光实业的案例分析[J].会计研究,2001.

[30] 翟克华.公允价值对财务报表舞弊的影响因素研究[J].生产力研究,2008.

[31] 杨雄胜.会计诚信问题的理性思考[J].会计研究,2002.

[32] 黄世忠,黄京菁.财务报表舞弊行为特征及预警信号综述[J].财务与会计,2004.

[33] 秦江萍.上市公司会计舞弊:国外相关研究综述与启示[J].会计研究,2005.

[34] 张长海,陈险峰,吴顺祥.舞弊性财务报告识别的实证研究[J].美中经济评论,2005.

[35] 段兴民,常丽萍.对会计舞弊识别监管方法的研究[J].现代审计与

经济,2006.

[36] 陈亮,王炫. 会计信息欺诈经验分析及识别模型[J]. 国泰君安证券研究通讯,2003.

[37] Romney, M. B. , W. S. Albrecht and D. J. Cherrington, "Auditors and The Detection of Fraud", The Journal of Accountancy, (May 1980).

[38] American Institute of Certified Public Accountants, Statement on Auditing Standards No . 53 "The Auditor's Responsibility to Detect and Report Errors and Irregularities", (AICPA, 1988).

[39] Humphrey, Christopher, Peter Moizer and Stuart Turley, "The Audit Expectations Gap in Britain: An Empirical Investigation", Accounting and Business Research, (1993).

[40] Albrecht, W. Steve and Marshall B. Romney, "Red-Flagging Management Fraud: A Validation", Advances in Accounting, (1986).

[41] Heiman-Hoffman, Vicky B. , Kimberly P. Morgan, and James M. Patton, "The Warning Signs of Fraudulent Financial Reporting", Journal of Accountancy, (October 1996).

[42] Loebbecke, James K. , Martha M. Eining, and John J. Willingham, "Auditor' Experience with Material Irregularities: Frequency, Nature, and Detectability", Auditing: A journal of Practice & Theory, (Fall 1989).

[43] Hackenbrack, Karl, "The Effect of Experience with Different Sized Clients on Auditor Evaluation of Fraudulent Financial Reporting Indicators", Auditing: A journal of Practice & Theory, (Spring 1993).

[44] Humphrey, Christopher ,Stuart Turley, and Peter Moizer "Protecting against Detection: The Case of Auditors and Fraud " Accounting, Auditing, Accountability Journal, (1993).

[45] Bologna, G. Jack, Robert J. Lindquist, and Joseph T. Wells, The Accountant's Handbook of Fraud and Commercial Crime, Wiley, (1993).

学术名词索引